圣人和贵人都是自己

得人心，得天下

跟王阳明学心学

文德 编著

中国华侨出版社
北京

图书在版编目（CIP）数据

跟王阳明学心学 / 文德编著 . -- 北京：中国华侨
出版社 , 2018.5
ISBN 978-7-5113-7665-7

Ⅰ . ①跟… Ⅱ . ①文… Ⅲ . ①王守仁（1472-1528）
—心学—思想评论 Ⅳ . ① B248.25

中国版本图书馆 CIP 数据核字（2018）第 074104 号

跟王阳明学心学

编　　著：	文　德
出 版 人：	刘凤珍
责任编辑：	笑　年
封面设计：	施凌云
文字编辑：	焦金云
美术编辑：	刘欣梅
插图绘制：	维大卡
经　　销：	新华书店
开　　本：	720mm×1020mm　1/16　印张：20　字数：345 千字
印　　刷：	北京市松源印刷有限公司
版　　次：	2018 年 6 月第 1 版　2019 年 2 月第 2 次印刷
书　　号：	ISBN 978-7-5113-7665-7
定　　价：	39.80 元

中国华侨出版社　北京市朝阳区静安里 26 号通成达大厦 3 层　邮编：100028
法律顾问：陈鹰律师事务所
发 行 部：（010）58815874　　　传　　真：（010）58815857
网　　址：www.oveaschin.com　　E - m a i l：oveaschin@sina.com

如果发现印装质量问题，影响阅读，请与印刷厂联系调换。

"为天地立心，为生民立命，为往圣继绝学，为万世开太平。"这是宋代大学者张载提出的儒家最高道德理想，以此来形容王阳明的一生亦不为过。王阳明出生于明朝中叶，在那个社会动荡、政治腐败、学术萎靡的时代，他怀着成为圣贤的抱负，以天下苍生为己任，创下了令人瞩目的世功和学说。王阳明生平命途多舛，屡试未中，及第之后入朝为官，在任兵部主事时，因反对刘瑾等宦官为政，被贬谪为龙场的驿丞，后来受朝廷重用，平乱屡建世功，荣封"新建伯"，官至南京兵部尚书。在学术思想方面，他继承宋代大儒陆九渊的"心学"，以自己的体悟加以完善，形成了独具一格的"心学"体系。纵观王阳明的生命历程，虽然一路坎坷，但他世功显赫，学名昭昭，成为中国历史上在立德、立功、立言三方面都有显著作为的大家。中国著名学者郭沫若先生曾说："王阳明是伟大的精神生活者，他是儒家精神的复活者。"哈佛大学教授杜维明甚至认为，王阳明是近五百年来儒家的源头活水。更有甚者说：中国历史上只有两个圣人，他们分别是孔子和王阳明。可见，王阳明在中国传统儒家文化精神的传承和立新两方面的重要地位。王阳明的思想流传千古，响彻中外，不仅张居正、曾国藩、章太炎、康有为等人都从中受益，而且"王学"对日本等国的思想界影响极大，现在每年都有一些日本学者前来阳明洞朝圣参拜，日本三岛毅博士有诗云"龙岗山上一轮月，仰见良知千古光"，而有着"日本经营之神"之称的稻盛和夫也将王阳明视为精神偶像，他的经营哲学中无不渗透着王阳明"致良知"的思想。

王阳明的心学，大致可分为三个部分：心即是理的人生论，知行合一的认识论，致良知的修养学说。心是天地万物的主宰，心外无理、心外无物，是心学说的基本观点。王阳明认为人心是根本的问题，是产生善与恶的源头。任何外在的行动、事物都是受思想支配的，一切统一于心。针对当时社会言行不一的弊病，王阳明提出了知行合一说，纠正了朱熹先知后行的知行观。他认为知和行是不能够相分离的，知是行的主意，行是知的功夫；知是行之始，行是知之成。总之，有知必有行，有行必有知。王阳明摸索的致良知的道路，用他自己的话说是"从百死千难中得来"，是"千古圣贤相传的一点真骨血"。良知人人都有，致良知就是让心回到"无善无恶"明洁的本真状态，是通过主体的意识达到自我道德的修养，规范自我的行为。致良知被称为王阳明心学的核心部分。从良知出发，人人皆是平等的，凡人也可以成为圣人。只要维护心为本体，做到心外无物，追求透彻的本心，胸怀洒脱、超然入圣，便没有什么困难可言！这个思想一出世，便产生了振聋发聩的作用，打破了程朱理学的禁锢，为萎靡消沉的社会灌注了生机与活力，一时间心学占据了当时学术的主导地位。王阳明的心学思想旨在呼唤人的本体意识，着重强调个体本身的价值和自我人性的修养。

王阳明的心学不仅对当时的社会产生了巨大的影响，而且对现在的社会也具有深刻的意义。面对节奏越来越快、竞争越来越激烈的生活，疲惫不堪的人们精神生活逐渐荒芜，心灵也越发孤独。王阳明的心学高扬主体意识，强调内心的力量，追求透明本心、胸中洒脱，对改善现代人的精神状态有着积极的作用，可以让疲惫脆弱的现代人重新获得强大的内心，在浮躁的社会中获得内心的宁静、充实与幸福，是现代人修养身心的最佳指导思想。同时，王阳明的心学对现代人个性的发展、思想的自由解放、事业的开拓进取也都有着有益的启示。本书从现代人立身处世的需要出发，以通俗易懂的文字深入阐释了王阳明在立志、修心、仁爱、至诚等方面修身处世的人生智慧，以期帮助读者正确地理解王阳明的言论及其心学的基本宗旨。我们不应失去自己的文化之根，像浮萍一样漫无目的地漂泊，内心充满惶恐和迷惘。所有的一切都在召唤心灵的回归。王阳明的心学就这样重新出现在人们的视野中。王阳明心学对于我们为人处世的引导，让我们每一个人都感觉到它的深邃与宽广，而它对我们心灵的荡涤与关怀，又使我们感觉它离我们很近，温馨而质朴，毫无艰深晦涩之感。触摸王阳明的心学，就如同用双手轻轻抚摸心里最深层的秘密，或许在某一个不经意的瞬间便理解了它的深意，就像禅宗里拈花微笑般默契与随意，一个顿悟就洞悉了它的真谛。

contents

目　录

第一章　宽心：身安不如心安，屋宽不如心宽

第二章　诚心：持纯粹心，做至诚人

第三章　进取心：立志由心，量力而行

第四章　道德心：小赢靠智，大赢靠德

第五章　孝敬心：以孝安家，以敬持家

第六章 素净心:减一分人欲,得一分轻快

第七章 喜乐心:常思一二,不思八九

第八章　决心：知行合一，言行一致

第九章　细心：天下大事，必作于细

第十三章　包容心：能容能恕，厚德载物

第十四章　利他心：己所不欲，勿施于人

第十五章　平常心：宠辱不惊，去留无意

第十六章　谦卑心：谦受益，满招损

第十七章　果敢心：成事在谋，谋事在断

第十八章　淡定心：不以物喜，不以己悲

第十九章　彻悟心：入世心做事，出世心做人

第一章

宽心：
身安不如心安，屋宽不如心宽

欲修身，先养心

"心即理也，天下又有心外之事、心外之理乎？"

——王阳明

浮世之中，总有许多人为追求物质享受、社会地位和显赫名声等身外之物而心力交瘁，疲惫不堪。他们怨天尤人、欲逃离其中而不得，皆因忽略了自己的内心，不能明白万事以修心为先的道理。

王阳明认为，人心就是天理，世界上哪还有存在于人心之外的事物和道理呢？虽然"心外无物"的看法与唯物主义观点相悖，但王阳明关于从人的内心去寻求真理的看法，是有其道理的。古人云："相由心生。"意思是说人的心思会呈现在其外在表征之中。如此推敲，人的言语、行为等外在表征，则多为其复杂内心的反映。按照王阳明所言，欲使人的言行举止符合一定的规范或是达到至善的境界，则要从其内心入手，而不是人心之外的事物。只有当内心达到了至善的境地，其外在的言行举止才能表现出善的一面。

贪泉，泉名，据史料记载，贪泉地处广州北郊30里的石门镇。传说人饮此水，便变得贪而无厌，故名。西晋时，朝廷派往广州的几任官员，差不多都以经济犯罪而被撤职查办，人们传说他们是因为喝了贪泉的水。后来，朝廷派去一位廉洁的名吏吴隐之任广州刺史，到任之日，他领随从来到贪泉边，从中取水而饮。随从劝他说："以往进入广州的官员都要饮上一杯，以示风雅，但是这些官员都贪赃枉法，爱钱如命，此泉饮不得。"吴隐之问随从说："那些不喝泉水的老爷们是否清廉了呢？"随从说："还不是一丘之貉。"吴隐之连饮三瓢后动情地说："贪财与否，取决人的品质，我今天喝了贪泉水，是否玷污了平时为官清廉的名声，请父老乡亲们拭目以待吧。"并赋诗一首："古人云此水，一歃怀千金。试使夷齐饮，终当不易心。"果然，他在任期间，为政清廉，并没有因饮贪泉水而贪污，留下了饮"贪泉"而不贪的千古美谈。

贪与不贪，并不在于一泉，没有饮贪泉水的人，也会照贪不误。所以，贪泉只是那些贪污的人的一个挡箭牌。王勃在《滕王阁序》中说"酌贪泉而觉爽，处涸辙以犹欢"，一个人贪与不贪，本在于自己内心的修养，并不在于外在的条件。

做人若问心无愧，坦坦荡荡，对于每天里遇到的各种突如其来的状况，也能应对自如，而不会被其搅乱心情，也就可以傲视天下。在儒家先贤眼里，这是君子风范的标准之一。

王阳明用一生的经验总结出一句话："心"左右一切。做好事来源于内心，做坏事也来源于内心。心中所想会影响我们的行为，一颗平静而宽容的心能够令人体会到生活的快乐，而一颗躁动而沉重的心则令人陷入黑暗之中找不到方向。只有以修心为先，才能更通透地知晓世间的道理，才能更真切地把握为人处世之道。然而，对于身处纷繁世界中的大多数人而言，即便知道理应如此，但要真正做到并不容易，甚至要用一生的时间去琢磨。

其实，修心不是很大的难题，只要我们能够日日更新、时时自省，不断净化内心的污垢，便能摆脱俗事的困扰。

看破繁华，不动于气

"圣人无善无恶，只是'无有作好''无有作恶'，不动于气。"

——王阳明

孔子人生态度的一个重要方面，就是求心安。心若安定了，那外面的风吹雨打便都可看作过眼云烟。就其对儒家之"礼"的阐释——"礼与其奢也，宁俭；丧与其易也，宁戚。"可以看出，孔子认为礼节仪式与其奢侈繁杂，不如节俭，正如丧礼那样，与其在仪式上准备得隆重而周到，不如在心里沉痛地哀悼死者，因为心中之礼比其外在形式更重要。

求心安，即保持一颗安定、清净的心，不因外界的打击和诱惑而摇摆不定，不过于狂热地去追求心外之物。能够做到这一点并不容易，因为人的心境太容易受到外界的干扰。恶人受丑陋之心的牵引而做坏事，普通人也可能因为执著心、愧疚心等而使自己陷入痛苦，无法自拔。如果人对于外界的事情心有挂碍，并由此生出了懊恼、欢喜，那么这颗心就失去了它的本来面目。

王阳明的弟子薛侃曾向他请教："为何天地间的善难以培养，而恶却难以去除呢？"王阳明认为，因为心中有善恶之念，引发好恶之心，才导致为善或为恶。他在回答中举出"花草"的例子：当人们想赏花时，就认为花是好的而它周围的杂草是恶的，因为那些杂草影响了赏花的效果；而当人们要用到那些杂草时，则又认为它是善的。这样的善恶区别，都是由于人们的好恶之心而产生的，因此是错误的。王阳明指出，应该心中无善无恶。他所讲的无善无恶，与佛家所讲的不同。佛家只在无善无恶上下工夫而不管其他，便不能够将此道理用于治天下。而圣人所讲的无善无恶，是告诫世人不从自身私欲出发而产生好恶之心，不要随感情的发出而动了本心。

有一天，深山里来了两个陌生人。年长的仰头看看山，问路旁的一块石头："石头，这就是世上最高的山吗？""大概是的。"石头懒懒地答道。年长的没再说什么，就开始往上爬。年轻的对石头笑了笑，问："等我回来，你想要我给你带什么？"石头一愣，看着年轻人，说："如果你真的到了山顶，就把那一时刻你最不想要的东西给我，就行了。"

年轻人很奇怪，但也没多问，就跟着年长的人往上爬。斗转星移，不知过了多久，年轻人孤独地走下山来。

石头连忙问："你们到山顶了吗？"

"是的。"

"另一个人呢？"

"他，永远不会回来了。"

石头一惊，问："为什么？"

"唉，对于一个登山者来说，一生最大的愿望就是登上世上最高的山峰，但当他的愿望真的实现了，同时，也就没有了人生的目标，这就好比一匹好马的腿断了，活着与死，已经没有什么区别了。"

"他……"

"他从山崖上跳下去了。"

"那你呢？"

"我本来也要一起跳下去的，但我猛然想起答应过你，把我在山顶上最不想要的东西给你，看来，那就是我的生命。"

"那你就来陪我吧！"

年轻人在路旁搭了个茅草屋，住了下来。人在山旁，日子过得虽然逍遥自在，却如白开水般没有味道。年轻人总爱默默地看着山，在纸上胡乱画着。久而久之，纸上的线条渐渐清晰了，轮廓也明朗了。后来，年轻人成了一名画家，绘画界还宣称他是一颗耀眼的新星。接着，年轻人又开始了写作，不久，他就因他的文章回归自然的清秀隽永一举成名。

许多年过去了，昔日的年轻人已经成了老人，当他对着石头回想往事的时候，他觉得画画、写作其实没有什么两样。最后，他明白了一个道理：其实，更高的山并不在人的身旁，而在人的心里，心中无我才能超越。

这位老人的境界不可谓不高。确实，更高的山在我们的心里，只有心中无我时，人才能攀越这座高山。人世间最可怕的不是做错事，而是心中动了歪念。倘若内心摇摆不定、狂热偏激，就会动歪念，就会继续做错事，这个时候就只有倒空了自己，才会发现虚无。

一位佛学大师曾说："心是最有反应、最有感觉的器官。我们看大自然的山川鸟兽、花开花落。我们看人生的生老病死、苦空无常，我们看世间的生住异灭、轮回流转等等，都会因心的触动而有喜怒哀乐的表现。"世间的风动幡动，其实都是因为心动罢了。

王阳明认为，无善无恶是静态时候的表现，有善有恶是气动的表现。在起心动念间，如果我们自己的内心茫然，就会不知所住，甚至连自己究竟是对是错都分辨不清。因此，唯有秉持一颗安定、清净之心，才能将世情看破，身处繁华闹市而不为所动。

不忙不乱，不焦不躁

"天地气机，元无一息之停。然有个主宰，故不先不后，不急不缓，虽千变万化而主宰常定，人得此而生。若无主宰，便只是这气奔放，如何不忙？"

——王阳明

忙碌是现代社会中大多数人的一种生活状态。不幸的是，与身体的操劳相伴随而来的，还有内心的忙乱急躁、焦虑不堪。所谓"身之主宰便是心"，倘若在忙碌的生活中不能给内心留一份悠闲，而使其深受烦恼与担忧所累，便更难在为人处世之时做到游刃有余、潇洒自在。

《传习录》中有这样一段记载：

崇一问："寻常意思多忙，有事固忙，无事亦忙，何也？"

先生曰："天地气机，元无一息之停。然有个主宰，故不先不后，不急不缓，虽千变万化而主宰常定，人得此而生。若主宰定时，与天运一般不息，虽酬酢万变，常是从容自在，所谓'天君泰然，百体从令'。若无主宰，便只是这气奔放，如何不忙？"

欧阳崇一问："平时意念思想常常很忙乱，有事的时候固然会忙，无事的时候也忙，这是为什么呢？"王阳明回答说："世间万物的变化本来就没有瞬息的停止。然而有了一个主宰之后，变化就会有所依据，有秩序可言，虽然千变万化，但主宰却是一成不变的，人有了这个主宰才能在瞬息万变的人世间生存。如果主宰恒定不变，就像天地运行一样永不停息，即使日理万机，却也从容自在，这就是所谓的'天君泰然，百体从令'。若没有主宰，便只有气在四处奔流，怎么会不忙呢？"

由此可知，要做到"虽酬酢万变，常是从容自在"，便要有一颗不忙不乱、不焦不躁的"主宰"之心。具体到人们的日常生活、工作中，就是要用心去体悟繁杂中的快乐，学会用一颗平静的心去享受忙碌的价值。

现实当中有很多人，为了功名利禄而盲目地工作，以此来填充自己的人生。工作带来的种种压力，不断侵蚀着内心的安宁，让人倍感焦灼，于是渐渐地，人的身心就会陷入一种莫名的慌乱之中，完全理不清头绪。此时，唯有从内心闲下来，静下来，才能转变观念，学会把工作当作一种快乐的享受，而不仅仅是赚取金钱谋取地位的工具。如此，才不至于将人生变成炼狱。

如道家所言，将自己的心放到天地间，去体悟自我的渺小与天地的广大。与由人所构成的社会相比，包容天地万物的大自然，更能令人身心舒畅。自然可以开启人的心灵，陶冶人的情操，将自己的内心倾向自然，正如"智者乐水，仁者乐山"。当我们走进自然的怀抱，沐浴春风与阳光，尽览山河之宽广与博大，便会明白，那些长期困扰我们的身外之物，皆由一颗远离自然的心而起。当我们身处自然之中，便能够亲身感受大自然的博大胸襟，感受到万物的和谐共处，从而在大自然的安逸与恬静中把握心中那份从容与自在。

忙碌的生活虽然令人身心疲惫，但也可以充满乐趣，成为一门令人身心愉悦的艺术。关键在于你是否能够放慢心的脚步，让你的心松口气。正如攀登高山，若一心只想着登上顶峰，难免疲惫不堪；但若能静下心来，欣赏沿途赏心悦目的风光，那将是一种别样的感受，更是一种忙而不乱的人生。

人的内心既是一方广袤的天空，能够包容世间的一切；也是一片宁静的湖面，偶尔也会泛起阵阵涟漪；更是一块皑皑雪原，辉映出一个缤纷的世界。纵然世间的纷纷扰扰难以平息，生活的智者总能在心中留一江春水，淘洗忙碌的身躯，以一颗闲静淡泊之心，看庭前花开花落，望天上云卷云舒。

心狭为祸之根，心旷为福之门

"如今于凡忿懥等件，只是个物来顺应，不要着一分意思，便心体廓然大公，得其本体之正了。"

——王阳明

心狭为祸之根，心旷为福之门。心胸狭隘的人，只会将自己局限在狭小的空间里，郁郁寡欢；而心胸宽广的人，他的世界会比别人更加开阔。

心胸狭隘之人，往往放不下对曾经伤害过自己的人的怨恨。在生活中，很多人都曾因为情感纠葛、诽谤中伤或竞争对手的打击而深受伤害，心中的伤口久久不能愈合，耿耿于怀地痛恨着那些伤害过自己的人。其实，怨恨是一种极为被动的感情，不仅不能缓解心中的伤痛，大多数情况下也不能对对方造成影响，仅有的用处，便是伤害自己、折磨自己。怨恨就像一个不断扩大的肿瘤，挤压着生活中的快乐神经，使人们失去欢笑，整日愁容。更有甚者，因为放不下心中的怨恨，将报仇作为生存下去的唯一信念，最终只能香消玉殒，为怨恨陪葬。

《传习录》中记载，有人就"有所怨恨"一说向王阳明请教。先生指出："像怨恨等情绪，人的心中怎么会没有呢？只是一点也不可以有罢了。当人怨恨时，即使是多想了一点，怨恨也会过度，这样就不是心胸宽广无私了。因此，有所怨恨，心就难以保持正直。如今，对于怨恨等情绪，只要顺其自然，心中不存一分在意，那么心胸自然会宽广无私，从而实现本体的中正平和了。"

心胸狭隘之人，容不得别人比他好，猜忌心重，为芝麻绿豆的小事都能折腾好几天，只因为触碰到了他的利益。与放不下心中的怨恨的人相比，这样的人对自己的伤害更大。因为他的心胸狭隘，身边的人难以与之深交，基本的友好关系和信任感无法建立，除非靠强权压迫或金钱利诱，否则得不到半点发展的机会。历史上不乏由于昏君佞臣的猜忌而令无数功勋卓著的开国功臣走上断头台的例子。

心胸狭隘会给人带来无穷祸患，而心胸宽广则能解决人与人之间的纷争，慰藉心灵。无论是为了个人的身心健康，还是为了在纷繁复杂的现代社会中争取到发展的机会，都应以宽广的胸怀待人处世。只有时刻保持宽广的胸怀，心存一份豁达，才能放下怨恨，重拾笑颜；才能感受到他人对自己的尊重，共同进步。也许在你不经意的时候，心中的豁达就能为你带来意想不到的收获。

赵王有个卫兵，名叫少室周。少室周力大无比，在一次比武会上，有五个士兵摔打少室周一人，都被少室周摔倒在地。少室周因此得到赵王的赏识并被任命为贴身卫兵。

没过多久，一个叫徐子的人找上门要与少室周比试摔跤。摔跤的结果是，少室周连输三回。

少室周满面羞愧地将徐子带到赵王跟前，对赵王说："请您用他当您的卫兵吧。"

赵王很奇怪，问道："先生的勇武名震四方，很多人都想取代你，为什么你要推荐他呢，我并没有这样要求你呀？"

少室周回答道："您当年是看我力气大，才让我当卫兵的。如今，有了比我力气大的人，如果我不推荐他，天下好汉会嘲笑我的。"

赵王很钦佩少室周的胸怀宽广，最后，让他们两人都当了自己的贴身保卫。

豁达是一种修养，也是衡量一个人层次高低的标准。正所谓"牢骚太盛防肠断，风物长宜放眼量"。如果我们凡事都喜欢斤斤计较，终日锱铢必较，久而久之不但心胸变得狭窄，而且常常对别人产生嫉妒和愤恨，对于身心都是一种莫大的伤害。

只有敞开胸怀，才不会被俗世尘埃所扰，才能安心地关注当下，保证身心的纯净。只有做到待人处世不胡乱猜忌，面对摩擦和误会能放下心中的愤恨，心胸宽广坦荡，不以世俗荣辱为念，不为世俗荣辱所累，不为凡尘琐事所扰，不为痛苦烦闷所惊，才能包容万物、容纳太虚，才能活得轻松潇洒、舒心自在。

心有多大，世界就有多大。王阳明讲，不要着一分意思。就是要开阔胸怀。在他看来这是一种宠辱不惊，笑看庭前花开花落的人生态度；是一种骤然临之而不惊，无故加之而不怒的智慧和淡定。天地何其广阔，拥有宽广的胸怀，我们便能在其中自由地翱翔。

空心，才能容万物

　　"圣人之所以为圣，只是其心纯乎天理而无人欲之杂，犹精金之所以为精，但以其成色足而无铜铅之杂也。"

——王阳明

　　王阳明曾言："圣人之所以为圣，只是其心纯乎天理而无人欲之杂，犹精金之所以为精，但以其成色足而无铜铅之杂也。人到纯乎天理方是圣，金到足色方是精。然圣人之才力亦有大小不同，犹金之分两有轻重。……盖所以为精金者，在足色而不在分两；所以为圣者，在纯乎天理而不在才力也。故虽凡人，而肯为学，使此心纯乎天理，则亦可为圣人，犹一两之金，此之万镒，分两虽悬绝，而其到足色处可以无愧。"王阳明以纯金作比，意在说明圣人比凡人更高明的地方，不是他的才能，而是一颗只存天理而无贪嗔杂念的空明之心。

　　宇宙万物，因为虚空而含纳包容，所以能拥有日月星河的环绕；高山因为不拣择砂石草木，所以成其崇峻伟大。世人常说"海纳百川"，便是将"大海"作为浩瀚胸襟的形象代表。而人心的包容，是大海与高山都不能比的。所谓"心

空"，即内心无外物羁绊。修养内心的最高境界，便是将心腾空，如此才能真正做到包容万物。

苏不韦是东汉人，他的父亲做司隶校尉时得罪了同僚李皓，被李皓借机判了死刑。当时，苏不韦年仅十八岁，他把父亲的灵柩草草下葬后，又把母亲隐匿起来，自己改名换姓，用家财招募刺客，发誓复仇。但几次行刺都没有成功，这期间李皓反而青云直上，最后官至大司农。

苏不韦就和人暗中在大司农官署的北墙下开始挖洞，夜里挖，白天躲藏起来。干了一个多月，终于把洞挖到了李皓的卧室下。一天，苏不韦从李皓的床底下冲了出来，不巧李皓上厕所去了，于是杀了他的小儿子和妾，留下一封信便离去了。李皓回屋后大吃一惊，吓得在室内设置了许多机关，晚上也不敢安睡。苏不韦知道李皓已有准备，杀死他已不可能，就挖了李家的坟，取了李皓父亲的头拿到集市上去示众。李皓听说此事后，心如刀绞，心里又气又恨，又不敢说什么，没过多久就吐血而死。

李皓因一点个人私怨就将人置于死地，结果不仅给自己招来杀身之祸，连老婆、孩子都跟着倒霉，甚至是死去的父亲也未能幸免于难。而苏不韦从十八岁开始就谋划复仇，此外什么也没做成。这两个人最大的缺陷都是被仇恨所牵绊，没有一个宽大的心胸。人有时候如果能宽容一点，甚至一笑泯千仇，将干戈化为玉帛，不但能为自己免去毁灭性的灾难，还可以放下心灵的包袱，让自己变得轻松，而生活也能变得更加幸福和祥和。

从内心深处摆脱周遭的羁绊，进入心无旁骛的至高境界，就是踏上了心灵的解脱之路，内心感受到的万物便会远远超过自己视线范围之内的一切。此时的内心，呈现的是一种空无的状态，也就是王阳明所说的空明之心。空，才能容万物。即便是人与人之间的交往，也需要给彼此一定的空间，才能畅所欲言、和平相处。与其用金钱权利、名誉地位将内心满满地填充，何不索性全部放下，将心腾空，获得心灵的自由和解脱呢？

因此，普通人若能学会抛开杂念，使内心纯净空明，那么，即便才能有高下之分，也同样可以成为圣人。

第二章

诚心：
持纯粹心，做至诚人

真心着眼，敦本尚实

"诚字有以工夫说者。诚是心之本体，求复其本体，便是思诚的工夫。"

——王阳明

一次，王阳明来到南镇游玩，一个朋友指着从石头缝里长出来的花问道："你说天下没有心外之物，那么这花在自开自落，和我心有什么关系？"

王阳明回答说："你见到这花之前，花与你的心各自寂静；你来看此花时，花进入我们的内心，此花便在心头显现出来。便知此花不在你的心外。岩中花树对于心来说，其存在本身及其意义的被确认，在于花在人心中的显现。"

王阳明的这番话可以有很多种理解，而其中最为紧要的一点则是对于"心"的着眼。世间万象，其实都在于你是否用一颗"本心"去体验融会。在王阳明看来，这个本心就是真，真诚、真挚、真君子，抽取"真"，弄权耍奸，虚伪掩饰，只剩皮囊一副；抽取"真"，花开花谢无关己身，不知人事变迁，落得心眼两茫，终其一生，全无所得。

人心中有善有恶，也有高洁自傲。唯其不真，所以才有"这万丈红尘，

最难揣摩的就是人心"的说法。王阳明的全部学问就在于求"真心"以接"仁义"。简单地说，就是你没有一颗真挚实诚的心，也做不出善良敦厚的事。

一日，杨时、游酢来到嵩阳书院拜见程颐，正遇上程颐闭目养神，坐着假睡。程颐明知有两个客人来了，他却不言不动，不予理睬。杨、游二人也不愠不恼，只是恭恭敬敬地站在门口，肃然待立，一声不吭等着他睁开眼来。

那天正是冬季很冷的一天，不知什么时候，开始下起雪来。门外积雪，有一尺多深。在雪中等了约有半天工夫，程颐才从睡榻上醒来，见了杨、游二人，装作一惊说道："啊！啊！贤辈早在此乎！"而杨时和游酢并没有一丝疲倦和不耐烦的神情。

杨时、游酢二人"程门立雪"，只为学于高师、求善解，两人真心崇拜程颐人品道德和学术修养，明知程颐是故意为之，却依然以礼相见。对他们来说，这是出于真心实意的行为，并非趋炎附势，所以内心坦荡而礼义周全，即是平常人之礼，其本质是诚心而非收买。

不敷衍、不做作、不逃避，能老实地袒露内心的人，往往最能打动人心，得到别人的谅解。然而，做人需要努力才能永远保持着这种心境。其实，社会与环境不足以影响人，只要我们每个人有自己独立的思想、独立的修养，那么在任何复杂的世界、任何复杂的时代、任何复杂的环境里，都可以永远保持最初开始时的心境，这就是王阳明说的"本心"。

一如动静互补是一种生命形态，本心为真亦是一种生命形态。王阳明常言："真，吾之好也。"佛家说世上只有两个人，一个人叫名，一个人叫利，照此讲来，我们不妨也可以这样说，世上只有两样事，一件为真，一件为假。求真必然务实，求假自然务虚，虚实之间，体现的不仅是对人的态度，更是对自己的认识。糊弄别人容易，糊弄自己很难。

保持本色，出以真情

"无事时固是独知，有事时亦是独知。"

——王阳明

泰山拔地而起，于是造就了它的雄伟；黄山吞云吐雾，于是成就了它的瑰丽；峨眉清幽秀美，于是展现了它的神奇——山因自己的个性而呈现出千姿百态。雄也美，秀也美。万事万物，因有个性本真而美丽；芸芸众生，因有个性本真而永恒。

王阳明曾对他的学生黄弘纲说，无事时是独知，有事时也是独知。人如果只在人们关注的地方用功，那就是虚伪的作假。因此，一个人在这个社会上生存，不要总希冀自己能够瞒天过海，还是以真示人，但求无违我心的好。

子路、曾皙、冉有、公西华坐在孔子身旁。孔子说："不要认为我比你们年纪大一点，就不敢在我面前随便说话，你们平时总在说'没有人知道我呀！'如果有人想重用你们，那么你们打算怎么办呢？"

子路不假思索地回答说："一个拥有一千辆兵车的国家，夹在大国之间，常受外国军队的侵犯，加上内部又有饥荒，如果让我去治理，三年工夫，就可以使人人勇敢善战，而且还懂得做人的道理。"孔子听了，微微一笑，于是又问："冉求，你怎么样？"

冉有回答说："一个纵横六七十里或者五六十里的国家，如果让我去治理，等到三年，就可以使老百姓富足起来。至于修明礼乐，那就只得另请高明了。"

孔子又问："公西华，你怎么样？"

公西华回答说："我不敢夸口说能够做到怎样，只是愿意学习。在宗庙祭祀的工作中，或者在同别国的会盟中，我愿意穿着礼服，戴着礼帽，做一个小小的赞礼人。"

孔子接着问曾皙，这时曾皙弹瑟的声音逐渐慢了，接着铿的一声，放下瑟直起身子回答说："我和他们三位的才能不一样呀！"孔子说："那有什么关系呢？不过是各自谈谈自己的志向罢了。"曾皙说："暮春时节，天气暖和，春天的衣服已经上身了。我愿意和五六位成年人，六七个青少年，到沂河里洗洗澡，在舞雩台上吹吹风，一路唱着歌儿回来。"

孔门这几位弟子的个性跃然纸上，子路的忠诚与勇敢、冉有的谨慎、公西华的谦虚、曾皙心灵的平静与淡然，都呼之欲出。个性就是一种特质，一种不因潮流而改变的东西，一种你有别人没有的东西。只有坚持独属于自己的才会是最美的。

明末清初大思想家王夫之在其书中曾强调，个人身处世间，不可"挟心而与天下游"，否则就会像"韩非知说之难，而以说诛。扬雄知白之不可守，而以玄死"。既然一个人不可"挟心而与天下游"，那就说明人生在世，要学会"以真示人"。但很多人都自认为聪明，可以骗得了天下人，其实，人的智慧相差无几，一个人的那点小小的伎俩怎么可能瞒得了其他人呢？

东晋时，王家是大家族，社会地位很高，因此当时的太尉郗鉴就想在王家挑选女婿。郗鉴这个女儿，才貌双全，郗鉴爱如掌上明珠，这么一个宝贝女儿，一定要找个门当户对的人家。郗鉴觉得王家与自己情谊深厚，又同朝为官，听说他家子嗣甚多，个个才貌俱佳。一天早朝后，郗鉴就把自己择婿的想法告诉了王丞相。王丞相说："那好啊，我家里子嗣很多，就由您到家里任意挑选吧。凡您相中的，不管是谁，我都同意。"郗鉴就命心腹管家带上重礼到了王丞相家。王府子弟听说郗太尉派人觅婿，都仔细打扮一番出来相见。寻来觅去，一数少了一人。王府管家便领着郗府管家来到东跨院的书房里，就见一个袒腹的青年人仰卧在靠东墙的床上，似乎对太尉觅婿一事无动于衷。郗府管家回去向郗鉴报告："王家的少爷个个都好，他们听到了相公要挑选女婿的消息以后，个个都打扮得齐齐整整，装模作样，循规蹈矩，唯有东床上有位公子，袒腹躺着，若无其事。"郗鉴说："那个人就是我所要的好女婿！"于是马上派人再去打听，原来那人就是王羲之。郗鉴来到王府，见到王羲之既豁达

又文雅，才貌双全，当场下了聘礼，择为快婿。

王羲之并不因有人来挑选女婿就刻意打扮自己，这就是显其真。

真正成功的人生，不在于成就的大小，而在于是否活出自我。走自己的路，让人们去说吧！何必把自己的人生交到别人的手中，何必要被别人的评论所左右，何不按照自己的想法去过自己的人生！

伪装自己、改变自己只会丢失自己，这样便没有了存在的意义。王阳明提倡恢复心的本体，是告诉世人要保持最为本真的自己。每个人都是独一无二的，无须按照他人的眼光和标准来评判甚至约束自己，无须效仿他人，要相信自己，保持自我的本色，无须去寻求这样那样的机心，应以真心对待万事万物。事实上，只要我们在遵守团体规则的前提下能够保持自我本色，不人云亦云，不亦步亦趋，就能创造出属于自己的美好人生。

朴实的人生态度

"诚意只是循天理。虽是循天理，亦着不得一分意。"

——王阳明

王阳明认为世间本没有善恶之分，也就没有为善除恶之说。若真要弄出个善、恶来，也是存在于人心当中，遵循自然而发展就是善，被外物所扰、掺杂私欲就是恶。

所谓善恶，只不过是在周边环境影响下依据本性而产生的，有善恶之分的不是本性而是习惯。本性是一种内在的东西，平

时可能感觉不到它的存在，但它在暗中操控着你。它决定着你的大部分习惯，决定着你的性格，甚至决定着你的人生。人本来生下来都很朴素、很自然，由于后天的教育、环境的影响，圆满的自然的人性被刻上了许多的花纹雕饰，原本的朴实被破坏了。其实，人不应该刻意雕琢自己本性的棱角，要保持住生命中最朴素的东西。

先秦时期，燕国寿陵地方有一位少年。这位少年不愁吃不愁穿，论长相也算得上中等，可他就是缺乏自信心，经常无缘无故地感到事事不如人，低人一等——衣服是人家的好，饭菜是人家的香，站相坐相也是人家的高雅。他见什么学什么，学一样丢一样，虽然花样翻新，却始终不能做好一件事，不知道自己该是什么模样。

家里的人劝他改一改这个毛病，他认为是家里人管得太多。亲戚、邻居们，说他是狗熊掰棒子，他也根本听不进去。日久天长，他竟怀疑自己该不该这样走路，越看越觉得自己走路的姿势太笨，太丑了。

有一天，他在路上碰到几个人说说笑笑，只听得有人说邯郸人走路姿势那叫美。他一听，得上了心病，急忙走上前去，想打听个明白。不料想，那几个人看见他，一阵大笑之后扬长而去。

邯郸人走路的姿势究竟怎样美呢？他怎么也想象不出来。这成了他的心病。终于有一天，他瞒着家人，跑到遥远的邯郸学走路去了。

一到邯郸，他感到处处新鲜，简直令人眼花缭乱。看到小孩走路，他觉得活泼、美，学；看见老人走路，他觉得稳重，学；看到妇女走路，他觉得摇摆多姿，学。就这样，不过半月光景，他连走路也不会了，路费也花光了，只好爬着回去了。

这就是"邯郸学步"成语的来历，它所揭示的道理是生搬硬套，机械地模仿别人，不但学不到别人的长处，反而会把自己的优点和本领也丢掉。很多人过不上自己想要的生活，就希望自己成为别人，把自己想象成模仿中的人物，过着模仿的生活。其实每个人都有自己的本色，一味模仿别人，扭曲自己的本来面目，最终是会失掉自己。

人需抛弃自己引以为傲的聪明灵巧，抛弃自私自利的贪图之心，如果人人皆能如此，便不会有作奸犯科的盗贼，不会有我们认为的大恶。

著名国学大师南怀瑾先生曾说，如果将绝圣弃智的观念归纳到生命理想中，便是"见素抱朴,少私寡欲"。"见"指见地,观念、思想谓之见;"素"乃纯洁、干净;"朴"是未经雕刻、质地优良的原木。见素抱朴正是圣人超凡脱俗的生命情操,佳质深藏,光华内敛,一切本自天成,没有后天人工的刻意造作。

孔子在《论语》中也说,"素"如一张白纸,毫不沾染任何颜色,人的思想观念要随时保持纯净无杂,即不思善,不思恶。心地胸襟,应该随时怀抱原始天然的朴素,以此态度来待人接物、处理事务。个人拥有这种修养,人生一世便是最大的幸福;如果人人持有这种生活态度,天下自然太平和谐。

最优秀的东西就在人们自己身上,但是"大浪淘沙沙去尽,沙尽之时见真金",大多数人都在浮华过后才意识到本色的可贵。玉不琢,不成器,但有时,人应该成为一块拒绝雕琢的"原木",保留人性中单纯、善良、朴实的东西,不要让外在的雕饰破坏了自然的本质。一个人若能以本色示人,焕发本真个性,活出自己便是最美的。

清水芙蓉,纯然初心

"心即理。没有私心,就是合于理。不合于理,就是存有私心。如果把心和理分开来讲,大概也不妥当。"

——王阳明

王阳明在回复顾东桥的来信时说，诚是心的本体，恢复心的本体，就是思诚的功夫。心的本体就是最本真，不矫揉造作，不过分修饰。就是永远保持"初心"，不受外界环境影响，光明磊落、坦白纯洁，永远长新。

"初心"是这个世界的原始本色，没有一点功利色彩。就像花儿的绽放，树枝的摇曳，风儿的低鸣，蟋蟀的轻唱。它们听凭内心的召唤，是本性使然，没有特别的理由。

诗人李白云："清水出芙蓉，天然去雕饰。"如果一个人去除了机心，还生活本来面目，不刻意追求什么，他就能像李白诗中那朵出水的芙蓉一样，美丽、洁白而无瑕。

王阳明主张心就是理，二者本来就是一体的，除去人的私心，就是符合天理。对于这一点，人们很难认识到，或者即使认识了也很难从心底接受，以至于总是执着于自己的一腔信念，却不知这个想法已经错了。这种自以为是的聪明，反而会成为算不清的糊涂账，倒不如像王阳明说的，去除杂质，于单纯中得正道。

聪明是一种先天的东西，人们总是羡慕聪明人的智商，殊不知这种表面的光芒不一定能令聪明人成功，在现实中也确实存在着众多一事无成的聪明人。聪明这种天赋犹如水一样，可以载舟，也可以覆舟。

苏轼在其《洗儿》一诗中这样写道："人皆养子望聪明，我被聪明误一生。唯愿孩儿愚且鲁，无灾无难到公卿。"苏轼对于自己一生因聪明而受的苦真是刻骨铭心，以至于希望自己的儿子愚蠢一点，躲避各种灾难。聪明本是天生禀赋，但机关算尽却是人的痛苦之源，这正是聪明人苏学士对后来人的忠告。

才智也有困窘的时候，神灵也有考虑不到的地方。正所谓难得糊涂：聪明难，糊涂难，由聪明而转入糊涂更难。摒弃小聪明方才显示大智慧，除去矫饰的

善行方能使自己真正回到自然的善性。

一个人若在机巧之路上迷途不返，就只会越走越远，就像追赶自己的影子，自己跑得越快，影子也跑得越快，永远没有追到的一天。因此，一个人若想拥有幸福、快乐的人生，必须去除机巧之心，用"难得糊涂"的心态和真正的大智慧去面对生活中的点滴。

众所周知，在音乐的世界中，技巧很重要，但并不是最重要的，过多的花哨技巧只会减弱情感的表达。人生也是如此，人人都玩弄聪明才智，只会让世界繁杂凌乱，绝圣弃智，才能朴实安然地生活。

我们存在于这个世界上，虽然由于各种各样的因素，不能完全去除机心，但也要尽量减少机心。去除了机心，人就能保持内心的宁静，就能显现出天真烂漫的情怀来。

君子养心莫善于诚

"臆不信，即非信也。"

——王阳明

从古至今，诚信都是衡量人品的重要标尺。信是一个人的立身处世之本，如果不守信，也就失去了做人的基本条件。孔子把信与言、行、忠并列为教育的"四大科目"，并把它与恭、宽、敏、惠一起列入"五大规范"之中。一个人，只有言而有信，才能得到他人的信任。

在今天这个竞争激烈的社会中，人们往往因各种利益发生冲突，放弃了传统道德中提倡的信义，处处钩心斗角、尔虞我诈、机关算尽。只要能得到利益，根本顾不得承诺，为了把自己的荷包撑起来，甚至朋友、亲人皆可出卖。于是，人与人很难真诚对待，每每在一起，总用一种狐疑的目光瞅着对方，甚至还有时会冷颜相对。

对这些无法遵守诺言的人，王阳明一向持批评态度。他认为与人交往时，事先就揣着怀疑的态度，臆想别人不相信自己，其实这就是不诚信的表现。只有淳朴、怀真情、讲真话、守信用的人才值得认同和欣赏。这种人，本性中最重要的便是"真"字，是至诚之人真实的写照。

诚信是一个人安世立命的基本准则，是与人交往的前提要求，唯有遵守对他人的承诺，他人才会将心交于你，并且团结在你的周围，给予你存世的支撑。倘若你历来以违背誓言为生活的基本准则，只为小便宜处处失信于人，不但会失去朋友，还会失去你所得到的一切，令自己变得孤立无援。

周幽王三年，褒国的奴隶主褒姁试图平息周褒之间的战争，将貌美非凡的褒姒献给了周幽王，史书上记载褒姒"目秀眉清，唇红齿白，发挽乌云，指排削玉，有如花如月之容，倾国倾城之貌"。幽王昏庸又荒淫无度，明眸皓齿的褒姒进宫以后自然集万千宠爱于一身，幽王立她为妃。

可那褒姒却因不习惯皇宫中生活，且念养父被太子宜臼所杀，心中忧恨，平时很少露出笑容，偶有一笑，流盼生辉，幽王便心中甚喜，为了博得美人一笑，幽王于是下诏天下：诱褒姒一笑者，赏千金。

后来朝中的大奸臣虢石父便献出"烽火戏诸侯"的主意，幽王决意一试，遂命点燃烽火。那时候，从边疆到国都，每隔一定距离修一个高土台，当有外敌侵犯的时候，日夜驻守在烽火台的兵士便点燃烽火，一路传递下去，诸侯国得到消息便会立即派兵来援助。

且说那烽火燃起后，褒姒看到带着兵马匆匆赶来的大臣狼狈不堪的样子，忍不住便笑了，幽王心里甚是痛快，又把这种让人愤怒的游戏重演了几遍。这游戏满足了幽王的要求，却终使幽王失信于朝中大臣，成了西周最终灭亡的直接原因。

幽王为讨褒姒欢心，便下令废黜王后申氏和太子宜臼，册封褒姒为后，褒姒生的儿子伯服为太子，王后的父亲申侯听后气愤不过，便联合缯侯及西北夷族犬戎之兵，于公元前771年进攻镐京，幽王惊慌，命人点燃烽火，诸侯们却因以往多次的被愚弄心生不满，又加之痛恨幽王的昏庸无道，无人救援，终于幽王被杀，褒姒被掳，西周灭亡。

"真""善""美"中"真"是为人的第一步。如果一个人待人虚伪而不真诚，他终究难以给人留下好的印象。王阳明的"致良知"学说中就有包含真诚笃实的观点。人之言为信，言而无信则非人。如果连句真话都不讲、连个小小的承诺都不能实现，并且因失信对他人造成伤害，那么这个人无论做什么，别人都会敬而远之、唾弃其卑劣人格，或者对他以牙还牙。最后此人终将孤立于世，郁郁寡欢、无疾而终。

在日常生活中，许多人对自己的习惯要求不严，总觉得一些小事，即使做错了也没什么大不了，所以往往在不知不觉中失去诚信。生活就是这样的，你对他不诚实，他也会对你不诚实，总有一天，你会发现自己被生活所"欺骗"，失去了原本应该得到的东西。

做一个有信义的人胜似做一个有名气的人。也许有一天，一个人会失去所拥有的地位、财富、权力，但是做人的信用却不会被时间冲刷掉，它是无形的人生财富。时刻用诚信点缀自己的心灵，便能享受真实而惬意的生活。

至诚胜于至巧

"惟天下之至诚，然后能立天下之大本。"

——王阳明

我国著名翻译家傅雷说过这样的话："一个人只要真诚，总能打动人，即使人家一时不了解，日后便会了解的。我一生做事，总是第一坦白，第二坦白，第三还是坦白，绕圈子，躲躲闪闪，反易叫人疑心。你要手段，倒不如光明正大，实话实说，只要态度诚恳、谦卑恭敬，无论如何人家不会对你怎么样的。"

所谓"精诚所至，金石为开"。假如我们没有诚意，就会什么事情也做不好，做不成。王阳明认为惟天下之至诚，然后能立天下之大本。在他看来，"诚"是一个非常重要的字。做事情，总是有一个先后的顺序，在谈到格物致知和诚意时，王阳明说"若以诚意为主，去用格物致知的工夫，即工夫始有下落，即为善去恶无非是诚意的事"。必须要先有诚意，然后才能在事物上格致，否则就会无从下手。所以，在做任何事情的时候，都要讲究一个"诚"字，而这个

"诚"是发自内心的真诚、坦白。

在生活中有这样一种人：表面和善大度，对待他人永远只会表现他阳光的一面，而将他的阴暗与冷漠、自私等蒙上一层面纱。他们气量狭小却又故作宽宏。

《论语·公冶长》中孔子说，一个人讲一些虚妄的、好听的话；脸上表现出好看的、讨人喜欢的面孔；看起来对人很恭敬的样子，但不是真心的。

贞观初年，有人上书请求清除邪佞的臣子。太宗问他说："我所任用的都是贤臣，你知道哪个是邪佞的臣子吗？"那人回答说："臣住在民间，不能确知哪个人是佞臣。请陛下假装发怒，以用来试验群臣，如果能不惧怕陛下的雷霆大怒，仍然直言进谏的，就是忠诚正直的人；如果顺随旨意，阿谀奉承的，就是奸邪诡佞的人。"

这个人的办法看来非常聪明，但是太宗对封德彝说："流水的清浊，在于水源。国君是政令的发出者，就好比是水源，臣子百姓就好比是水。国君自身伪诈而要求臣子行为忠直，就好比水源浑浊而希望流水清澈一样，这是不合道理的。我常常因魏武帝曹操为人诡诈而特别鄙视他，如果我也这样，怎么能教化百姓？"

于是，太宗对上书劝谏的人说："我想在天下伸张信义，不想用伪诈的方法破坏社会风气。你的方法虽然很好，不过我不能采用。"

不管对谁，都需诚心诚意地对待，才能够得到别人的信任。而不是通过一些看似聪明的障眼法，来试探对方。因为这样做一方面有被识破的危险，如果这样的做法被别人利用，趁机表现，只会让自己陷入被动、是非颠倒的境地；另一方面，当自己都失去了诚意的时候，就不可能再要求别人要真心实意。

事情成功与否，取决于有多大的诚意。真诚，乃为人的根本。如果你是一个真诚的人，人们就会了解你、相信你，不论在什么情况下，人们都知道你不会掩饰、不会推托，都知道你说的是实话，都乐于同你接近，因此也就容易获得好人缘。

以诚待人处世，能够架起信任的桥梁，能够消除猜疑、戒备的心理，能够成大事，立大本。

不欺不诈，信守承诺

"以宾阳才质之美，行之以忠信，坚其必为圣人之志，勿为时议所摇、近名所动，吾见其德日进而业日广矣。"

——王阳明

诚信是一个人的立身之本，一个人存在于社会之中，诚信是其基本的道德依存。孔子在《论语·为政》中曾说："人而无信，不知其可也。大车无輗，小车无軏，其何以行之哉？"意思是说：人不讲信用，真不知道怎么可以呢！就好比大车上没有輗，小车上没有軏，它靠什么行走呢？

信，是儒家传统伦理准则之一，是一个人立身处世的基点。王阳明警示别人要以忠实诚信为行事的准则，坚定做圣人的志向，不被时局动摇，不被名利诱惑，这样德行的修养会越来越高，事业也会越做越大。因此，一个人如果没有诚信，就等于失去了做人的基本条件。

唐朝元和年间，东都留守名叫吕元应。他酷爱下棋，养有一批下棋的食客。吕元应与食客下棋。谁如果赢了他一盘，出入可配备车马；如赢两盘，可携儿带女来门下投宿就食。

有一天，吕元应在亭院的石桌旁与食客下棋。正在激战犹酣之际，卫士送来一摞公文，要吕元应立即处理。吕元应便拿起笔准备批复。下棋的食客见他低头批文，认为他不会注意棋局，迅速地偷换了一子。哪知，食客的这个小动作，吕元应看得一清二楚。他批复完公文后，不动声色地继续与食客下棋，食客最后胜了这盘棋。食客回房后，心里一阵欢喜，企望着吕元应提高自己的待遇。

第二天，吕元应带来许多礼品，请这位食客另投门第。其他食客不明其中缘由，很是诧异。十几年后，吕元应处于弥留之际，他把儿子、侄子叫到身边，谈起这次下棋的事，说："他偷换了一个棋子，我倒不介意，但由此可见他心迹卑下，不可深交。你们一定要记住这些，交朋友要慎重。"

吕元应多年的人生经验，深觉棋品与人品密不可分，棋品即人品。我们在日常生活中一些不守信用的行为，看似小事，却会为我们的品格印上很大的污点，成为我们人生发展的隐患。

诚信是一种智慧，不论组织或个人，信用一旦建立起来，就会形成一种无形的力量，成为一种无形的财富。一个诚信不欺、一诺千金的人往往易于得到认可，获得帮助。从某种意义上说，诚信就是一个人的生存资本，比其他任何的智谋都要更好。

季札是春秋时吴王寿梦四个儿子中最小的一个。他虽小却很有才华，寿梦在世时就想把王位传给他，但季札避让不答应，寿梦只好仍旧让长子诸樊继位。

后来，季札受吴王的委托出使北方，北行时拜访了徐国国君，徐国国君在接待季札时，看到他佩戴的宝剑，吴国铸剑在春秋闻名，季札作为使节所佩戴的宝剑自然不凡，徐君对季扎的宝剑赞不绝口，流露出喜爱之情。季札也看出徐君的心意，就打算把这宝剑送给徐君以做纪念。但是这把剑是父王赐给他的，是他作为吴国使节的一个信物，他到各诸侯国去必须带着他，现在自己的任务还没完成，怎么能把它送给别人呢？只能暗下决心，返回时一定把此剑献上。

后来，他离开徐国，先后到鲁国、齐国、郑国、卫国、晋国等地，当返回时又途径徐国，当他想去拜访徐君以实现自己赠剑的愿望时，却得知徐君已死。

万分悲痛的季札来到徐君墓前祭奠，祭奠完毕，季札解下身上的佩剑，挂在坟旁的树木之上。随从人员说："徐君已死，那宝剑还留下干什么呀？"季札说："当时我内心已答应了他，怎么能因为徐君已死，就违背自己的心愿呢！"

一个已经亡故的赠剑对象，一把价值连城的宝剑，诠释了"诚"的真实含义，相比那些对别人做出了正式承诺而找各种理由不履行诺言的人来讲，季札无疑做出了一个良好的表率。

王阳明告诫自己的学生：讲良知，自然就不能够容忍不诚实。不诚实一旦存在，心就能够察觉。而诚实也好比人的名片，无论走到哪里，都会为其赢得信赖。在一个人的成功道路上，诚信的品格比能力更重要。一个人不诚实，不足以否定他的全部，但是无论何时何地，都可以用来检验一个人。

也许谈到诚实与守信，你会认为"老实吃亏"。的确，在我们的人生旅途中，也许我们会由于诚实而暂时错过一些东西，但是，从长远来看，这些都算不了什么。因为我们树立了诚实守信的形象与名声，从而被人信赖，这是无法用金钱衡量的。有时，凭借欺诈、奇迹和暴力，可以获得一时的成功，但是只有凭借诚实与守信，我们才能获得永久性的成功。

第三章

进取心：
立志由心，量力而行

志不立，天下无可成之事

"志不立，天下无可成之事，虽百工技艺，未有不本于志者。"

——王阳明

孟子说："天将降大任于斯人也，必先苦其心志，劳其筋骨，饿其体肤，空乏其身，行拂乱其所为，所以动心忍性，增益其所不能。"自古以来，凡欲做大事者必先立志，志不坚则事必难成。

王阳明作为一代大儒，对立志与人生的关系，有着独到的见解，他说，一个人若是想做出一番事业，首先要立志，否则就只会一事无成。不仅如此，即便是各种工匠技艺，也都是要靠着坚定的意志才能学成的。

确实如此。人们常说，一个人的理想往往决定了他的高度。燕雀焉知鸿鹄之志，鸿鹄是要像大鹏那样展翅翱翔于九天之高，尽收天下于眼中的；而燕雀不知道去千万里之远有何用，自然对能够触及榆树和枋树就已经心满意足了。如翱翔于九天之大鹏一般，王阳明从小便胸怀大志，要读书做圣贤之人。

有一次，年仅十二岁的王阳明在书馆里问他的老师："何为第一等事？"老师回答说："唯读书登第耳。"王阳明竟持着怀疑的态度反驳道："登第恐未为第一等事。"老师反问他什么才是人生的头等大事。王阳明说："读书学圣贤耳。"

"读书做圣贤"这样大的志向正是出自少年王阳明之口，他认为登第当状元只是外在的成功，而读书做圣贤是追求内在的修养，才能够永垂不朽。大人看来，王阳明这样的口气未免有些张狂，甚至和他的年纪一比较，还带着点滑稽可笑的味道。但是这崇高的志向，对王阳明以后的生活产生了深远的影响，在思考和实践的过程中，他常常以这为标准来回答和解决生活当中出现的问题。

只要有了高远的志向，那么无论想成就什么事业都有了可能，所以立志是十分重要的。王阳明作为一位洞悉心灵奥秘、响彻古今中外的心学大师正是在自己志向的带动下才一步一步走向成功的。即便后来受到种种磨难，他也没有放弃。不只是王阳明，古往今来，每个有所成就的人物在努力奋斗的同时都为自己树下远大的志向，告诉自己要去哪里。

班超是我国西汉时期杰出的军事家和外交家，他从小胸怀大志，不拘小节。汉明帝永平五年，班超因哥哥被聘为校书郎，而随同母亲一起来到洛阳。因为他写得一手好字，便受官府的雇用，抄写文书，以此谋生。为了将这份工作做好，班超每天天不亮就起床，晚上直到很晚才睡。

当时，北方的匈奴时常侵犯汉朝边境，班超特别愤慨；同时，他又看到西域各国与汉朝的交往已断绝了50多年，心中非常忧虑。有一天，他正在抄写文件的时候，写着写着，觉得这份工作实在无聊，想到自己远大的志向，忍不住站起来，将笔狠狠地掷在地上说："大丈夫即便不能实现自己的理想，也应该像傅介子、张骞那样，为国家的外交做贡献，以取得封侯，怎么可以在这种抄抄写写的小事中浪费生命呢！"周围的人听了这话都笑他，班超回应说："凡夫俗子怎能理解志士仁人的襟怀呢？"于是，他决定"投笔从戎"，去干一番大事业。

后来，他当上一名军官，在对匈奴的战争中取得胜利。接着，朝廷采取他的建议，派他带着数十人出使西域，重新打通了丝绸之路。他也由此成为我国历史上杰出的外交家，名垂青史，万古流芳。

班超投笔从戎，建立了千秋功业，正在于他没有满足于抄抄写写，安稳度日。他把自己的境界和志向提升到一定的高度，才能有名垂青史的成就。可见，人生的志向对一个人是何等重要。

"大丈夫四海为家""好男儿志在四方"，都说明了人们对于志向的一种追求。不要隅居于自己的狭小天地之中，做一只井底的青蛙，而应该走出去，看看外面的大千世界，去关注天下苍生，站在一个更高的立场去看待世间的万物，以

一种更广阔的胸怀去面对自己的人生。只要在相信"天生我材必有用"的同时，努力使自己成为有用之材，那么远大的四方之志终会有实现的一天。

圣人和贵人都是自己

"笃信固亦是，然不如反求之切。"

——王阳明

王阳明十八岁之时，于江西成亲后同夫人回老家途中拜访了娄谅先生。娄先生十分欣赏王阳明，并且告诫他：圣人必须通过学习才能达到。这句话王阳明深深记在了心底。它不仅坚定了王阳明成圣的志向，还让他得出了一条成圣的标准：只有通过自身不断地努力，读书和实践，最终达到一定的程度和境界，就会实现成圣的愿望。

自古以来，因圣人指点迷津、贵人相助而成功的故事比比皆是。每个人都期望如王阳明遇到娄谅先生的点拨一样，在迷茫时能够得到圣人指点，在困境中能够遇到贵人相助。然而圣人的指点往往并不明朗，仍需要自己去琢磨推敲；贵人的帮助更不是无条件的，或是看中你的才华横溢，或是看中你的八面玲珑，即便是看中你天生的敦厚正直，也需要靠自己的努力去积累、去创造。

"圣人必须通过学习才能达到。"实际上，真正的圣人和贵人，并不在于经典、神佛抑或他人，而是自己。在做学问方面，王阳明认为，虽然做学问也需要老师的指点教化，但始终不如自己去探究来得彻底。

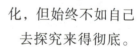

在为人处世方面，只有自己肯上进，不断完善自我，关键时刻充分发挥自己的能力，才有可

能排云直上，闯出一片蓝天。历史上诸多求人不如求己的故事，也说明了在任何时候都必须看重自己的能力，而不是依赖他人的提携和帮助。

一书生在屋檐下躲雨，看见观世音菩萨撑着伞走过，便说："菩萨，普度一下众生吧，带我一程如何？"观世音菩萨说："我在雨里，你在屋檐下，而檐下无雨，你无需我度啊。"书生立刻走出屋檐，站在雨中说："现在我也在雨中，该度我了吧？"观世音菩萨说："你在雨中，我也在雨中，我不被淋雨，是因为我有伞，你被雨淋是因为你没有伞。所以不是我度你，是伞度你。你要想得度，请找伞去！"说完就走了。

第二天，书生又遇到了难事，便去庙里求菩萨。走进庙里，发现观音菩萨像前也有一个人在跪拜，那个人长得和观世音菩萨一模一样，丝毫不差。书生很惊讶，问他："你真是观世音菩萨吗？"那个人说："我就是。"书生又问："那你为什么还自己拜自己呢？"观音菩萨笑道："我也遇到了难事，但我知道，求人不如求己啊！"

学佛之人，更多的是自我修行。禅者大都有放眼天下、舍我其谁的气概，力求"自修自悟""自食其力"。王阳明曾在回答学生提问时说道："子夏笃信圣人，曾子反求诸己。笃信固亦是，然不如反求之切。今既不得于心，安可狃于旧闻，不求是当？"他认为，相信圣人固然没错，但不如自己反省探究来得真切。如果自己心里都没有搞清楚，又怎么可以因循守旧，而不去自己探究正确的答案呢？学佛之人如此，做学问如此，世人同样如此。

无论是神佛还是圣人，都是人们精神上的寄托和强大的动力，但失去了他们，人生并不会由此走向暗淡；贵人相助固然能够令人一夜成名甚至功成名就，但没有他们的帮助，有志者同样能够凭借自己的力量获得成功。圣人和贵人指出的捷径并不意味着一片坦途，甚至可能扼杀了个人的潜能和创造性思维。真正能够帮助自己的，还是自己。此所谓"天助自助者"。

道理虽然浅显，但人们往往不能彻悟。孔子便是少数深谙此理的人之一。在面对士大夫的刁难时，他能够轻松地以此向对方还以颜色。

卫国的王孙贾曾问孔子："与其向比较尊贵的祭祀场所'奥'祈祷保佑，不如向并不尊贵但作为五祀之一的'灶神'祈祷保佑，这是什么意思？"

孔子说："此言差矣。如果犯了滔天大罪，向什么神祈祷也没用了。"

王孙贾想要告诉孔子，他与其跟各国诸侯往来，不如来拜访他们这些士大夫，祈求他们在君王面前替他说几句好话！孔子却认为，一个人若真的做了坏事，那他怎样祷告都没有用，任何菩萨都不能保佑他。言下之意就是他不需要那些王孙贵胄帮腔求情，因为自己没有做错事，君子坦荡荡，无愧于心。

现代社会，个人的发展受诸多因素的影响，社交网络、家庭背景在求职创业的过程中发挥了重要作用，几乎成为官场、职场的"潜规则"。"求人不如求己"的古训则略显乏力。即便如此，也应如王阳明所言："笃信固亦是，然不如反求之切。"个人的成功应从完善自身入手，不断地主动创造条件使自己在他人心目中留下深刻印象，而不是寄希望于他人偶然间对自己的青睐。即便是上天的眷顾，也只会降临在有准备的人身上。

心之所想，力之所及

"只念念存天理，即是立志。能不忘乎此，久则自然心中凝聚，犹道家所谓'结圣胎'也。此天理之念常存，驯至于美大圣神，亦只从此一念存养扩充去耳。"

——王阳明

王阳明作为宋明道学中"心学"一派的代表人物，强调个人的主体意识和自主精神。他认为，只要心中念念不忘存天理，就是立志。能不忘记这一点，久而久之心自然会凝聚在天理上，就像道家所说的"把凡胎修炼成圣胎"。如此将天理时刻铭记于心，逐渐达到宏大神圣的境界，正是从心中最初的意念不断坚持并发展下去的。

　　"心之所想"虽然只是停留在脑海中的意识，看似虚无缥缈，却有着不可小觑的力量。王阳明所言的"念念存天理"，就是用我们的意念影响我们的思维。当心存念想时，才能做到心无旁骛、专心致志；倘若心无所思，则难以排除杂念，陷入胡思乱想之中。

　　"心之所想"的力量远不止于此。在奋力追求成功的人生道路上，"想"成功是必不可少的前提条件。缺少这份"心之所想"的动力，抑或受外界干扰而无法将之坚持到底，则难以发挥潜在的能力，难以超越自我，挑战极限。

　　明朝后期是中国古代科学技术史上最灿烂辉煌的一段时间。那时出现了一位伟大的地理学家、探险家——徐霞客。

　　徐霞客自幼聪明好学，喜欢读历史、地理、游记之类的书籍，立志成人之后遍游国家的大好山川。

　　但是父亲去世后，老母无人照顾，徐霞客的游览计划被打断，终日闷闷不乐。母亲看出了他的心思，对他说："男儿志在四方，哪能为我留在家里。"母亲的支持，坚定了徐霞客远游的决心。

　　徐霞客有了勇气和力量，便辞别母亲游历他乡了。他先后游历了太湖、洞庭湖、天台山、雁荡山、泰山、武夷山和北方的五台山、恒山等名胜，并且记录下了各地的奇风异俗和游历中的惊险情景。

　　几年后，徐母去世，徐霞客把他的全部精力扑在游历考察事业上。他跋山涉水，到过许多人迹罕至的地方，攀登悬崖峭壁，考察奇峰异洞。

　　在湖南茶陵，徐霞客听说这里有个深不可测的麻叶洞，便决心去探访。可当地人说洞里有神龙和妖精，没有法术的人不能进去。刚走到洞口，向导得知徐霞客不会法术，就吓得跑了出去。徐霞客毫不动摇，独自手持火把进洞探险。当他

游完岩洞出来的时候，等候在洞外的当地群众纷纷向他鞠躬跪拜，把他看成是有大法术的神人。

徐霞客白天进行实地考察，晚上就借着篝火记录当天的见闻。三十多年里，他走遍祖国南北，对曾走过的地方之地理、地质、地貌、水文、气候、植物做了深入细致的调查研究，并用日记体裁进行详细、科学的记录。就是在这种环境中，他写下了闻名世界的《徐霞客游记》。

很多人虽然都心有所想，却很少有人为了愿望而坚持不懈地努力下去，也很少有人为了一个目标而坚定地执行下去。因为总是会有来自外界各种各样的干扰。我们每个人都向往成功，但是心有所想的同时需要排除外界的干扰，需要在心里不断地提醒自己，不断地想着朝目标前进。虽然当我们想着"下次考试提高二十分""一个月减肥十公斤""毕业后就要买房"的时候，自己都不太相信，因为身边已经有无数多的人这么想，却同样有无数多的人无法实现。倘若就这样气馁了、放弃了，那我们距离成功将越来越遥远。相反，要相信自己的心之所想，清楚地告诉自己想要的是什么，并为之而努力奋斗。只有时刻保持这种"想要"的念头，才能彻底抛开所有阻挠它实现的因素。最后我们会发现，所有的"我想"，都变成了"我要""我一定"。想都不敢想的事情，未必就是我们无法做到的事情。大胆地坚持心之所想，方知自己的潜力有多大。

正如放风筝。风筝能飞多远，关键在于手中的线有多长。如果线断了，再好的风筝也飞不起来。我们想要成功的心，就是牵着风筝的线，不要让线在风筝飞上云端之前断掉，更不要在"心想事成"之前放弃最初的念想。成功不仅需要奋力拼搏，更需要一份坚持不懈的动力。坚持心之所想，最终将成为力之所及。

志当存高远，路从脚下行

"譬之树木，这诚孝之心便是根，许多条件便是枝叶。须先有根，然后有枝叶。不是先寻了枝叶，然后去种根。"

——王阳明

王阳明和同辈人不一样，他从小立志要做圣人，也就是去探究宇宙人生的奥秘。为此，他习读百家书，曾遵从朱熹的"格物致知"去格万物，最后从陆九渊

那里找到了圣人之道，还领悟出了"知行合一"的道理。

他的哲学，最后不仅可以用于政治，比如扳倒严嵩的徐阶就是受其影响；也可以用于军事，比如他自己就亲身平定了很多次的叛乱。一介文人，作战百无一失，在中国历史上是绝无仅有的，而他所做的，只是一直在修养自己。但是火候到了，就如同鱼跃龙门，化身为龙，自由地游走在天地之间，无往而不利。

志向对于人来说，其实是未来行为举止的驱动力，没有志向的人如同旋转的陀螺，不知道停下的位置在哪里。正如先贤孔子所说的一般："志于道，据于德，依于仁，游于艺。"意思是说，将天地道义的实现作为自己终生奋斗的目标，然后用道德的标尺来约束自己，以仁义作为自己处世的原则，同时还要学习六艺来丰富生活的内容。道德之性、仁爱之心、六艺之才，是实现人生目标必不可少的重要条件。而其中最重要的前提便是树立高远的志向，以志向来引导前进的方向。

秦朝丞相李斯年少时跟随荀子念书。由于家境贫寒，经常食不果腹。一日，李斯在厕所里看到粪坑中的老鼠，又小又瘦，一见到人就惊慌逃窜。过了几日，李斯去米仓盛米，看到一只在米仓中偷米吃的老鼠。这只老鼠又肥又大，见着李斯不但不逃跑，反而瞪着眼很神气地看着他。李斯觉得很奇怪：为什么厕所中的老鼠见着我就拼命地逃跑，而这只老鼠见着我不但不逃跑，反而还敢瞪我呢？

李斯陷入沉思，反复琢磨两只老鼠间的差异，终于悟出了一个道理：又小又瘦、见人就逃的老鼠，是没本事、被欺负惯了的老鼠；而又肥又大、见人不避的米仓老鼠，认为自己很有本事，所以敢见人不避，目空一切。李斯突然觉得，现在的自己就像厕所里的那只小老鼠，非常可怜。于是，李斯暗暗发誓：做人也要如此，要做就做米仓中的大老鼠，绝不做那可怜的粪坑老鼠，不但吃不饱，还备受欺负！

悟出这个道理之后，李斯便告诉荀子自己不读书了。荀子问他不读书要去做什么，李斯说要去游说诸侯，求得功名富贵。就这样，李斯半途荒废了学业，开始追求富贵功名的人生。后来，李斯得到秦始皇的信任，当上了秦朝丞相。他在为人处世中处处奉行"老鼠哲学"——仰仗秦始皇的信任和自己的地位，打击陷害异己忠良，贪赃枉法，肆无忌惮。秦始皇死后，李斯便落了个遭人诬陷、满门抄斩的悲惨结局。

　　米仓中的老鼠激励着李斯立下了人生的大志，但是"老鼠哲学"却又让李斯一败涂地。"据于德，依于仁，游于艺"固然重要，但人生全部的努力及其方向，更多地源于我们确立的志向。诚如王阳明所言："譬之树木，这诚孝之心便是根，许多条件便是枝叶。须先有根，然后有枝叶。不是先寻了枝叶，然后去种根。"确立志向之时，倘若其心不正，则容易失之偏颇，惨淡收场；其志不高，则容易碌碌无为，一事无成。

　　然而，高远的志向只是心之所向的念想，如何将之付诸实践呢？对于这个问题，不同的人会做出不同的选择。而最典型的莫过于"依于仁""游于艺"，抑或徘徊于二者之间。

　　苏轼与佛印出游，看到一个木匠在做墨盒，于是即兴对诗。佛印曰："吾有两间房，一间凭与转轮王，有时放出一线路，天下邪魔不敢当。"苏轼淡然一笑，对曰："吾有一张琴，五条丝弦藏在腹，有时将来马上弹，尽出天下无声曲。"

　　同样一根线，苏轼与佛印看出了不同的人生哲理。佛印说的是眼前所见的墨盒里的线，用的时候要拉出来，非常直，就像为人处世所坚持的原则和底线，天下邪魔看到他的正直都不敢靠近。他强调了一个端直的人品和操守对实现人生目标的重要性。再看苏轼所言：我也有丝弦，不过不像墨盒的线那样要拉出来，而是藏在我心中。苏轼用弹奏只有自己能够明白的天籁之音来比喻他的人生——追求自由自在的欢愉。

　　上述二人不同的人生态度分别代表了中国人格理想上的两个支点："仁"是嘈杂世界中生命自我选择与坚持的力量；而"艺"是令我们心神荡漾，触目生春的欢愉。这两点之于生活，就如阳光雨露之于草木，缺一不可。然而最为重要的，还在于"志于道"。王阳明高度强调道德的自我完成，在他看来，凡墙都可以是门，只有树立远大的抱负，循着高尚而伟大的理想之路从心头做起，才不至于鼠目寸光，荒废一生。

人贵有自知之明

"后儒不明圣学，不知就自己心地良知良能上体认扩充，却去求知其所不知，求能其所不能，一味只是希高慕大，不知自己是桀、纣心地，动辄要做尧、舜事业，如何做得？"

——王阳明

《传习录》中有这样一段记载：一对父子发生争执，互相控诉对方，想请王阳明为其评理。王阳明听他俩说完之后，对他俩如此说了一番，话未说完，父子俩就抱头痛哭，冰释前嫌而离去。弟子们都很好奇，问先生："您对他们说了什么，令他们这么快就有所感悟了？"王阳明说："我对他们说，舜是世间最不孝的儿子，而舜的父亲瞽瞍是世间最慈爱的父亲。"弟子们愕然，继续请教先生。王阳明解释说："因为舜常常认为自己不够孝顺，所以他能做到至孝；而他的父亲瞽瞍常常以为自己已经非常慈爱了，所以做不到真正的慈爱。瞽瞍只想着舜是他从小养大的，今天凭什么不能取悦我、让我高兴，他不知道自己的心已受后妻的影响改变了，还自以为对舜慈爱，所以就越不慈爱；而舜只想着父亲在他小时候是多么爱他，今日不爱他是因为他不够孝顺，于是他每天反省自己不够孝顺的地方，因此就越来越孝顺。"

众所周知，舜是中国古代有名的孝子。王阳明之所以说"舜是世间大不孝的子"，是为了让那对互相控诉的父子明白，做人要有自知之明，要学会从自己身上找原因，而不是一味地责怪他人。

人贵有自知之明，但自知的获得，又谈何容易！只有经历暴风骤雨的洗礼，雪压霜欺的磨砺，在无数次地跌倒中爬起，才能够找到真实的自我，才能够正确面对自己的对与错、美与丑、善与恶，从内心做到不怨天尤人，真正认识到自己的能力，再通过不断修补与完善，向更加完美的人生靠近。可见，自知之明的"贵"字来得何其不易！

自以为自知同真正自知不同。自以为了解自己是大多数人容易犯的毛病，真正了解自己的人少之又少。人生如秤，对自己的评价轻了容易自卑，重了则容易自大；只有把握准确，才能实事求是、恰如其分地感知自我，完善自我。自知无知才求知，自知无畏才拼搏。倘若连自己擅长什么、欠缺什么都不知道，又何谈奋力拼搏、努力改进呢？因此，有人说自知之明是比才能更罕见、更优美、更珍奇的东西，它总是在无边的黑夜中熠熠生光，为不同的人生指引正确的方向。有了自知之明，才能在深浅之间权宜做人。

　　理发师有一把刮脸刀，它不仅十分漂亮，而且工作出色。有一段时间，理发师因事外出，理发店里没有顾客光顾了，刮脸刀闲得无聊，突然想要出去见见世面，并在众人面前展示一下自己。

　　刮脸刀刚迈出门槛，太阳光射进来，在它的刀刃上闪出耀眼的光芒。它非常得意，觉得自己实在是了不起。

　　经历了如此壮丽的场面，刮脸刀已经不愿意再回到理发店去为理发师服务了。"那破旧的小小理发店，怎能配得上我这锋利的刀刃呢？我得找个僻静的角落躲藏起来，让那个讨厌的理发师再也找不到我。"

　　从此，理发师再也见不到这把刮脸刀的踪影了。

　　几个月过去，多雨的季节来临了。躲藏已久的刮脸刀决定出来透透气，却没

想到在它跳出刀鞘时被雨水浸得锈迹斑斑了。

刮脸刀知道自己错了，它悔恨地痛哭："我为什么忍受不住诱惑呢？善良的理发师照顾我、保养我，他曾为我的劳动充满自豪！可现在，一切都失去了，我的刀锋生出令人厌恶的锈斑。"

一把刮脸刀反映出了缺乏自知之明的特征与命运。

有自知之明才能让我们明晓得失、看清自己，去做力所能及的事。王阳明说，不知道从自己内心的良知良能上去体认扩充，却去强求他所不能知道的事，强求他所不能做到的事，一味只是希高慕大，不知道自己是桀、纣心地，又如何能成就像尧、舜那样的事业呢？

人生的旅途有千百条路，是选择距离较远的平坦大道，还是近在咫尺的崎岖山路，因人而异。"成名成家"固然风光，但绝不是每一个人都能够实现，"心想事成"有时候不过是美好的愿望罢了。对于大多数人而言，平淡快乐的生活比功成名就更有意义。无论是能力上还是思想上的力所不及，都有可能陷入理想与现实之间那道永远不可逾越的鸿沟。自知之明的可贵之处，便在于它能指导人们量力而行，选择一条适合自己的人生道路。

第四章

道德心：
小赢靠智，大赢靠德

土地不如德行，财物不如仁义

> "良知只是个是非之心，是非只是个好恶，只好恶就尽了是非，只是非就尽了万事万变。"

——王阳明

修身、齐家、治国、平天下，此乃儒家文化中传统的道德理想。儒家思想将"修身"放在人生事业的第一位，而"欲修其身者，先正其心"。可见对于我们中国人而言，人品修养有多么重要。尤其是对于立志创出一番事业的年轻人而言，无论是奋斗的过程还是成功之后，良好的道德修养都是不可或缺的。

王阳明的"心"学思想尤其注重个人自身的道德修养，将之与天理相统一。他认为，"良知"作为人内心的是非准则，具有知善去恶的能力，人们能够凭借它去辨明是非善恶。也就是说，一个人发自内心的道德修养，会影响他的言语、行为以及为人处世的原则。小则影响他在利益与仁义之间的取舍，大则影响他的人生道路是荆棘满布还是一片坦途。

段干木是战国时晋国人，赵、魏、韩三家分晋后居于魏。他小时候家里贫穷，社会地位低下，因而他的志向难以实现。他游学西河，师事孔子弟子卜商（子夏），成为很有学问的人。他住在魏国的城邑段木，所以人们称他为段干木。段干木曾求学于孔子的弟子子夏。他很有才能，但不愿做官。魏国国君魏文侯曾经登门去拜访他，想授给他官爵。他却避而不见，越墙逃走了。从此，魏文侯更加敬重他。每当乘车路过他家门时，就下车扶着车前的横木走过去，以表示对段干木的尊敬。

他的车夫感到纳闷："段干木不过一介草民，您经过他的草房表示敬意，不是太过分吗？"魏文侯答道："段干木是一位贤者，他在权势面前不改变自己的节操，有君子之道。他虽隐居于贫穷的里巷，而名声却远扬千里之外，我经过他的住所怎敢不对他表示敬意呢？他因有德行而取得荣誉，我因占领土地而取得荣誉；他有仁义，我有财物。土地不如德行，财物不如仁义。这正是我应该学习、尊敬的人啊！"

后来，魏文侯见到了段干木，诚恳地邀请他任国相，段干木谢绝了。他与段干木倾心交谈，两人成为莫逆之交。没过多久，秦国想兴兵攻打魏国，司马唐雎向秦国国君进谏道："段干木是贤人，魏国礼遇他，天下没有不知道的。像这样的国家，恐怕不是能用军队征服的吧!"秦国国君觉得有道理，于是按兵不动。

在上古先秦歌谣中，有一首歌谣，其中写道："吾君好正，段干木之敬。吾君好忠，段干木之隆。"段干木终身不仕，然而他又不是真正与世隔绝的山林隐逸一流，而是隐于市井穷巷、隐于社会底层的平民百姓中。进而"厌世乱而甘恬退"，不屑与那些乘战乱而俯首奔走于豪门的游士和食客为伍，使倾覆之谋，"浊乱天下"。

与此相反，那些见利忘义者，必遭人唾弃。历史上不乏道德败坏之人登上高位、不可一世的例子。在金钱与权力面前，人们会质疑，良好的道德品质还有何用？然而，真实的历史给了我们最好的印证，没有良好的道德品质，再位高权重、大富大贵之人，也会不得善终、惨淡收场。

秦朝宰相赵高，为官期间横征暴敛，滥杀无辜，却官居高位，一人之下，万人之上；汉末董卓个性粗暴，奸诈无比，却自封相国，专断朝政，凶暴淫乱，无法无天；唐朝的李林甫，为人奸诈阴险，手段卑鄙，世称"口有蜜，腹有剑"，受贿无度，生活奢华，却官至宰相；南宋的奸相秦桧，其人残忍阴险，陷害忠良，卖国投降，却能为相十九年。然而，赵高后来为子婴所杀；董卓为王允等人所杀；李林甫的腐败最终引发了"安史之乱"，留下千古骂名；秦桧死后被筑"跪相"，永世不得翻身。官居高位固然令人称羡，但他们的下场，向世人清楚

地昭示了罔顾道德、埋没良心而得来的荣华富贵，是以令人唾弃、遗臭万年为代价的。

在追逐成功的人生道路上，获得一定的社会地位是成功的一个重要方面。然而，地位有两层涵义，一是外在的权位高低，一是在众人心目中的位置。有远见之人看重"赢得身前身后名"，鼠目寸光之人只见眼前的风光而听不到背后的骂名。上述道德败坏之人，无不因其外在的权位而一时风光，却背负着世人的唾骂而不自知。王阳明忠君爱国，体恤百姓，鞠躬尽瘁，死而后已，因此流芳百世；而与王阳明同时代的刘瑾，狡诈得权，肆意贪污，因而遗臭万年，其身后评价差之千里。

由此可知，立志成功之人，无论最后处于何种地位，都不能忘德行这个"本"。只有时刻保持良好的品德，并以此为准约束自己的行为，才能在有限的能力范围之内创造出无限的人生价值，才能以良好的口碑传世，成为人生道路上真正的大赢家。

君子如玉亦如铁

"名与实对，务实之心重一分，则务名之心轻一分；全是务实之心，即全无务名之心。若务实之心如饥之求食、渴之求饮，安得更有功夫好名！"

——王阳明

王阳明出生于官宦世家，自幼受到良好的教育，并以读圣贤书、修身齐家治国平天下为己任。为官期间屡立战功，政治声望不断升高，然而他的仕途却日趋坎坷。

由于不满太监刘瑾把持朝政，任意妄为，许多正直的官员上书正德皇帝，要求严惩刘瑾及其党羽，结果被打入死牢。时任兵部主事的王阳明站出来为他们辩护，委婉地请求皇帝释放众人。刘瑾当即下令将王阳明谪迁至贵州龙场，做一个没有品级的驿丞。不仅如此，他还暗中派人尾随王阳明，准备在途中将他害死。

王阳明在钱塘江边遇到杀手，急中生智，乘夜色跳入江水，逃过一劫。虽然如此，但为了家人的安全，王阳明不得不前往贵州赴任。

刘瑾倒台后，王阳明被重新起用，但又因平定宁王朱宸濠叛乱而惹怒龙颜，不但没有得到皇帝的嘉奖，反而招来横祸。他的仕途再次陷入低谷。

一年之后，正德皇帝驾崩，嘉靖皇帝登基。王阳明被任命为南京兵部尚书，仅仅是一个闲职，无大事可为。

王阳明的一生历经坎坷，但他始终没有气馁，不断探索人生的真谛，努力不懈地完善和传播他的思想，最终成为一代"心学"大师。

王阳明既能以德修心，注重自身道德修养，以开阔的胸襟包容万物；又能在坎坷的人生道路上铁骨铮铮，不畏权贵的迫害，毅然坚持自己的理想，不愧为如玉亦如铁的君子。

"谦谦如玉，铮铮若铁"，是孔孟儒家思想中对君子人格的最高评价。"谦谦君子，温润如玉"，以玉喻君子，取其圆润、不尖锐之义。佛家的"圆融"境界，要求戒嗔、戒痴、戒贪，无欲无求，尔后能不动声色、不滞于心。谦谦君子的圆润亦同此理。虽然成佛修仙遥不可及，但磨去棱角，收敛光华，养成谦谦如玉的君子人格却是可为之事。具有容人之量是谦谦君子的前提，开阔的胸怀、宽广的胸襟，是谦谦君子的基本品质。

"铮铮若铁"，突出君子人格中铁骨铮铮的特质，就像一树寒梅，挺立在风雪中，傲然绽放。拥有此等品质的人，敢于仗义执言，绝不妥协；不油滑，不世故，不屈不挠；有志气，有勇气，有胆有识。他们立世一尘不染，对人一片冰心，一箪食，一瓢饮，却敢于承担一切苦难。正如古诗所云："冰雪林中着此身，不同桃李混芳尘。忽然一夜清香发，散作乾坤万里春。"

王阳明曾言："名与实对，务实之心重一分，则务名之心轻一分；全是务实之心，即全无务名之心。若务实之心如饥之求食、渴之求饮，安得更有功夫好名！"圆润如玉方能名实并重，铮铮铁骨力保务实而不受沽名钓誉之心所扰。

"谦谦如玉"与"铮铮若铁"，从不同侧面展现了君子人格的两种特质。当今之世，纷繁复杂。倘若一如既往，只养谦谦如玉之性情，抑或只炼铮铮铁骨之傲气，恐怕都难成大事。要想在现实生活中成就一番事业，应当像王阳明那样，讲究方圆之道，既养铮铮铁骨的一身正气，处世有底线，为人讲原则；又取谦谦如玉的圆融为人，包容四方。如此，才能在熙熙攘攘的人世间成其大事，为后世所传颂。无论朗朗乾坤，抑或滔滔浊世，于我又有何妨！

以德为先，德才兼备

"世之君子，惟务致其良知，则自能公是非，同好恶，视人犹己，视国犹家，而以天地万物为一体，求天下无治不可得矣。"

——王阳明

高尚的品德与出众的才能，是获得成功的两个必备条件。儒家圣贤们十分看重人的品德，认为品德比才能更重要。孔子在《论语·述而》中说道："如有周公之才之美，使骄且吝，其余不足观也。"孔子认为，即使有周公那样的才能和那样美好的资质，只要骄傲吝啬，其余的一切也就都不值一提了。如果一个人才高八斗而品德不好，那么圣人连看也不会看他一眼。只有德才兼备，以德育才，才是真正的人才。当德与才不可兼得时，当舍才而取德，正如孟子"舍生而取义者也"。

王阳明有关"致良知"的观点，就能够看出他教育的目标。如他所言，"世之君子，惟务致其良知，则自能公是非，同好恶，视人犹己，视国犹家，而以天地万物为一体，求天下无治不可得矣。"心学推崇"心即理"的思想，"致良知"在这一基础上是可能的，也是必要的。王阳明认为，世上的君子，只要专心于修养自身品德，那么自然能够公正地辨别是非好恶，像对待自己那样对待他人，将国事等同家事一样关心，把天地万物看作一个整体，从而求得天下的大治。因此，"致良知"不仅是为学之道，更是育人之道，重在育人之德，"道德"或"良知"等精神品质蕴涵于经典之中，对人的自身修养有着与之相应的陶冶价值。

唐朝汝州有个叫夏子胜的人，十年寒窗苦读，一朝高中，被皇帝授予南县县令。这日，夏子胜携一家仆赴任，来到县衙，大小县吏已在门口等候多时，见新县令到来，一个个急忙迎上去。夏县令问他们去年南县老百姓生活如何，粮食是否丰收，商贾是否安分行商，官粮是否收齐，赋税是否完成，然后叫来师爷将县吏们所说记录在册，逐一核对账簿。几天后，师爷对夏县令说，一切都如县吏所言，去年南县一切安好。听完汇报，夏子胜点点头。

在南县县吏们的眼里，这个新来的县令与以往的县官老爷大有不同，除了处理诉讼官司时会开口说话外，平时听不到他说一句话。不过话虽然很少，但是做的事情却极为合乎规范，往来公文，刑罚办差，无论是上司还是下面的老百姓，都称赞夏县令做事稳当，是个好官。

这些官吏们十分不解，这个不爱说话的老爷到底是怎么一个人。一天，有个胆大的县吏将这一疑问向夏子胜提了出来，夏子胜听后，呵呵一笑，说道："圣人行道，心正而行端，做官做民都是一个道理，为官之道在于教民养民，为人之道贵在德行，明白了这其中的道理，做起事情来就不会有偏颇，如此，又何必说那么多的话呢？"

我们可以将这位南县县令的话理解为对"执事敬"的最好注解，事实上，一如这位县令说的那样，行圣人之道又何必多言，"行"首在"知"，这是心灵净化、涵养提升的必然结果，由此，对人忠信而不诡诈，与人交往而不奸猾，堂堂正正做人，端端正正做事，与此相对，再多的话都不过是水中倒影，没有实际意义。

在现实生活中，我们会遇到这样两种品质不好的人。一种是品质不好、能力也不强的人，这种人因其能力有限，对他人和社会造成的危害不会太大；另一种则是品质败坏但才思敏捷、能力出众的人，这种人更容易寻捷径上位，一旦得势，将会对反对他的人或社会集团造成巨大的危害，甚至达到一发不可收拾的毁灭程度，最终断送一个家庭、一个公司甚至一个国家的前途。不可否认，没有灵魂的头脑，没有德行的知识，没有仁善的聪明，固然是一种强大的力量，但它们只能起负面的破坏作用。也许偶尔会给人们一些启发，或者带来一些乐趣，但却很难赢得人们的尊敬与发自内心的赞叹。

反之，品德高尚的人，即便能力有所不及，也会虚心好学，不断提高自己，通过脚踏实地的努力奋斗来获得成功。当然，不能因此而走向另一个极端：忽略人的才能，一味强调道德修养。不懂得尊重知识、尊重人才的人，何谈培养自己的道德品质！历史的经验告诉我们，无论做人还是做事，都要以德为先，就好像王阳明告诉弟子的话：良知在人心，随你如何，也不能泯灭。德行是我们行走人生的前提，而才能是我们创造人生的手段。做到德才兼备，才能使我们的人生绚烂多姿！

养一身浩然正气

"是集义所生者，非义袭而取之也。"

——王阳明

王阳明奉旨前往广西平乱，到了之后，王阳明认为如果以武力进行压迫，可能会使双方的矛盾越积越深，这样冤冤相报何时才能了。于是，王阳明开始寻找机会，想要缓解双方的矛盾。

这个时候，王阳明获知起义首领哈吉的母亲卧病在床。王阳明赶紧派跟随自己的医生去给哈吉的母亲看病。不出几日，在医生的治疗下，哈吉的母亲能够下床走路了。但是出于双方是敌对关系，哈吉并没有过多的表示。之后，哈吉从医生的口中听说了王阳明为人，而且得知用来医治母亲病的药都是王阳明自己本人所必需的。王阳明在哈吉心中的好印象大为加深。

随后，王阳明写了一封信给哈吉，实事求是而又诚恳谦虚地劝哈吉要从大局出发，和睦相处为妙。哈吉早已被王阳明高尚的人格所折服，这封信正好说到了他的心坎里。就这样，王阳明未用一兵一卒，只是晓之以理，动之以情，便解决了叛乱问题。

孟子说养气修心之道，虽爱好其事，但一曝十寒，不能专一修养，只能算是知道有此一善而已；必须在自己的身心上有了效验，才算有了证验的信息；进而由"充实之谓美"直到"圣而不可知之谓神"，才算是"吾善养吾浩然之气"的成功。

何为浩然正气？一谓至大至刚的昂扬正气，二谓以天下为己任、担当道义、无所畏惧的勇气，三谓君子挺立于天地之间无所偏私的光明磊落之气。浩然正气便是由这昂扬正气、大无畏的勇气以及光明磊落之气所构成。有些人表面上很魁伟，但与之相处久了就觉得他猥琐不堪；有些人毫不起眼，默默无闻，却能让人在他的平淡中领略到山高海深的浩然正气。正是因为后者具有正直如山的品质，才能让人感受到他的一身正气。

古今之成大事者，心中都有大气象。正是"笑览风云动，睥睨大国轻""俯仰天地之气概""力拔山兮气盖世"，乃浩然正气也。

诸葛亮等文人志士则体现为"名士风流"。三国时期的诸葛亮，羽扇纶巾，貌似轻松淡定、潇洒自如，实则神机妙算、运筹帷幄。西晋开国元勋羊祜，平日一副松洒打扮，飘逸十足，甚至在打仗的时候，仍不失其雍雅的风度。魏晋名士大多旷达风流，放任自流，毫不矫揉造作，痛快淋漓。

不管是英雄本色，还是名士风流，都具备孟子所说的"浩然正气"。"其为气也，至大至刚，以直养而无害，则塞于天地之间。其为气也，配义与道；无是，馁也。是集义所生者，非义袭而取之也。"有志之士当养浩然正气，大者壮我泱泱中华之神威，小者在为人处世中光明磊落、至情至性。

养浩然正气并非易事。《孟子》中有言："是集义所生者，非义袭而取之也。"在孟子看来，浩然正气是正义的念头日积月累所产生的，不是一时的正义行为就能得到的。关于"集义"，王阳明认为做每一件事都应符合良知的要求，这样才能使心中的浩然之气壮大起来，再遇到其他事情就更能以良知为指导，从而达到"从心所欲不逾矩"的中庸境界。由此看来，要养浩然正气，就要做正直之人，诚实地对待生活中的每一件小事，日积月累，不断壮大。

浩然正气是人的精神"脊梁"，是抵御歪风邪气的"屏障"。正气长存，则邪气却步、阴霾不侵；正气长存，则清风浩荡，乾坤朗朗。要保持浩然正气，就必须"一日三省吾身"，做到自重、自省、自警、自励，时时处处以激浊扬清、弘扬正气为己任，使正气日盛，邪气渐消，引领整个社会不断走向正义和文明。此乃君子之道也。

好德如好色

"公且先去理会自己性情，须能尽人性，然后能尽物之性。"

——王阳明

子曰："吾未见好德如好色者也。"好德如好色是王阳明最爱举的例子，孔子说从来没有见过好德如好色之人，王阳明则期望人们能像喜欢漂亮的姑娘那样追求美德，将美德作为人类一种本性的东西自然而然地表现出来。

很多人一听到"色"就会联想到一些不好的方面。其实，"色"是万物生灵所共有的，"好色"更是人的本性，不必视之为万恶之源。从文献记载可知，

"好色"一词并非贬义词，只是到了近代，随着社会文化现象的转变而发生了语义上的偏离。孟子曾说："人少则慕父母，知好色则慕少艾，有妻子则慕妻子，仕则慕君，不得于君则热衷。"意思是人在年幼时爱慕父母，成年之后爱慕少女，有了妻子则爱慕妻子，走上仕途为官则忠于君主。"知好色"代表了一个相对于幼年的成熟时期，在这个时期年轻人开始知道喜欢异性。即便是在现代社会，"好色"也是一个人生理和心理上正常而健康的倾向。人不近色，则人性失；人性失，则不能为人。孔子言"好德如好色"，也就是肯定了"好色"是人们应该有的行为倾向。

既然"好色"是人之本性，其所固有的不以外界条件为转移的特性，正是好德之人应该努力做到的。要做到"好德如好色"，就必须将美好的品德根植于心，才能使之如人之本性那样自然地流露出来。否则，仅仅囿于思想中的品德就算再美好，也无法影响我们的行为，无法使我们成为真正具备美好品德的人。

明朝的时候有个农人，一年四季辛苦耕作，每年都能获得丰收，因为这个原因，在这个农人生活的村子里，很多人一天只能吃两顿饭，而他家却能顿顿饱餐，这让村里人很是羡慕。因为家有余粮，农人用一部分粮食当作学费，让自己的儿子上了私塾。这以后，老农见到谁都显得非常开心，经常对村里人说："人活一世，不就是吃饭养家识字，做个好人嘛。现在这几样我家都做得差不多了。以后你们有什么要我做的，尽管开口，乡里乡亲的，我一定帮忙。"

半年后，这个农人的兄弟家遭了灾，离家来投奔这个农人，农人让他的兄弟先住在年久失修的祖居，说过一阵子给他修个新房，然后再搬过去。他的兄弟听后很高兴，逢人便夸自己的兄长如何如何对自己好。为了表达感谢，农人的兄弟抢着干农活，无论做什么都很勤快，渐渐地，农人自己不动手了，家里有什么事都让他的兄弟去做。

就这样三个月过去了，这个农人说的新屋迟迟不见动静，他的兄弟有些等不及了，思来想去，他硬着头皮跟农人提起了屋子的事情。听完自己兄弟的话，农人沉默了一会，对他说："这个事情啊，我还真给忘了，你放心，自家兄弟的事我一定会说到做到的。"

第二天，农人的兄弟走在田埂上，有人问他房子造得怎么样了？他红着脸说不出话来，仿佛是自己做错了什么。当冬天来临之际，他还住在四处透风的祖居里，而他的兄长正在温暖的家中喝着自酿的米酒。次日一早，他没有跟农人打招呼，就离开了村子。

没多久，村里人便知道了这件事，他们在农人背后议论纷纷，有的人说："还说什么有事尽管向他开口，你看看，这种人，对自己兄弟都这样，我们还有什么好说的，我看呐，还是离他远点吧。"从此以后，再也没有人理睬农人，甚至农人一家都成了全村唾弃的对象。

说好的做不到，实际上是心里根本没有想过要给自己的兄弟盖新房，行由心生，由此可见这个农人到底是怎样一个人。

儒家专注的是"内外皆美"的生命志趣，不念旧恶，君子怀德是美，居处恭，执事敬，与人忠是美，当仁不让更是一种美。这种美在王阳明看来其实就是根植于内心的道德感使然，行动起于心智，倘若内心缺少道德的约束，只会说漂亮话，而无真行动，那么其行为可以想到是"巧言令色，鲜矣仁"，对其不能做更大的奢望。

如果说，"好色"是一种在人内心天然生成的本能反应，那么，"好德"就是一种经过教化之后能够自然流露的理性反应。好德之人对美好品德的追求发自内心，自然能够在其言行举止中表现出来，并且不易受到外界因素的干扰。相反，那些只会将仁义道德挂在嘴边的人，一旦受到金钱权力的诱惑，则会把持不住，做出丧德败行之事。

王阳明的弟子梁日孚曾问他："程颐说'一草一木皆有理，不可不察'，您觉得这个看法如何？"王阳明说："我就没那闲工夫了。你应当先去涵养自己的性情，修养自己的品德，必须能够完全了解人性道德之后，才能了解世间万物的道理。"也就是说，人应该先在"好德"的本性上而不是其他无关的琐事上下工夫，促进人格的完善，提升自己，最终才能够自然地显示出美好的品德。

真正的智者将道德修养作为人生最可靠的支柱。只要我们从现在开始将美好的品德根植于心，并将之付诸实践，像追求美的人和美好的事物一样去追求它，就能做到孔子所说的"好德如好色"，也就离成功的人生目标不远了。

顶天立地，刚正不阿

"岂有邪鬼能迷正人乎！"

——王阳明

正德皇帝朱厚照登基之后，整日与刘瑾等宦官混在一块，不理朝政。朝中忠臣不断规劝皇帝将精力放在处理国家大事上来，皇帝并没有理会。随着朝政的逐渐混乱，以及刘瑾等人越来越专横跋扈，朝中很多大臣联名上书，要求惩治刘瑾等人的恶行，以此稳定政局，维护大明江山。

联名上书并没有惩治到恶势力，刘瑾安稳住皇帝之后，利用手中大权抓捕了这些上书要求惩治他的大臣。当时很多正直的官员得知这个消息之后，纷纷上书为这些官员打抱不平。但是，这些上书反而激化了刘瑾的报复行动，更多上书的官员被革职、被抓捕、被杀害。朝廷上下，乌烟瘴气，人心惶惶，很多官员为了保命都选择了缄默。

当时的王阳明身任兵部主事一职，官位并不高。但是看到越来越多的官员被压倒，敢说话的人也变得胆怯，满朝文武都闭口不言了，王阳明挺身而出，为受冤官员说话。

刘瑾等人见一个小小的兵部主事竟敢这样明目张胆地同他们作对，于是，将王阳明逮捕进锦衣卫的大牢，最后，处以廷杖之罚。

王阳明在危难关头不畏强权，坚持正义的行为表现了他崇高的品德和高尚的人格。自古大丈夫者，胸怀大志，腹有良谋，包藏宇宙之机，吞吐天地之志，创不世之基业，立不世之奇功。真正的大丈夫，其标准之高，让当今之人望而却步。然而，"大丈夫"贵在其自身的道德修养。堪称"大丈夫"之人，必有一身大无畏的气概，敢于面对生与死的考验，勇于做出一番惊天动地的壮举。

文天祥面对死亡，潇洒题下"人生自古谁无死，留取丹心照汗青"；谭嗣同在押赴刑场之前，壮烈地写下"我自横刀向天笑，去留肝胆两昆仑"。如此情怀，壮烈豪迈，气冲霄汉，令人敬佩不已。

堪称大丈夫之人，必有顶天立地、刚正不阿之品质。王阳明有言："岂有邪鬼能迷正人乎！"刚正不阿之人，即便是邪恶鬼神也不能使其心智迷乱，如此才能直面残酷的现实，即使身心受创，仍能愤然而起，成就一番事业。

黄宗羲在《宋元学案》说道："大丈夫行事，论是非，不论利害；论顺逆，不论成败；论万世，不论一生。"大丈夫之所以能"论是非、论顺逆、论万世"，是因为在其心中万事以"仁义"为先，以道德为本。

正所谓，"玉可碎，而不可改其坚；兰可移，而不可减其馨！"只有具备"玉碎而志不改"的坚毅品质，才能成为顶天立地的大丈夫，才能经受住风霜雨雪的磨炼而成就人生大业。

得人心，得天下

"尧、舜、三王之圣，言而民莫不信者，致其良知而言之也；行而民莫不悦者，致其良知而行之也。施及蛮貊，而凡有血气者莫不尊亲，为其良知之同也。"

——王阳明

古人云："得民心者得天下。"然而，如何才能得民心呢？有人选择了以利诱之，结果民心尽失；有人选择了以德服之，则名留青史。

历代君王欲得民心，就必须"德天下"，即以德治天下。三国时刘备不善于谋略作战，但是，他具有良好的品德，能够以此感召部下同心协力，一同建功立业。虽然一个人的能力有限，但其高尚的品德能够换来别人的尊重和爱戴，愿意尽心效力。而且有德之人，更能明白别人所追求的利益，并能尽力给予最大的满足。综观历史，有大成就的人必然有德行而能令人为其舍命效劳。

王阳明将圣人治天下之道归结为"致其良知"，即注重以德治天下。他说："尧、舜、三王之圣，言而民莫不信者，致其良知而言之也；行而民莫不悦者，致其真知而行之也。施及蛮貊，而凡有血气者莫不尊亲，为其良知之同也。"他认为尧、舜以及夏禹、商汤、周武王说的话天下人没有不相信的，因为他们是致其良知之后才说的；他们的行为没有令百姓不高兴的，因为他们是致其良知后才做的。把这样的治国之道推广到蛮夷之地，那么凡是有血气的人，没有不孝敬父母的，因为他们有共同的良知。

"德天下"不仅要为人处世忠于良心，做利人利己而不是损人利己之事，更要为人忠诚。但凡忠于国家、忠于社会之人，才能把持住心中的天平，不向贪图利益、腐败堕落倾斜。

东汉末年，孙策任用吕范主管东吴财经大权，孙策的弟弟孙权此时年少，总是偷偷地向吕范要钱，吕范则一定要请示孙策，从不在未经孙策允许的情况下答应孙权。因为这事，孙权对吕范很有意见。后来孙权任阳羡县令，建立了自己的小金库以备私用。孙策有时来查账，功曹周谷总是为孙权涂改账目，造假单据，使孙策没有理由责怪孙权。孙权这时很感谢周谷。当孙权接替孙策统管东吴大事之后，他选择了重用吕范而不是周谷。因为吕范忠诚，而周谷却善于欺骗。

不仅做大事之人如此，寻常百姓亦应该如此。一个人如果不够诚实，在工作中往往会成为墙头草两边倒，在生活上会成为见利忘义的小人。这样的人难以与人深交，难以得到他人的信任，更别说是天下人的敬佩了。

以德治天下，关键还在于以德服人，而非以暴制暴。给他人说话的权利、发言的空间，才能更全面、更深刻地了解他人的想法，从中汲取自身的弊病，并及时改正。倘若将所有反对的声音都拒之脑后，又如何做到致其良知，德治天下？

春秋时期郑国的子产便是因为以德服人的举措而受到他人的敬佩。

一日，子产被郑国大夫然明叫去问话。然明问子产："我们把乡校取缔了怎么样？"

子产说："为什么要取缔？人们清闲的时候可以来，议论我们到底做得好不好。他们如果喜欢，我们就继续推行，他们如果讨厌，我们就立刻改正。这不是挺好吗？为什么要取缔它呢？我只听说过我们应该尽力做好事以减少人民的怨恨，没听说过依权仗势来防止怨恨。大河宜疏不宜堵啊。堵上容易决堤，伤害反而更大。我们不如开个小口导流，把有用的建议当作治病的良药。"

然明非常佩服子产的见解："我现在才知道您确实是可以成大事之人啊。佩服，佩服。"

正因为这件事，子产在被人污蔑"不仁"时，孔子却坚信他并非如此。孔子曾言："以是观之，人谓子产不仁，吾不信也。"

历史上的亡国之君，绝大多数是不修道德，重于财利之人。他们不以德修身，更难以德治天下，反而纵容属官搜刮民脂民膏供其挥霍享乐，罔顾社会法纪，独断专行，致使民不聊生，一国政权最终走向灭亡。例如崇祯皇帝，听信谗言，关键时刻克扣军饷，导致明军兵败如山倒。

王阳明虽然是一介文人，但是他深谙做官为政之道。王阳明不论职位的高低，心中始终是装着老百姓，只想着为百姓做点实实在在的事情。因为在他看来，为官好与坏，怎样对待百姓便是最好的炼金石。

只有坚持良好的道德修养，做到"德天下"，才能真正地凝聚人心，才能真正做到"得天下"。

第五章

孝敬心：
以孝安家，以敬持家

孝顺在当下

"就如某人知孝，某人知弟，必是此人已曾行孝行弟，方可称他知孝知弟，不成只是晓得说些孝弟的话，便可称为知孝弟。"

——王阳明

王阳明给弟子邹守益的信说："近来得致良知三字，真圣门正法眼藏。往年尚疑未尽，今自多事以来，只此良知无不具足。譬之操舟得舵，平澜浅濑，无不如意，虽遇颠风逆浪，舵柄在手，可免没溺之患矣。"他认为致良知必须要讲孝道。对于母亲早逝，他没能奉养；祖母临终，未及一见，王阳明深感伤痛并一直自责于心。在其父去世之后，王阳明也卧病多日。

人的一生难免有很多缺憾，其中最大的可能莫过于"子欲养而亲不待"。当父母已两鬓斑白，此时才孝敬他们，我们会错过无数时机。甚至当双亲已离你远去，才幡然悔悟，却已尽孝无门，这将成为永远无法弥补的憾事。

王阳明主张知行合一，强调孝也要知行合一，"就如某人知孝，某人知弟，必是此人已曾行孝行弟，方可称他知孝知弟，不成只是晓得说些孝弟的话，便可称为知孝弟。"他强调孝要及时行动，将知和行紧密结合起来。

孝，经不起等待。生时如果不养父母，死后万事皆空。《孔子·集语》中"子欲养而亲不待"就讲述了这样一个道理。

春秋时，孔子和弟子们出去游玩，忽然听到路边有人在啼哭，就上前去看怎么回事，啼哭的人叫皋鱼，皋鱼解释了他啼哭的原因："我年轻时好学上进，为了求学曾经游历各国，等我回来时父母却已经双双故去。作为儿子，当初父母需要侍奉的时候我却不在身边，这好像'树欲静而风不止'；如今我想要侍奉父母，父母却已经不在了。父母虽然已经亡故，但他们的恩情难忘，想到这些，内心悲痛，所以痛哭。"

人生在世，必然会经历种种痛苦的情感折磨，也在痛苦中锻炼得愈发坚强，面临悲痛愈发能强忍声色，而"子欲养而亲不待"却让人们倍觉"生命中难以承受之痛"。

很多人总在说，等到有钱和时间了，一定要好好孝敬父母。你可以等待，但父母不能等待。在不经意间，父母渐渐变老。花点时间多陪陪父母，父母们没有太多的要求，只是想多让你陪陪。否则当你挚爱的亲人离你而去，你在脑海中回

想他们以往对你如何嘘寒问暖、呵护备至，你却只顾着打拼自我天地，忽略了关爱他们，让他们在守望你的寂寞中落寞而去。你的悔、你的痛，成为你一生最深刻的烙印，任岁月无情也抹杀不去。

生孩子不易，养孩子更不易，付出的辛苦是没有当过父母的人难以理解的。古时候父母亡故，做子女的要服丧三年，这是对自己刚出生时父母耐心守候的报答。孝敬父母，是每个人都应该奉行的，无论是过去还是现在。

闵损，字子骞，春秋时期鲁国汶上人，是孔子著名弟子之一。闵子骞幼年即以贤德闻名乡里，他母亲早逝，父亲怜他衣食难周，便再娶后母照料闵子骞。几年后，后母生了两个儿子，待闵子骞渐渐冷淡了。

闵子骞受到后母虐待，冬天穿的棉衣以芦花为絮，而其弟穿的棉衣则是厚棉絮。一天，父亲回来，叫闵子骞帮着拉车外出。外面寒风凛冽，闵子骞衣单体寒，但他默默忍受，什么也不对父亲说。后来绳子把闵子骞肩头的棉布磨破了。父亲看到棉布里的芦花，知道儿子受后母虐待，回家后便要休妻。闵子骞看到后母和两个小弟弟抱头痛哭，难分难舍，便跪求父亲说："母亲若在，仅儿一人稍受单寒；若驱出母亲，三个孩儿均受寒。"子骞孝心感动后母，使其痛改前非。自此母慈子孝合家欢乐。

孟子曰："惟孝顺父母，可以解忧。"闵子骞的孝行备受后人推崇，明朝编撰的《二十四孝图》，闵子骞排在第三，成为中华民族文化史上先贤人物。闵子骞不仅孝，而且宽容友爱，正是这些品德，使一个即将分崩离析的家庭重归于好，以自己的行为感动后母，使家庭和睦，母慈子孝，生活没有遗憾，这实在是人生一大幸事。

在现代，人们对自由的追求导致了家庭观念逐渐淡漠，孝的精神也逐渐丧失，这不仅是传统的文化的重大损失，也是个人品德修养的重大缺陷。今天的我们，不应该只用一些时髦的理论"武装"自己，仿佛自己不食人间烟火似的，完全没有传统文中那种踏实、厚重的责任感。面对过去，新一代的我们应该继承和发扬传统文化中优秀的部分，比如孝敬父母家庭观念，也就不会再向如皋鱼一般暗自哭泣"子欲养而亲不待"。

孝是一种生存品质

"善人也，而甚孝。"

——王阳明

良心是人人内心都具有的，不需要到外面去求。见父自然知孝，见兄自然知悌，见孺子入井，自然知恻隐。王阳明认为孝是一种人的本能，也是其良知的体现，是一个人生存必备的品质。

《论语·学而》中，有子曰："其为人也孝弟，而好犯上者，鲜矣；不好犯上，而好作乱者，未之有也。君子务本，本立而道生；孝弟也者，其为仁之本与！"其意为："做人，孝顺父母，尊敬兄长，而喜好冒犯长辈和上级的，是很少见的；不喜好冒犯长辈和上级，而喜好造反作乱的人，是没有的。君子要致力于根本，根本确立了，治国、做人的原则就产生了。因此，孝顺父母，敬爱兄长，可以作为'仁'的根本吧。"

国学大师钱穆先生也认为，孔子之学所重最在道。所谓道，即人道，其本则在心，而这人道最鲜明的体现是孝悌之心。所以要想培养仁爱之心，必先从孝悌始。中国古代有很多关于"孝"的事迹，著名的《二十四孝》就是典型的代表，其中的"卧冰求鲤"的故事是这样的：

晋朝琅琊人王祥，生母早丧，继母朱氏多次在他父亲面前说他的坏话，使他失去父爱。但是王祥并没有因为这些而怨恨父母，相反，他对父母非常孝顺。父母患病，他便衣不解带、日夜侍候。继母想吃活鲤鱼，但当时是寒冬腊月，冰封三尺，天寒地冻，根本无法捕鱼。但是王祥为了能让病中的继母吃上活鲤鱼，就解开衣服卧在冰上，想用自己的体温化开坚冰捉鱼。突然三尺厚的冰自行融化，从冰下跃出两条鲤鱼。王祥高兴地回家为继母做鲤鱼，继母食后，果然病愈。这就是"卧冰求鲤"的故事。后来王祥隐居二十余年，给父母养老送终后，才应邀出外做官。从温县县令做到大司农、司空、太尉，并被封为睢陵侯。后人为了纪念他，有诗云：继母人间有，王祥天下无。至今河水上，一片卧冰模。

儒家认为，"孝"是伦理道德的起点。一个重孝道的人，必然是有爱心的、讲文明的人。重孝道的家庭，亲情浓郁、关系牢固；反之，必然是亲情淡薄、家庭结构脆弱容易解体。而家庭是社会的基础，可见，不重孝道将会影响到整个社会的稳定与和谐。正像一位名人指出的："孝道不受重视，生存的体系就会变得薄弱，而文明的生活方式也会因此而变得粗野。我们不能因为老人无用而把他们遗弃。如果子女这样对待他们的父母，就等于鼓励他们的子女将来也同样对待他们。"

从前有一对夫妻生了一个白白胖胖的儿子，他们对儿子尽心竭力地抚养，所以孩子一天天茁壮成长。这对夫妻还有一个老母亲与他们同住，平时儿媳老是嫌弃婆婆，不愿意养婆婆，但是因为婆婆能帮他们干活，所以媳妇虽有怨言但还是让婆婆同他们吃住。年复一年，随着孙子渐渐长大，婆婆越来越老了，她的腰因为长年的劳作变得佝偻，她再也不能做重活了。而且由于年龄的原因，吃饭的时候常会撒出一些饭粒。

这时候，媳妇看婆婆越来越不顺眼，她急于想把婆婆赶出家门，于是总在丈夫面前说婆婆的坏话，没想到丈夫竟然答应妻子赶母亲出门。一天吃过午饭，这对夫妻就把老母亲送到三十里外的山沟里，扔下几块饼，让老母亲自生自灭。没想到回家后，他们发现儿子在村口的大树下坐着。夫妻俩问儿子为什么不回家，

儿子说："我在等奶奶，你们现在把奶奶拉出三十里地外，以后我拉你们八十里也不止。"听了儿子的一番话，夫妻俩顿时明白了。他们赶紧回到山沟里把母亲拉了回来。

此外，正如有子所说，将来这些不懂得孝敬父母的人如果到了社会上，就是社会动荡不稳定的主要因素！这绝不是危言耸听，不是骇人听闻！也如王阳明所说："知是理之灵处。就其主宰处说，便谓之心，就其禀赋处说，便谓之性。孩提之童无不知爱其亲，无不知敬其兄，只是这个灵。"只有良知走入我们的内心，我们也就能"爱其亲""敬其兄"，这是一种本能的行为，是一种心的要求。

孝是一种生存策略，将来孩子能否做到孝，关键还是在于父母的言传身教。所以在孩子出生开始，你就要明白，在无微不至地关怀和爱孩子的同时，必须教会孩子孝敬你！如果不意识到这一点，以后就会自酿苦果，老无所养！

能养只是一半的孝

"言学孝，则必服劳奉养，躬身孝道，然后谓之学。岂徒悬空口耳讲说，而遂可以谓之学孝乎？"

——王阳明

王阳明曾与一个名叫杨茂的聋哑人用笔进行交谈：

（王阳明）问：你口不能言是非，你耳不能听是非，你心还能知是非否？

（杨茂）知是非。

（王阳明感慨）：如此，你口虽不如人，你耳虽不如人，你心还与人一般。

（杨茂）首肯，拱谢。

（王阳明）大凡人只是此心。此心若能存天理，是个圣贤的心；口虽不能言，耳虽不能听，也是个不能言不能听的圣贤。你如今于父母，但尽你心的孝；于兄长，但尽你心的敬。

（杨茂）首肯，拜谢。

（王阳明）我如今教你，但终日行你的心，不消口里说；但终日听你的心，不消耳里听。

（杨茂）顿首再拜。

王阳明向杨茂指出，人人都有一颗知是非的心，如看见父母自然知孝，看见兄长自然知敬的道德行为。即使是聋哑人，口虽然不能表达，耳虽然不能聆听，但心与常人是一样的，能知善知恶、辨别是非。这就是因为人心都有"良知"，无须口说，也无须耳听，只要用心去行就可以了。

在中国，对父母及老年人的孝养一直是个大问题，这也正是中国古代圣贤格外重视孝道的原因。在王阳明生活的那个年代有许多道德的约束，尚有许多人不懂得孝的真实含义，更不用说在当今社会了。

能养只是一半的孝，真正的孝是发自内心的那份真诚。只有心里时时想着孝，并努力践行，这才是真正的孝。

有一个财主有两个儿子，大儿子愚笨，不讨人喜欢，小儿子聪明伶俐，于是财主就尽心抚养小儿子。两个儿子逐渐长大了，大儿子一直在家里陪着父母，小儿子因为颇有才华，被父亲送到县城读书。

小儿子果然不负众望，考取了功名，一家人欢天喜地，两位老人也准备收拾行李，和小儿子一起到新地方开始生活。本来小儿子不想带着父母，但是想到兄长愚钝，就勉为其难地带上了两个老人家。

到了就职的地方之后，小儿子给父母选了一间房子，安排了一个奴婢，从此就消失了。两位老人看不见他的人影，生病了也只能使唤下人去找大夫。虽然在这里不愁吃穿，但是两个老人心里很难过。

一年以后，大儿子带着家乡的特产过来看

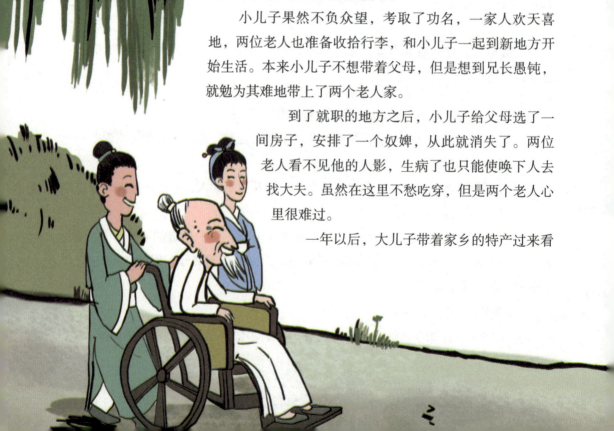

弟弟，一见到老人，就难过地哭了——一年不见，父母老了许多，以前胖胖的父亲也瘦成一把骨头了。虽然大儿子很笨拙，但是很心疼父母，他决定带着父母回家生活。父母想到自己以前和大儿子生活在一起的时候，从来没有把他当回事，端茶倒水像下人一样使唤，但是他从来没有生气，反倒是乐呵呵地照顾自己，不禁也流下了眼泪。就这样，笨哥哥又带着老人回到乡下去了。小儿子想不明白，为什么父母不跟着这样有头有脸的儿子，却要和那笨人一起生活。

其实，感动老财主的正是一颗孝心。只有让父母感受到我们的孝心，他们才会觉得幸福。孝绝不仅仅是能够保证父母衣食无忧。因为父母更希望得到的是儿女的真情关心，他们希望儿女能常回家看看。

王阳明说，只是有个头脑，只要此心去人欲、存天理，便自然会在冬凉夏热之际要为老人去找个冬温夏凉的地方。但这些都是诚孝的心发出来的条件，有此心才有这条件发出来。能养不是孝，有孝顺的心才能算作孝。

时刻念父母生养之恩

> "不慈不孝焉，斯恶之矣。"
>
> ——王阳明

"百善孝为先""身体发肤，受之父母，不敢毁伤"，身体是父母所赐予，即便是伤害身体的权力也在于父母，而不在于自己。在中国人的眼中，孝是一切美德的基础，是一切事业的起点，不孝者不成大业。

王阳明提倡以良知为本的孝道观。他认为万事万物的本源是良知。有了良知

之心，自然就会发自内心地孝顺父母。良知一旦被蒙蔽，孝顺就仅仅只是形式上的孝道，而非出自内心忠诚的孝。要孝敬父母不能光有外表的花哨言行，还必须有真正付诸行动的爱。

汉文帝时期，在临淄这个地方出了一个很有名的人，她就是勇于救父的淳于缇萦。

淳于缇萦的父亲叫淳于意，本来是个读书人，但是非常喜欢医学，还经常给别人看病，所以在当地出了名。后来他做了太仓令，但是他为人耿直，不愿意跟做官的来往，也不会拍上司的马屁，所以在官场上很不得意，没有多久就辞职当起医生来了。

一次，淳于意被一位商人请去为他的妻子看病，结果没有好转，反而在几天之后死了。大商人仗势欺人，向官府告了淳于意一状，说他看错了病，致人死亡。

当地的官吏也没有认真审理，就判处他"肉刑"（当时，肉刑有脸上刺字、割鼻子、砍左足或右足等），要把他押解到长安去受刑。

除了小女儿缇萦之外，淳于意还有四个女儿，可就是没有儿子。在他被押解到长安去受刑的时候，他望着女儿们叹气说："可惜我没有儿子，全是女儿，遇到现在这样的急难，一个有用的也没有。"

听到父亲的话，小缇萦又悲伤又气愤。她想："为什么女儿就没有用呢？"因此，当衙役要把父亲带出家门时，她拦住衙役说："父亲平时最疼我，他年龄大了，带着刑具走不太方便，我要随身照顾他。另外，我父亲遭到不白之冤，我要去京城申诉，请你们行行好，让我和你们一起去吧。"

衙役们见小姑娘一片孝心，就答应了她。当时正值盛夏，天气反复无常，时而雨水涟涟，时而天气晴朗。天晴时，小缇萦就跟在父亲旁边，不住地为父亲擦汗；遇上阴雨天，她就打开雨伞，以防父亲被雨水淋湿。

晚上，小缇萦还要给父亲洗脚解乏。这一切深深地感动了押送淳于意的衙役。经过二十多天的长途跋涉，他们终于来到了京城。履行完相关的手续之后，淳于意马上就被关进了牢房。小缇萦不顾疲劳，也马上开始四处奔走，为父亲喊冤。

可是，人们一看申诉的竟是个还未成年的小姑娘，便没有给予理睬。小缇萦想，要解决父亲的问题，只能直接上书皇上了。于是，她找来纸笔，请人帮忙将父亲蒙冤的经过一一写好，恳求皇上明察。同时她还表示，如果父亲真的犯了罪，她愿代父受刑。

第二天，小缇萦怀里揣着早已写好的信，来到皇宫前。就在那时，只见不远处尘土飞扬，马蹄声声，一辆飞驰的马车直奔皇宫而来。小缇萦心想："上面坐的一定是一位大臣。"她灵机一动，用双手举起书信，跪在马车前。

车上坐的是一位老者，他看到了小缇萦，便俯下身来，关心地问："小姑娘，为什么在这儿拦住我的去路，难道有人欺负你了吗？"小缇萦就把父亲被抓的事情一五一十地告诉了这位大臣，并请求他把信带给皇上。

听小缇萦说得那么诚挚恳切，这位大臣答应了她的要求。皇上读了这封信后，被深深地打动了，当他听说小缇萦千里救父的事迹后，更是十分钦佩。之后，皇上亲自审理此案，并为淳于意洗清了不白之冤。

也许在年少的小缇萦心中根本就没有很明确的所谓孝顺的概念，但是，她拥有一颗良知之心，正是这颗良知之心使她拥有一种最朴素的孝顺行为，时时事事都想着自己的父亲，都站在父亲的角度来考虑问题。

其实，孝敬真的很简单，只要像爱自己一样爱父母、爱家人，并体现在日常的一些细小的行动上，就已经做到了孝顺，就是一个实实在在懂得孝顺的人了。

念父母生、养之恩，这是每个子女都应该做到的，报父母之恩，更是每个子女应尽的义务。"不慈不孝焉，斯恶之矣。"王阳明的孝道观讲孝悌是良知的一个表现，不慈不孝，这是良知被蒙蔽，由此产生恶。由知孝到行孝，是由良知到致良知的过程，也是知行合一观点所要求的。

《诗经》中说："哀哀父母，生我劬劳。"父母生养我们的时候，辛酸劳瘁，不是一般人所能想象的。因此作为儿女者，若能真切体会父母的深恩重德，心灵深处必然会激起阵阵哀伤，孝敬父母之心必会油然而生，随之付诸实践。若是有人不为父母对子女的爱无动于衷，这种人将很难得到安详幸福的家庭，也很难成就大业。

为父母尽点儿心

"故为子而傲，必不能孝。"

——王阳明

王阳明在京师跟当时文人交往时，其诗文受到人们的广泛赞赏。但他总是不满足，觉得这不是他的理想，就告病回家，筑室阳明洞中，行导引术。有一天坐在山洞里，友人王思舆等四人来看他，刚出五云门，他让仆人去迎，并且说出他们来的情况。仆人在路上遇到他们，王阳明说的与他们的行迹相合。大家觉得很惊讶，以为他得道了。然而，过些时，他觉悟说："这是簸弄精神，不是道。"这样静坐久了，想离世远去，只是祖母与父亲（守仁十三岁丧母）舍不下，因循下不了决心。过了些时他忽然醒悟说："这种恋念之心从小就有，如果此念可去，就是断灭人性了。"

从我们一出生开始，亲情就支撑着我们的世界。被父母精心呵护，在他们不辞辛劳的照顾下茁壮成长，而父母从未要求我们一报尝一报。有人说，世间最难斩断的就是父母对子女的情爱。这种爱永远都是真诚、可贵、质朴和无条件的。父母是我们最亲密的人，而我们对于他们的感情也是最深重的，因而孝敬父母可以说是发乎情、止乎礼的。

剡子是周朝时代人，祖上世代以耕种为生，老实巴交的爹妈，披星星戴月亮地一年到头苦苦劳作，也只是混个半饥半饱。这年赶上闹灾荒，田里收成不济，日子越发艰难，爹妈忧急交加，一时心火上攻，双双眼睛失明，这可急煞了小小年纪的剡子。为了给爹妈治病，剡子每天半糠半菜地侍奉双亲充饥后，就到处求人，寻医问药。

一天，剡子到深山采药，路过一座庙宇，便进去讨口水喝。他见方丈童颜仙骨，就向他请求治疗眼疾的药方。老方丈问明缘由，沉吟一下说："药方倒有一个，恐怕你采不来。"

"请说，我舍命去采！"

"鹿奶，鹿奶可以治眼疾。"

剡子听了，立即叩头谢过老方丈，飞步赶往鹿群出没的树林中。这里的鹿确实不少，可它们蹄轻身灵，一见有人靠近，就一阵风似的飞快逃去。

怎样才能弄来鹿奶呢？剡子绞尽脑汁，昼思夜想。

一天，他见村东头猎户家的墙头上晒着一张鹿皮，忽地眼前一亮：把鹿皮借来，披在身上，扮成小鹿的模样，不就能悄悄接近鹿群了吗？

于是，剡子迫不及待地走进猎户家，说明来意。好心的猎户欣然把鹿皮借给了他，还指点剡子如何模仿小鹿四肢跑跳的动作。经过多次演练，剡子竟然举腿投足都像一只活脱脱的小鹿子。

第二天，剡子用嘴叼着一只木碗，悄悄地蹲在树林里。待鹿群走近时，披着鹿皮的剡子像一只小鹿似的不紧不慢地凑到一只母鹿身边，轻手轻脚地挤了满满一木碗鹿奶。直到鹿群走开了，他才站起身来，捧着鹿奶直奔家中。

打这以后，剡子多次用扮成小鹿的办法，去挤母鹿的奶汁。爹娘由于常常喝到鲜美的鹿奶，营养不良的身体一天天强壮起来，后来，失明的眼睛，果然奇迹般地恢复了光明。

乡亲们知道了，都夸奖剡子是个孝敬父母的好孩子。

孝是人最基本的善举，如果连父母的大恩都不报，还能指望一个人有什么善举？一个连父母都不去孝敬的人，还能指望他对朋友付出真诚吗？所以，孝既是对父母的宽慰，也是对自身的完善，更是赢得社会资本的根本方式。

人们尽情享受着父母所创造的一切，把向他们索取视为理所当然。父母为了满足孩子的愿望，总是那般义无反顾。可以说，站在父母与子女的爱之天平上，永远没有平衡。

强调正己，而正己的伊始正是从回馈父母开始，不必为父母买房买车，买金买银，多为父母尽一点儿心，时而给父母打一通电话，倒一盆洗脚水，便已足够。这才是真正的孝。

有诚心，才能让父母宽心

"此心若无人欲，纯是天理，是个诚于孝亲的心，冬时自然思量父母的寒，便自然要求个温的道理。夏时自然思量父母的热，便自然要求个清的道理。这都是那诚孝的心发出来的条件。却是须有这诚孝的心，然后有这条件发出来。"

——王阳明

"孝"，必须是对父母发自内心的"敬"，是一种自觉的伦理意识和道德情感，而不仅仅止于"供养"上，否则就不是真正的孝。子女要做到孝顺，最不容易的就是对父母和颜悦色。仅仅是有了事情，儿女替父母去做，有了酒饭，让父母吃，这并不是完整的孝。正如国学大师钱穆先生所言，人之面色，即其内心之真情流露，色难，乃是心难。有愉色者，必有婉容。所以孝子服侍父母，以能和颜悦色为难。有的儿女在为父母盛饭倒水时总把碗或杯子"砰"的一声放在父母面前，把父母吓得不知所措。这样的态度会让父母作何感想，这样的行为能算是孝敬吗？

王阳明也认为子女应有"诚于孝亲的心""冬时自然思量父母的寒，便自然要去求个温的道理；夏时自然思量父母的热，便自然要去求个清的道理"，这都是诚孝的心发出来的条件。他还打比方说："譬之树木，这诚孝的心便是根，许多条件便是枝叶，须先有根然后有枝叶，不是先寻了枝叶然后去种根。"所以子女在孝顺父母的时候，一定要真心诚意，表里如一。

从前有个老人，妻子去世以后一直过着孤单的生活。他一生都是个辛苦工作的裁缝。但时运不佳，他身无分文。现在他太老了，已经不能做活儿了。他的双手抖得厉害，根本无法穿针；而且老眼昏花，缝不直一条线。他有三个儿子，都已经长大成人，结了婚有了各自的家。他们忙于自己的生活，只是每周回来和父亲吃一顿饭。渐渐地，老人的身体越来越虚弱了，儿子看他的次数也越来越少。他心想："他们不愿意陪在我的身边，因为他们害怕我会成为他们的累赘。"他通夜不眠为此而担心，最后他想出了一个办法。

一天早上，他找到木匠朋友，让其帮助自己做一个大箱子。然后他又跟锁匠朋友要了一把旧锁头。最后他找到卖玻璃的朋友，把朋友手头所有的碎玻璃都要过来。老人把箱子拿回来，装满碎玻璃，紧紧地锁住，放在了饭桌下面。当儿子们又过来吃饭的时候，他们的脚踢到了箱子上面。他们向桌子底下看，问他们的父亲："里面是什么？"

"噢，什么也没有，"老人说，"只是我平时省下的一些东西。"

儿子们轻轻动了动箱子想知道它有多重，他们踢了踢箱子，听见里面发出响声。"那一定是他这些年积攒的金子。"儿子们窃窃私语。他们经过讨论，认为应该保护这笔财产。于是他们决定轮流和父亲一起住，照顾他。

第一周，年轻的小儿子搬到父亲家里，照顾父亲，为他做饭。第二周是二儿子，再下一周是大儿子，就这样过了一段时日。最后年迈的父亲生病去世了。儿子们为他举办了体面的葬礼，因为他们知道饭桌下面有一笔不小的财产，为葬礼稍微挥霍一些他们还承担得起。葬礼结束后，他们满屋子搜，找到了钥匙。打开箱子后，他们看到的当然是碎玻璃。

"好恶心的诡计，"大儿子说，"对自己的儿子做出这么残忍的事情！""但是他为什么要这样做呢？"二儿子伤心地问，"我们必须对自己诚实，如果不是为了这个箱子，直到他去世也不会有人注意他。""我真为自己感到羞愧，"小儿子抽泣着，"我们逼着自己的父亲欺骗我们，因为我们没有遵从小的时候他对我们的教诲。"

但是大儿子还是把箱子翻过来，想看清楚在玻璃中是不是真的没有值钱的东西，他把所有的碎玻璃都倒在地上。顿时三个儿子都噤声无言，箱子底下刻着一行字：孝敬父母要发自内心！

真正的孝顺是要发自内心。孔子说过："做父母的有错误时，我们要温和地提醒他们。如果他们不听劝，那么我们就不要再继续唠叨了。但是不能因为父母有错，我们对他们就不尽孝道。不仅要孝敬他们，而且态度还要恭敬，侍奉他们不能有怨言。"

　　孝是发自内心的情感表达，没有表里如一的孝就没有真心实意的爱。在履行赡养父母的义务时，我们要发自内心，真心地为父母做事，穷则穷孝，富则富孝，只要用一颗真正的孝心让父母开心愉快，自己也就真正尽到孝道了。另外我们还要注意，用期待孩子对待你的方式来对待你的父母吧，不要再为一点小事情而"色难"。

第六章

素净心：
减一分人欲，得一分轻快

身外物不奢恋

"然可欲者是我的物，不可放失，不可欲者非是我物，不可留藏。"

——王阳明

随着社会不断向前发展，人们越来越注重物质利益的追求。在人们趋向于"物质化"的同时，其精神愈来愈和自己的心灵分离，人的心灵深处愈感孤独、苦闷、烦躁、矛盾。如何使人们荒芜、紧张的精神境界得到提升，获得一种心灵的自由，王阳明为人们提供了一种解决方式。

王阳明的学生问他："良知恐怕也存在于声色货利之中。这种观点对吗？"王阳明回答说："当然，但初学用功时，对自己的内心必须进行扫除荡涤，使它臻于清静澄明的境界，不要让自己的心陷入声色货利等东西之中，它们来了既不欢迎，去了也不留恋、惋惜，这样，我们才能以坦然的心情来对待所遇到的各种事物，才不会成为心灵上的负担，自然就会依顺自己本来的智慧去应对。"

王阳明强调以一种豁达的心态来为人处世，不要让所遇之物成为心中羁绊，不能做声色货利的奴隶。

每个人的烦恼都有两个来源，一是自身的欲望，再一个就是外物，金钱、权力、华屋、名声、美色、佳肴等，他们诱惑着人们，也烦恼着人们。而这众多的烦恼，就是因为人们有太多的执着，有太多的贪欲，整天惦记着如何才能得到声、色、名利等外在的东西，心里才会受尽煎熬。如果能豁然看待，来去随缘，而不是执着地求取，人生自然会多几分洒脱。

有一个富翁背着许多金银财宝，到远处去寻找快乐。他走过了千山万水，却始终未能寻找到快乐，于是他沮丧地坐在山道旁。一农夫背着一大捆柴草从山上走下来，富翁说："我是个令人羡慕的富翁。请问，为何我没有快乐呢？"

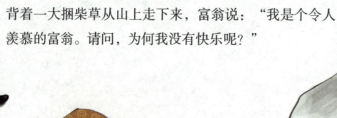

农夫放下沉甸甸的柴草，舒心地揩着汗水："快乐很简单，放下就是快乐!"富翁顿时开悟：自己背负着那么重的珠宝，老怕别人抢，怕被别人暗算，整天忧心忡忡，快乐从何而来？于是，富翁将珠宝、钱财接济穷人，专做善事，慈悲为怀。善行滋润了他的心灵，他也尝到了快乐的味道。

钱财终究是身外之物。"身外物，不奢恋"是思悟后的清醒，它不但是超越世俗的大智大勇，也是放眼未来的豁达襟怀。谁能做到这一点，谁就会活得轻松，过得自在。

王阳明那段倾心讲学的日子被他自己称为人生当中最幸福的时光。既然未得到朝廷的任用，那就投身于讲学事业当中，何乐而不为？所谓的官名、事功都是些外在的东西，内心和精神得以满足才是最重要的。所以，在那一段时间，前来求学之人络绎不绝。不管是因为他生性的乐观感染了他人，还是心学的思想鼓舞了他人，可以肯定的是，王阳明有一颗豁达的心。

生活中，我们想要的太多，如果不能得到我们想要的，我们就不停地去想我们所没有的，并且保持一种不满足感。如果我们已经得到想要的，我们仅仅是在新的环境中重新创造同样的想法，因此，尽管得到了我们想要的，我们仍旧不高兴。当我们充满无休止的欲望时，是得不到幸福的。

一位心理学家指出：最普遍的和最具破坏性的倾向之一就是集中精力于我们所想要的，而不是我们所拥有的。这对于我们拥有多少似乎没有什么不同；我们仅仅不断地扩充我们的欲望名单，这就导致了我们的不满足感。你的心理机制说："当这项欲望得到满足时，我就会快乐起来。"可是一旦欲望得到满足后，这种心理作用却会不断重复。

幸运的是，有个可以快乐起来的方法，那就是改变我们思考的重心，从我们所想要的转而想到我们所拥有的。不是期望你的爱人是别人，而是试着去想她美好的品质；不是抱怨你的薪水，而是感激你拥有一份工作；不是期望你能去夏威夷度假，而是想到你居所附近亦有乐趣。

别勉强自己去做别人，不要看到别人住别墅豪宅就想要别墅豪宅；看见别人开宝马香车就渴望拥有宝马香车；甚至看见别人的女友漂亮、妻子贤惠，就想把自己的女友、妻子换掉，但世界上哪有完美的事物、完美的人呢？这样你就一刻也不能拥有幸福的感觉，你就会在欲望之路上越走越远。

其实外物都是虚假的，即使我们把它追到手，也不会感到满足，反而会使人生出更多更大的欲望来。而这一切都是无根的，都是会走到尽头，走向反面的，富不过三代是一例，乐极生悲也是一例。因此，不若保持一颗平静的心，学会"物来而应，过去不留"，适当放下，这不仅是一种洒脱，更是参透万物后的一种平和。只有放下那些过于沉重的东西，才能得到心灵的放松。当某一件东西带给你的只有无尽的烦恼和忧愁，各种各样的负担如山一般压在你的心上让你不能自由呼吸，那么最明智的办法就是舍弃它，不要为其所累，快乐自然会回到你的身边。

心安理得，知足常乐

"尚功利，崇邪说，是谓乱经。"

——王阳明

走人生这条道路，荣华富贵并不一定就永久快乐，贩夫走卒也不是一辈子劳苦，一个人只要心安理得，恰如其分地做其本分事，即是幸福。

在被贬至龙场之时，王阳明常以孔子之话勉励自己：居住者要是道德修养高，有知识有智慧的君子，是不会觉得居所简陋。

为生活所迫，他不得不亲自动手耕作来解决温饱。他不会农事，边看边学，他了解到龙场人的耕作是原始的刀耕火种，通过实践，他还掌握了不少做农活的技术和规律。他还向当地的人请教种地经验，和当地百姓的关系也越来越亲近。对于一直心存百姓的王阳明来说，得到龙场百姓的理解和支持就是一种幸福。

为人处世，穷而不乏，实属难能可贵的精神。毕竟荣华富贵常使人飘飘欲仙，而那些每天奔波劳碌的贩夫走卒，风餐露宿，看起来异常凄苦。但有了钱财和权力，未必总能给人带来快乐，烦恼也会随着名利袭上心头。反而是那些本本分分活着的人，每天做着恰如其分的事情可能会更幸福，因为他们或许物质上未能达到极大丰富，但精神却不匮乏。

春秋时的名士原宪住在鲁国，拥有一丈见方的房子，屋顶盖着茅草；用桑枝做门框，用蓬草做成门；用破瓮做窗户，用破布隔成两间；屋顶漏雨，地面潮

湿，他却端坐在那里弹琴。子贡骑着大马，穿着白大衣，里面是紫色的里子，小巷子容不下高大的马车，他便走着去见原宪。原宪戴顶破帽子，穿着破鞋，倚着藜杖在门口应答，子贡说："呵!先生生了什么病？"原宪回答说："我听说，没有钱叫作贫，有学识而无用武之地叫作病，现在我是贫，不是病。"子贡因而进退两难，脸上露出羞愧的表情。

子贡听了名士对于贫穷的看法，自己的脸上露出了羞愧的表情。因为他自己实际上有了心病，不能从高层次看待贫困的问题，不理解那些善于忍受贫困，而心怀大志的人。

对于贫穷，现实中的每个人的看法不同，标准不同，忍受贫穷的能力也不同。有些人是不得不居于贫困、苦熬贫困，所以觉得贫困是可怕的，这是着眼于物质生活的贫困。还有一些人是甘居贫困，是借贫困的环境来磨炼自己的意志，这是自觉地忍受贫困。不管是贫穷还是富有，我们要注重的不仅是自己的物质享受，还看重自己的精神修养，这才是积极地忍受贫困。

《庄子·山木》中曾记载了这样一则故事：

庄子身穿粗布衣并打上补丁，工整地用麻丝系好鞋子走过魏王身边。魏王见了说："先生为什么如此疲惫呢？"

庄子说："是贫穷，不是疲惫。士人身怀道德而不能够推行，这是疲惫；衣服坏了鞋子破了，这是贫穷，而不是疲惫。这种情况就是所谓生不逢时。大王没有看见过那跳跃的猿猴吗？它们生活在楠、梓、豫、章等高大乔木的树林里，抓住藤蔓似的小树枝自由自在地跳跃而称王称霸，即使是神箭手羿和逢蒙也不敢小看它们。等到生活在柘、棘、枳、枸等刺蓬灌木丛中，小心翼翼地行走而且不时地左顾右盼，内心震颤恐惧发抖；这并不是筋骨紧缩有了变化而不再灵活，而是所处的生活环境很不方便，不能充分施展才能。如今处于昏君乱臣的时代，要想不疲惫，怎么可能呢？这种情况比干遭剖心刑戮就是最好的证明啊！"

庄子物质生活很贫穷，但是他的精神生活却并不贫穷。一个人物质上贫穷并不可怕，但一定不要使自己的精神贫穷，精神贫穷才是真正的可悲。庄子生活困苦，但是庄子的精神力量却散发出耀眼的光辉，他深谙快乐生活的道理，心与物游，天真烂漫，这种贫穷在某种意义上说是最富有。

《中庸》讲"素富贵，行乎富贵。素患难，行乎患难"，王阳明认为只有努力修养心体，继而修养得纯正才可做到此。贫穷毕竟不是什么好事。每个人都希望改变贫穷的状况，但是急于求成或是用歪门邪道去脱贫，不是真正的忍贫，而不过是贪恋富贵罢了。那些贩夫走卒，奔波劳苦，虽然生活不尽美好，但他们付出了努力，所以他们的精神充实，将来未必过不上好日子；那些满腹经纶的人，虽然积累学识非常辛苦，但他们可以用知识来创造财富，一样能飞黄腾达。相反，许多人心灵空虚，贪欲满腹，即使家财万贯，也未必能快乐，因为他们不知道什么叫作知足常乐，也从不重视心安理得，结果生命里充满的往往只是利益和虚假的谄媚。

"财"是静心的拦路虎

"人须有为己之心，方能克己；能克己，方能成己。"

——王阳明

　　人生的热闹风光，唯有与功名利禄保持适当的距离，才能超然物外，潇洒、通透、做个真正的快活人！然而，从古至今，多少人在混乱的名利场中丧失原则，迷失自我，百般挣扎反而落得身败名裂。司马迁说得好："君子疾没世而名不称焉，名利本为浮世重，古今能有几人抛？"

　　王阳明带兵打仗时曾经规定："各兵但有管哨官总指称神福、馈送打点等各项各色，科派银物，自一分以上，俱许赴该道面告究治。"他严格要求自己的部下不能接受百姓任何的东西，否则严加追究。他说"吏书人民总甲里老百长弓兵机快人等，若揽差下乡，索求赍发者，均长率同呈官追究"。不仅如此，他还倡导百姓揭发收受贿赂的行为，对那些廉洁的官员给予奖励。通过这些措施，王阳明教化当地的人们"务洗贪鄙之俗，共敦廉让之风"。

　　王阳明对"财"的态度很好地体现了他的清廉和静心。《红楼梦》开篇偈语中，"人人都说神仙好，唯有功名忘不了"的《好了歌》似乎在诉说繁华锦绣里的一段公案，又像是在告诫人们提防名利世界中的冷冷暖暖，看似消极，实则是对人生的真实写照，即使在数百年后的今天依然如此。世人总是被欲望蒙蔽了双眼，在人生的热闹风光中奔波迁徙，被名利这些身外之物所累。

　　那些把名利看得很重的人，总是想将所有财富收到囊中，将所有名誉光环揽至头顶，结果必将被名缰利锁所困扰。

一天傍晚，两个非常要好的朋友在林中散步。这时，有个路人从林中惊慌失措地跑了出来，两人见状，并拉住路人问："你为什么如此惊慌，发生了什么事情？"

路人忐忑不安地说："我正在移栽一棵小树，却突然发现了一坛金子。"

这两人听后感到好笑，说："挖出金子来有什么好怕的，你真是太好笑了。"然后，他们就问："你是在哪里发现的，告诉我们吧，我们不怕。"

路人说："你们还是不要去了吧，那东西会吃人的。"

这两人哈哈大笑，异口同声地说："我们不怕，你告诉我们它在哪里吧。"

于是路人只好告诉他们金子的具体地点，两个人飞快地跑进树林，果然找到了那坛金子。

一个人说："我们要是现在就把黄金运回去，不太安全，还是等到天黑以后再运吧。现在我留在这里看着，你先回去拿点饭菜，我们在这里吃过饭，等半夜的时候再把黄金运回去。"于是，另一个人就回去取饭菜了。

留下来的这个人心想："要是这些黄金都归我，该有多好！等他回来，我一棒子把他打死，这些黄金不就都归我了吗？"

回去的人也在想："我回去之后先吃饱饭，然后在他的饭里下些毒药。他一死，这些黄金不就都归我了吗？"

不多久，回去的人提着饭菜来了，他刚到树林，就被另一个人用木棒打死了。然后，那个人拿起饭菜，吃了起来，没过多久，他的肚子就像火烧一样痛，这才知道自己中了毒。临死前，他想起了路人的话："他说的真对啊，我当初怎么就不明白呢？"

可见，"财"这只拦路虎，它美丽耀眼的毛发确实诱人，一旦骑上去，又无法使其停住脚步，最后必将摔下万丈深渊。

庄子在《徐无鬼》篇中说："钱财不积则贪者忧；权势不尤则夸者悲；势物之徒乐变。"追求钱财的人往往会因钱财积累不多而忧愁，贪心者永不满足；追求地位的人常因职位不够高而暗自悲伤；迷恋权势的人，特别喜欢社会动荡，以求在动乱之中借机扩大自己的权势。而这些人，正是看不破钱财之人，注定会有无尽的烦恼。

权势等同枷锁，富贵有如浮云。生前枉费心千万，死后空持手一双。名利，就像是一座美丽豪华舒适的房子，人人都想走进去，只是他们从未意识到，这座

房子只有进去的路，却没有出来的门。枷锁之所以能束缚人，房子之所以能困住人，主要是因为当事人不肯放下。放不下金钱，就做了金钱的奴隶；放不下虚名，就成了名誉的囚徒。因而，莫不如退一步，远离名利纷扰，给自己的心灵一片可自由驰骋的广袤天空。

荣辱毁誉皆泰然

"天地生意，花草一般。何曾有善恶之分？子欲观花，则以花为善，以草为恶。如欲用草时，复以草为善矣。"

——王阳明

　　贪腐者们追求的那些东西其实不外乎身体的安适、丰盛的食品、漂亮的服饰、绚丽的色彩和动听的乐声，到头来终究是一场空而已。

　　面对功名利禄、荣辱毁誉，王阳明悟出了自己最佳的人生态度："渊默"。"渊默"的理念体现了"众人嚣嚣，我独默默，中心融融，自有真乐"的超然物外的境界。

　　王阳明认为无论是做学问还是生活，都必须保持心境的澄澈和安定，不能为名利所累。因而在他看来，不能有太多的得失之念，他所理解的"渊默"则恰好契合了做学问的境地。

然而，生活中，有的人过于贪财，有的人过分施舍，这都不是"渊默"的应有之处。吝啬、贪婪的人应该知道喜舍结缘是发财顺利的原因，因为不播种就不会有收成。行善的人应该在不自苦不自恼的情形下去做。否则，就是很不纯粹的行善了。

有一个人十分苦恼自己妻子的吝啬。他跟自己的好友说："我的妻子贪婪而且吝啬，对于做好事情行善，连一点儿钱财也不舍得，你能到我家里去，向我太太讲些道理吗？"

这个好友是个痛快人，听完他的话后，非常爽快地就答应下来。

好友到达那个人的家里时，他的妻子出来迎接，可是却连一杯水都舍不得端出来给好友喝。于是，好友握着一个拳头说："嫂子，你看我的手天天都是这样，你觉得怎么样呢？"

那个人的妻子说："如果手天天这个样子，这是有毛病，畸形啊！"

好友说："对，这样子是畸形。"

接着，好友把手伸展开成了一个手掌，并问："假如天天这个样子呢？"

那个人的妻子说："这样子也是畸形啊！"

好友趁机立即说："不错，这都是畸形，钱只能贪取，不知道给予，是畸

形。钱只知道花用，不知道储蓄，也是畸形。钱要流通，要能进能出，要量入而出。"

那个人的妻子听后，若有所思，羞愧地低下了头，赶紧端来一杯水招待好友。

握着拳头，你只能得到掌中的世界，伸开手掌，你能得到整个天空。握着拳头暗示过于吝啬，张开手掌则暗示过于慷慨。这么一个比喻，便将为人处世和用财之道说明，让人豁然领悟了。

世间的道理大多都是相通的。人降临世界的时候，手是合拢的，似乎在说："世界是我的。"他离开世界的时手是张开的，仿佛在说："瞧，我什么都没有带走。"

一个人是否追求名利，往往取决于一个人的荣辱观。有人以出身显赫作为自己的尊荣，公侯伯爵，讲究某某"世家"、某某"后裔"；有的人则以钱财多寡为标准，所谓"财大气粗"，等等，这些俗话正揭示了以钱财划分荣辱的现状。

以家世、以钱财来划分荣辱毁誉的人，尽管具体标准不同，但其着眼点、思想方法并无二致。他们都是从纯客观、外在的条件出发，并把这些看成是永恒不变的财富，而忽视了主观的、内在的、可变的因素，导致了极端、片面的形而上学错误，结果吃亏的是自己。持这种荣辱观的人，往往会拼命地追逐名利，最终导致这些身居要职的人总是铤而走险，走向贪污、腐败的道路。

人格的伟大之处就在于：它超出了欲望的需求而追求品德的完善。一个人做到无欲的时候，就是放弃了心中的杂念，就是清空了心灵中积存的枯枝败叶。清空了心灵，才能最大限度地获得生命的自由、独立；清空了心灵，才能收获未来的光荣与辉煌。清心去欲，是王阳明思想的一个重要主张，他认为一切功名利禄都不过是过眼烟云，得而失之、失而复得等情况都是经常发生的。要意识到一切都可能因时空转换而发生变化，就能够把功名利禄看淡、看轻、看开些，做到"荣辱毁誉不上心"。

淡泊以明志，宁静以致远

"循理之谓静，从欲之谓动。"

——王阳明

《文子·道厚》曰："真人者，知大己而小天下，贵治身而贱治人，不以物滑和，不以欲乱情，隐其名姓，有道则隐，无道则见，为无为，事无事，知不知也。怀天道，包天心，嘘吸阴阳，吐故纳新，与阴俱闭，与阳俱开，与刚柔卷舒，与阴阳俯仰，与天同心，与道同体，无所乐，无所苦，无所喜，无所怒，万物玄同，无非无是。"

得道之人是可以达到不为是非左右的境界的，在生活中可以超越一切相对事物，从而得到一种超然的自由。这种"不为是非左右的境界"就是淡泊。中国人不仅倾慕诸葛亮的神机妙算，还欣赏他的淡泊人生观，常常借用他的一句话"淡泊以明志，宁静以致远"来自我勉励。

王阳明提倡淡泊的心态。淡泊名利是王阳明家族的"传家宝"，他的六祖王纲性情淡泊，文武皆通，但是为了躲避乱世，他便往来于山水之间。

王纲和刘伯温是好友，但他对刘伯温说："老夫性在丘壑，异时（你）得志，幸勿以世缘见累，则善矣。"以此可见其淡泊的心境。

只有对生活琐事的淡泊，才能让我们有时间和精力去实现我们远大的理想，也只有能够安静地坐下来，我们才有时间去思考人生。

战国时齐国有位贤者，名叫颜斶。齐宣王十分仰慕他，便把他召进宫来。颜斶走进宫内，来到殿前，就停住了脚步，不再行进。齐宣王叫他上前，颜斶不仅一步不动，还叫齐宣王下来迎接他，还说："如果是我走到大王面前，说明我羡慕大王的权势；如果是大王走过来，说明大王礼贤下士。与其让我羡慕大王的权势，还不如让

大王礼贤下士。"齐宣王生气地说："到底是君王尊贵，还是士人尊贵？"颜斶不假思索地说："当然是士人尊贵！从前秦国进攻齐国的时候，秦王曾经下过一道命令，有谁敢在高士柳下季坟墓五十步以内的地方砍柴的，格杀勿论!他还下了一道命令，有谁能砍下齐王脑袋的，就封为万户侯，赏金千镒。由此看来，一个活着的君主的脑袋还不如一个死了的士人的坟墓呢！大禹的时候，诸侯有万国之多，是因为他尊重士人；到了商汤时代，诸侯有三千之多；如今，称孤道寡的才二十四个。由此看来，重视士人与否是得失的关键。从古到今，没有不务实事而成名于天下的，所以君王要以不经常向人请教为羞耻，以不向地位低的人学习而惭愧。"

齐宣王听到这里，才觉得自己理亏，于是对颜斶说："听了您的一番高论，茅塞顿开，希望您接受我拜您为师。今后您就住在这里，饮食有肉吃，出门有车乘，您的家人个个衣着华丽。"颜斶却说："玉，产于山中，一经匠人加工，就会破坏；虽宝贵，但失去了本来的面貌。士人生在穷乡僻壤，如果选拔上来，享有利禄，他外来的风貌和内心世界就会遭到破坏。所以我希望大王让我回去，每天饥饿了才吃饭，像吃肉那样香，安稳而慢慢地走路，足以当作乘车。平安度日，并不比权贵差。清静无为，纯正自守，乐在其中。"颜斶说罢，向齐宣王拜了两拜便离开了。

在大富大贵面前，颜斶安于淡泊的生活而不追名逐利。做人的确需要几分淡泊，只有如此，才能豁达地面对人生的得失。

王阳明提倡心中以良知为主宰，不以当官为荣，不以不当官为辱，坦坦荡荡，心无困扰。所以说，淡泊是一种境界，是一种从容不迫的生活态度。

淡泊的人是幸福的，淡泊使人心更加宁静、更加自由，不再受外物羁绊。淡泊是不慕名利，远离喧嚣和纠缠，走向超越。淡泊是在遭受挫折时仍有与花相悦的从容，淡泊是别人都忙于追名逐利时仍然保持恬淡。只有淡泊，才可以使你真正地享受人生，在努力中体验欢乐，在淡泊中充实自己。

古往今来多少名士终其一生都在寻求淡泊的心境，"采菊东篱下，悠然见南山"，陶渊明算得上是个淡泊者；钱钟书学富五车，闭门谢客，静心于书斋，潜心钻研，著书立说，留下旷世名篇；齐白石晚年谋求画风变革，闭门十载，破壁腾飞，终成国画巨擘。

在人的生命历程中，轰轰烈烈是暂时的，大部分的时间都在平淡中度过。只要怀有淡泊的心境和一生一世永不放弃的追求，才能获得生活馈赠的那份幸福和快乐，拥有成功赋予的那份慰藉和乐趣。

少一些机心，少一些痛苦

"汝若于货、色、名、利等心，一切皆如不做劫盗之心一般，都消灭了，光光只之本体，看有甚闲思虑？"

——王阳明

历史上多少悲剧出于争名夺誉，人们只看到了虚名表面的好处，却不知道在虚名的背后，埋藏了多少辛酸和苦难。为了承受这么一个毫无价值的虚名，人们常常暗中钩心斗角，明里打得头破血流，朋友反目成仇，兄弟自相残杀，虚名之累，有什么好处？

中国儒家极力提倡"存天理、去人欲"，王阳明更是把"去人欲"当作"存天理"的条件，他说："去得人欲，便识天理。"

王阳明将天理、良知、本体合而为一的，也就是将道德伦理的价值与存在的本体合而为一，要证得"本体"，就必须打掉一切人欲。在他看来，一个人为什么会产生"机心"？因为人的心里藏有势利的种子，因为势利才产生"机心"。

从某种意义上说，势利就是一种欲望。欲望越多，痛苦也越多。人心不足蛇吞象，而蛇吞象——咽不进，吐不出，要多别扭有多别扭。什么都想要，最后可能什么也得不到，反而一辈子将自身置于忙忙碌碌、钩心斗角之中。这样活着，未免太累！如果少一些机心，是不是也会少一些痛苦呢？

苏秦，字季子，东周洛阳人，是战国时期著名的纵横家。

苏秦早年在鬼谷子先生门下学习纵横捭阖之术，他勤奋刻苦，博览群书，学业精进。苏秦学业有成，辞别鬼谷子先生时，鬼谷子先生考察了他一番，苏秦侃侃而谈，滔滔不绝，不想鬼谷子先生眉头直皱，脸上并无喜悦。

苏秦把话说完，怯生生地问："先生，我说错什么了吗？先生为何脸有异色？"

鬼谷子先生语重心长地对苏秦说道："你说得很好，并无错漏。事不可尽，尽则失美。美不可尽，尽则反毁。你只知善辩的好处，唯恐不能发挥至极处，却不知善辩之能遭人嫉妒，若一味恃弄，祸不可测啊。"

后来，苏秦到各国游说，最终配六国相印，权倾一时，但他在燕国受到人的嫉妒。怕燕王杀他，他就自请到齐国做燕王的奸细。他花言巧语又使齐王信任了他，但苏秦的频繁活动终被齐王和齐大夫发觉。齐王将苏秦车裂于市。

苏秦凡事都想要尽善尽美，花尽心思来为自己取得成果，但是他这番心机反而使自己吞咽了恶果。

人生的许多痛苦都是因为你得不到想要的东西。其实，我们辛辛苦苦地奔波劳碌，最终的结局不都是只剩下埋葬我们身体的那点土地吗？

王阳明说："汝若于货、色、名、利等心，一切皆如不做劫盗之心一般，都消灭了，光光只之本体，看有甚闲思虑？"一切私心的存在就好比做贼的心，弄到最后不光没有得到想要的，还丢失了本体。

其实，人人都有欲望的机心，都想过美满幸福的生活，都希望丰衣足食，这是人之常情。但是，如果把这种欲望的机心变成不正当的欲求，变成无止境的贪婪，那我们就无形中成了机心的奴隶。在欲望的支配下，我们不得不为了权力、为了地位、为了金钱而削尖了脑袋向里钻。

我们常常感到自己非常累，但是仍觉得不满足，因为在我们看来，很多人比自己生活得更富足，很多人的权力比自己大。所以我们别无出路，只能硬着头皮往前冲，在无奈中透支体力、精力与生命。

　　每个人的世界都是他自己造成的。一个人心中充满机心，就会因机心而衍生出困难、恐惧、怀疑、绝望、忧虑等情绪。一个人若是使自己的思想里充满了困难、恐惧、怀疑、绝望、忧虑的东西，那么他的整个生活就难以走出悲愁、痛苦的境地。但他若能抱着乐观的态度，那么就可使蒙蔽心灵的种种阴霾烟消云散。

　　人生如白驹过隙，生命在拥有和失去之间很快就流逝了。心灵空间需要自己去经营，如果心中装满势利、欲望、各种算计机关，心灵哪里还有空间去承载别的呢？

徒有虚名不中用

> "世之人从其名之好也而竞以相高，从其利之好也而贪以相取，从其心意耳目之好也而诈以相欺，亦皆自以为'从吾所好'矣，而岂知吾之所谓真吾者乎！夫吾之所谓真吾者，良知之谓也。"

> ——王阳明

王阳明从少年时代起，受到父亲的耳濡目染，便要通过科举考取功名。而通过读书摆脱平民的命运，走上仕途是当时很多人唯一的道路。为此，很多人为了这一功名苦读数年，甚至付出了一生。王阳明虽然也受到科举的束缚，但是他并不为它所摇摆，功名仅仅是一个虚名，考不上不算什么，一旦考取，便要让其有实际的用处，为百姓，为社会谋福谋利，这也是他用一生来践行的事情。

然而，世界上有很多人，为了达到一己的目的，不择手段，超过了道德的范围，破坏了人生行为的标准。他们为什么不能守住自己的本分呢？多数情况下，是因为"名心"的驱使。所以，人最高的道德，就是把这个"名心"抹平，不去刻意追求"名"，往往会得到意想不到的结果。

我们以赤子之身来此世界，当以赤子之心走过此世界，也就是真正留取清白在人间。既无声名，亦无功利，然而这也是莫大声名、莫大功利了。所以，我们的先哲曾经说："至人无己，神人无功，圣人无名。"

王阳明追求的人生应该是"致良知"的一生，他对人生有着自己的终极关怀和哲学导向，他不仅希望能实现"饥者歌其食，劳者歌其事"，还希望实现报国行道的理想。他融合思想家和政治家为一体，却不希望为名所累。

事实上，人生的规则也正是如此奇妙，贪慕虚名、急功近利者往往得不到真正的名誉；沽名钓誉之徒往往得不到真正的快乐。

有一个书生因为像晋人车胤那样借萤火夜读，在乡里出了名，乡里的人都十分敬仰他的所作所为。

一天早晨，有一人去拜访他，想向他求教。可是这位书生的家人告诉拜访者，说书生不在家，已经出门了。来拜访的人十分不解地问："哪里有夜里借萤火读书，学一个通宵，而清晨大好的时光不读书却去干别的杂事的道理？"家人如实地回答说："没有其他的原因，主要是因为要捕萤，所以一大早出去了，到黄昏的时候就会回来的。"

车胤夜读是真用功、真求知，而这个虚伪的书生真的好学到这种地步吗？在大好的天光下出门捕萤，黄昏再回来装模作样地表演一番，完全是本末倒置，"名"是有了，但时间一长难免不会露出马脚。靠一时的投机哗众取宠，这样的"名"往往很短暂，如过眼云烟，很快会被世人遗忘。那时，这位"名人"便也不再风光了。

追求名誉难免不被虚名所累，误了一生。其实看开了，虚名不过是噱头，可惜的是太多人被它牵制、累坏。虚名能为人带来一时的心理满足，但它本身毫无价值、毫无意义，任何一个真正的有识之士，都不会看重虚名。

王阳明和学生讨论有关名这个问题时，他说如果一味地力追声名，就不会懂得真实、纯朴的道理，人生中就会徒增烦扰。

为了虚名而去争斗，是人世间各种矛盾、冲突的重要起因，也是人生之中诸多烦恼、愁苦的根源所在。我们追求的是精神的不朽，那么，请抛却背后的虚名，着眼未来，脚踏实地，我们终将到达人生的制高点。

安贫乐道，享受幸福

"昔者尧舜有茅茨者，且以为礼，且以为乐。"

——王阳明

孔子在《论语·述而》中发出这样的感叹："饭疏食饮水，曲肱而枕之，乐亦在其中矣。不义而富且贵，于我如浮云。"

《后汉书·杨彪传》中谈道："安贫乐道，恬于进趣，三辅诸儒莫不慕。"言外之意就是，在贫富与仁义不可兼得时，他是宁可受苦受穷也不愿放弃仁义的。

有时候，生活就像一个圈，无论你的人生多么辉煌壮丽，到最后终究还是要回到原点。这样看来，安贫乐道未必就是不思进取，反而体现出一种和谐有度的生活哲学来。

王阳明在《初至龙场至所止结草庵居之》中说："昔者尧舜有茅茨者，且以为礼，且以为乐。"意思是说，上古时候的尧舜都住过茅草棚，他们一样讲究礼仪，一样喜爱音乐。王阳明以尧舜为榜样，迎接困难的起点很高。

《始得东洞遂改为阳明小洞天三首》第三首有这样的诗句："藐矣箪瓢子，此心期与论。"诗中引用了颜回对待艰苦生活的态度"一箪食，一瓢饮，在陋巷，人不堪其忧，回也不改其乐"。王阳明说，颜回虽离我们很远，但我愿意像他那样安贫乐道。

梁实秋在《雅舍小品》中也说过："安贫乐道的精神之可贵更难用三言两语向唯功利是图的人解释清楚的。"在佛家看来，能够安贫乐道，独守一份内心的清净，是修行的一种境界。如做人也能够如此的话，必将有所收获。

春秋时期，楚国令尹孙叔敖深受楚庄王倚重，功劳卓著，但他非常俭朴。庄王几次封地给他，他都推辞不受。

后来，孙叔敖得了重病，临死前他嘱咐儿子孙安说："我死后，你就回到乡下种地，千万别做官。如果大王非要赏你东西，你就要那块没人要的寝丘。"寝丘位于楚越之间，即今河南省固始县内。地方偏僻，地名也不好，而且是一片贫瘠的薄沙地，楚人视之为鬼地，越人认为其不祥，所以很久以来都没人要。

不久，孙叔敖去世，楚王十分悲痛，便打算封孙安为大夫，但孙安百般推辞，庄王只好让他回家去了。孙安回家后，靠打柴为生，日子过得十分清苦。后来，楚王听从优孟的劝说，派人把孙安请来封赏。孙安想起父亲的遗命，就要了寝丘那块薄沙地。

按楚国的规定，封地延续两代，如果其他功臣想要，就改封其他功臣。因为寝丘太贫瘠了，功臣们在请赏的时候，都忘了那里，于是，孙叔敖的子孙十几代拥有这块地，得以安身立命。

光彩夺目的金子会引起人们激烈的争夺，金光大道上挤的人太多了，反倒不如独木小桥幽静和从容。孙叔敖的不争未必是不思进取，反而是一种和谐的生活哲学。

什么是衡量人生成功的标准，是财富、权力，还是享受一份粗茶淡饭的宁静日子？在王阳明看来，安于贫困生活，以学习和掌握圣人之道为乐，不被现实与名利所扰，便能找到自己的人生意义，便是一种成功的表现。

明代施惠在《幽闺记·士女随迁》中说："乐道安贫巨儒，嗟怨是何如，但孜孜有志效鸿鹄。"如果沉浸在世俗名利中不能自拔，一心追求欲望的满足，那么还不如在宁静中享受简单的幸福。

挣脱名利，寻回单纯

"人欲横流，天理几灭。"

——王阳明

王阳明在受到刘瑾等人多方残酷迫害、非置之于死地而后快之后复出，功绩卓然，虽依然受谗害，但他经国济世雄心不变，执着地追求真理的心不变，在官场的旋涡中保持内心对圣人的虔诚和敬仰。

成圣之心一直没有改变，为国救民之志也从未减弱，在尔虞我诈的封建官场中，王阳明被打压、被排斥，但是这些都不成问题，他依旧在其位，谋其政。百忙之余还讲学传道，学习的快乐、交友的快乐、悟道的快乐。粗食淡水，幕天席地，面对苍天，仰依大地，其乐无穷。而对于富贵名利，却看得如浮云般不值一提。

在无常的人生里，山河大地危脆，世间不断遭到破坏。要照顾好自己的心，不要与身外的名利、地位等纠缠不清，心若有贪念——贪名利、地位、权势等，这一生不仅不会快乐，还会过得很辛苦。凡夫就是时时在名利的旋涡里打转，才会由不得自己。

玉寅生和三乌从臣是同学，相交甚好，他们没有钱，于是以品性互勉。玉寅生对三乌从臣说："我们这些人应该洁身自好，以后在朝廷做官，绝不能趋炎附势而玷污了纯洁的品性。"三乌从臣说："你说得太有道理了，巴结权贵绝不是我们这些正人君子所为。既然我们有共同的志向，为何不现在发个誓呢？"玉寅生非常高兴，于是他们郑重地把鸡血抹在嘴上发誓："我们二人一致决心不贪图利益，不被权贵所诱惑，不攀附奸邪之人而改变我们的德行。如果违背誓言，就请明察秋毫的神灵来惩罚他。"

后来，二人一同到晋国做官。玉寅生又重申以前发过的誓言，三乌从臣说："过去用心发过的誓言还响在耳边，怎能轻易忘呢！"当时赵宣子受到晋王的宠爱，人们争相拜访赵宣子，以期能得到他的推荐，从而得到国君的赏识。赵宣子的府邸前车子都排出了很远。这时三乌从臣已经后悔，想去赵宣子家又怕玉寅生知道，但是又很想结识赵宣子，几经犹豫后，决定尽早去拜访，以避人耳目。当鸡刚叫头遍，他就整理衣冠，匆匆忙忙去拜访赵宣子了。进了赵府的门，却看见已经有个人端端正正地坐在正屋前东边的长廊里等候了，他走上前去举灯一照，原来那个人是玉寅生。两人相对而愧，赶紧告退了。

三乌从臣和玉寅生为了各自的仕途利益而违背了当初的誓言。世间有多少人，在尚未显达前非常努力，低声下气，认真地付出自己的能力，以争取他人信任。有朝一日，当他财、名、利共聚时，傲慢之心就随之而生，忘了当初困顿的生活，这是因权势名利牵缠着他的心。

所以，人心一旦被名利牵制，将造成不堪设想的后果。有智慧的人，在短暂的人生里，视荣华富贵如浮云、梦境，也如草上的露水。而愚痴者则被权势名利所迷惑。

很多时候虚名能为人带来一时心理的满足感，也就使争名、争虚名的事常有发生。虚名本身其实毫无价值、毫无意义可言，为了争夺名利而起矛盾和冲突，往往徒增人生诸多烦恼。

不要为虚名所累，在名利的旋涡中做最单纯的自己，脚踏实地地工作，力求不使自己背上虚名这种沉重的思想包袱。

第七章

喜乐心：
常思一二，不思八九

财富是外形，心是快乐的根

"常快活便是功夫。"

——王阳明

王阳明的学生陈九川卧病虔州，王阳明问他，病了之后是不是觉得格物穷理更加困难了啊？陈九川说，这个功夫确实太难了。王阳明告诉他："常快活便是功夫。"

的确，保持一颗快活的心很难。人总会遇到一些不如意的事情：生病了、降职了、失恋了、失业了等等，想到这些总是很难快活起来。在陈九川看来，格物穷理本就是一件很难的功夫，生病了就变得更难了。其实，先生的话实际是在劝诫他，快活不快活与外物环境没有太大的关系，主要在于内心。

物质环境的好坏，固然可以影响到人的心情与思想。但有高度精神修养的人，同样也能够以自己的心去改变环境。如果没有立身处世的道德标准和精神的修养，纵然有再多的财富、再好的物质环境，他也不会快乐。

快乐是一种身心愉快的状态，离苦得乐，是人最本质的需要。快乐很简单，它与一个人的财富、地位、名气无关，它不需要大量的金钱去支撑，也不需要以名气为后盾，更不需要乌纱帽来提携。相反，快乐只与一个人的内在有关，物质财富的获得可能让人获得快乐，可是处理不当则会成为人生的负累，生活从此远离快乐，永无宁日。

从前有一个樵夫，他长年累月都以打柴为生，早出晚归，风餐露宿，但是家里仍然常常揭不开锅。于是他老婆天天祈求上天让他们早日脱离苦海。

真是苍天有眼，大运降临。有一天樵夫在大树底下挖出了一包金子。转眼间，他就变成了百万富翁。于是他买房置地，宴请宾朋，好不热闹。亲朋好友也都像是一下子从地下冒出来似的，纷纷前来向他表示祝贺。

按理说樵夫应该非常满足了，现在终于知道荣华富贵是什么滋味了。可是他只高兴了一阵子，就开始愁眉苦脸，吃睡不香，坐卧不安了。他的妻子看在眼里，劝他说："现在我们有很多金子，吃穿不愁，又有良田美宅，你为什么还是愁眉苦脸的呢？你这个丧气鬼，天生就是个受穷的命！"

樵夫听到这里，不耐烦了："你个妇道人家懂得什么？我们得了金子的事情，人人都知道了。如果有人来偷来抢怎么办？我是愁没有最好的地方来藏它们。"妻子听过之后也觉得有理。于是夫妻二人开始找藏金子的好地方。可是无论何地他们都觉得不安全，结果就这样天天找，天天担心，生活没有了一刻的宁静。

　　挖出金子之后的樵夫并没有之前那么快乐，是因为他将金子看得过重。人生在世，名利钱财、金银珠宝等都是身外之物，即使时时刻刻永不停息、永无止境地去追求和索取它，也不会有满足的时候。一味地追求反而丢失了生活的宁静与快乐，得不偿失。快乐无须附丽，它只是内心深处的富足，它像一缕清纯的阳光，既可以照亮自己，也可以照耀周围的人。那些身无长物的人，同样可以获得人生的快乐。

　　孔子说颜回："贤哉！回也。一箪食，一瓢饮，在陋巷，人不堪其忧，回也不改其乐，贤哉回也！"颜回短暂的一生，师从孔子，周游列国，虽有满腹经纶，德才兼备，但是甘于贫苦生活而不改其乐，可以说是乐由心生、无须附丽的典型了。

　　当我们哀叹命运不公、抱怨时运不济时，以为只有得到名利才快乐，那真是一件可悲的事情。快乐其实很简单，它就住在每个人的心里，不过，需要你用心寻找。王阳明曾经说过：乐是心的本体，只有心才是快乐的根。快乐不是霓虹灯下的买醉，不是一掷千金的快感。不放纵生命，不麻醉灵魂，珍惜生命的点点滴滴，才是快乐；拥有一颗感恩的心，感激生命，感激阳光雨露，忘却曾经的苦痛，快乐之情会油然而生。

　　希望有所成就并且生活得逍遥自在、豁达明朗，就首先要努力使自己成为一个有道德教养的人，一个有良好品格的人，一个有丰富心灵的人，一个有益于他人的人，这样才能有效地防止那些使人沮丧和紧张的因素，从而充分享受工作和生活本身蕴涵的乐趣，在任何情况下保持一种"临清风，对朗月，登山泛水，肆意酣歌"的心境，陶陶然乐在其中，不亦快哉！行走青山绿水之间，且听风吟，了无牵挂，快乐盈心！

沉浮动静皆人生

"尔却去心上寻个天理，此正所谓理障。"

——王阳明

生是头，死是尾，中间的是过程，人生就是如此。不问来处，不问去路，只问今何处，才是现实。愚者以为幸福在遥远的彼岸，聪明者懂得将周遭的事物培育成幸福。快乐的人生不在山珍海味，而在清和淡雅；不在盲目追求，而在真诚相待；不在别人的施舍，而在自己的努力；不在遥远的未来，而在当下的获得。追求快乐的人生不在于快乐二字，而在于快乐的过程。

对于王阳明来说，从早年的官场争斗到后来的南征北战，从江西剿匪到平定宁王叛乱，再到后来的潜心治学教书，他的一生是短暂的，他逃不过死亡的结局；但他的一生又是漫长的，他的的确确闯出了一片天地，在这片广泛的天地之中干了一番大事业。在他生命的全部过程中他一直坚持着少年时候的志向与追求，无论是创立心学、提出"知行合一"，还是带兵打仗，为的都是报效祖国。他一直坚持自己的追求，并为之付出了毕生心血，他的人生是成功的也是幸福的。

对于一个人来说，从胎儿、婴儿、孩童、少年、青年、中年、到老年，是这个过程诠释了生命的真谛，它包含了酸甜苦辣，凸显着人生得意的光芒和失意的暗淡。

人们苦苦追求，苦苦寻

觅，只为了得到一个结果。但当你得到了那个果时，常会变得失望，反而是在争取的过程中，你尝遍了各种快乐和心酸，那种滋味才令人回味无穷。不要因为在人生过程中失去了那些得到的东西而忧心忡忡，因为已经得到，就不怕失去。否则，在你的不断为失去而感叹时，你会错过大好的时光，而说不定你错过的时光，会让你得到更好的事物。

有位孤独者倚靠着一棵树上晒太阳，他衣衫褴褛，神情萎靡，不时有气无力地打着哈欠。

一位智者由此经过，好奇地问道："年轻人，如此好的阳光，如此难得的季节，你不去做你该做的事，懒懒散散地晒太阳，岂不辜负了大好时光？"

"唉！"孤独者叹了一口气说，"在这个世界上，除了我自己的躯壳外，我一无所有。我又何必去费心费力地做什么事呢？每天晒晒我的躯壳，就是我要做的所有的事了。"

"你没有家？"

"没有。与其承担家庭的负累，不如干脆没有。"孤独者说。

"你没有你的所爱？"

"没有，与其爱过之后便是恨，不如干脆不去爱。"

"你没有朋友？"

"没有。与其得到还会失去，不如干脆没有朋友。"

"你不想去赚钱？"

"不想。千金得来还复去，何必劳心费神动躯体？"

"噢。"智者若有所思，"看来我得赶快帮你找根绳子。"

"找绳子干吗？"孤独者好奇地问。

"帮你自缢。"

"自缢？你叫我死？"孤独者惊诧道。

"对。人有生就有死，与其生了还会死去，不如干脆就不出生。你的存在，本身就是多余的，自缢而死，不是正合你的逻辑吗？"

孤独者无言以对。

"兰生幽谷，不为无人佩戴而不芬芳；月挂中天，不因暂满还缺而不自圆；桃李灼灼，不因秋节将至而不开花；江水奔腾，不以一去不返而拒东流。更何况是人呢？"智者说完便转身离去。

　　如智者所说"江水奔腾，不以一去不返而拒东流"。人生是过程，这是一个最简单但又最不为人注意的错误。人生目标是我们永远的明天，我们的人生永远是今天。有目标的人是活得有意义的人，能看重人生本身这一过程并把握住过程的人是活得充实而真实的人。"没白活一辈子"，应该是目的和过程两方面都有质量。许多人活了一辈子，到头来，还没有得到人生过程的乐趣，没有享受人生，这是一种生命自觉与自省的缺乏。沉浮动静皆人生，体悟每种境遇，不以物喜，不以己悲，得失沉浮皆是人生所获的赐予。

　　沉浮动静皆人生。如果我们总用一种效益坐标来判别人生的状况，前进为正，后退为负，上升为优，下沉为劣，那么，我们就永远不能读懂人生。所以，追求幸福的过程才是最幸福的。既然每个人的未来结果是相同，赤条条来去无牵挂，那么还不如在追求一切的过程中好好享受，这才不枉在人世走一遭。

幸福在于追求得少

　　"彼其胶于人欲之私，则利害相攻，毁誉相制，得失相形，荣辱相缠，是非相倾，顾瞻牵滞，纷纭舛戾，吾见其烦且难也。"

——王阳明

　　"譬如空中飞鸟，不知空是家乡；水中游鱼，忘却水是生命。"空中飞鸟翱翔天际，本身即在天空中，它并未想过向生活索取更大的空间，因为天空够宽了；水中游鱼，水对它是非常重要的东西，而它并未一味因其重要而操心忧虑。若能以这种积极的态度努力生活，生活必然愉快、幸福。

　　俗话说，人生失意无南北，宫殿里也会有悲恸，茅屋里同样会有笑声。只是，平时生活中无论是别人展示的，还是我们关注的，总是风光的一面，得意的一面，这就像女人的脸，出门的时候个个都描眉画眼，涂脂抹粉，光艳亮丽，这全是给别人看的。回到家后，一个个又都素脸朝天。

　　就像王阳明说的，毁誉、得失、荣辱、是非都是相辅相成的，世间没有绝对的事情。当然人生也没有绝对的幸福与不幸，两者相差的也许只是一个角度罢了。站在城里，向往城外，而一旦走出了围城，就会发现生活其实都是一样的，有许多我们一直在意的东西，在别人看来也许根本就不算什么。所以，与其不停地长吁短叹，不如欣赏一下自己的生活，静心体会生活的快意。

在一条河的一边住着农夫，另一边住着官员。农夫看到官员每天无需劳作，吃好喝好，十分羡慕他；官员看到农夫每天在田园山水中修身养性，也十分向往那样的生活。日子久了，他们都各自在心中渴望着：到对岸去。

一天，农夫和官员达成了协议。于是，农夫过起了官员的生活，官员过上了农夫的日子。

几个月过去了，成了官员的农夫发现，原来官员的日子并不好过，表面上悠闲自在其实是日理万机，官场的各种规则更是让他感到无所适从，便又怀念起以前当农夫时的生活来。

成了农夫的官员也体会到，他根本无法忍受农夫每日为生活而辛苦的劳作，于是也想起做官员的种种好处。

又过了一段日子，他们各自心中又开始渴望：到对岸去。

农夫羡慕官员，官员羡慕农夫，真正互换了彼此的生活，又发现原来的生活才好。其实，你眼中的他人的快乐，并非真实生活的全部。每个生命都有欠缺，不必与人作无谓的比较，珍惜自己所拥有的一切就好。

生物界寿命的长短，决定了生命境界的不同感受：树根上的小蘑菇寿命不到一个月，因此它不理解一个月的时间是多长；蝉的寿命很短，生于夏天，死于秋末，它们不知道一年当中有春天和秋天。它们的生命都是短暂的，一般人觉得它们可怜。

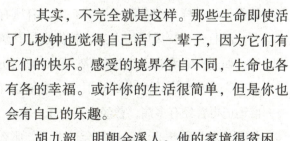

其实，不完全就是这样。那些生命即使活了几秒钟也觉得自己活了一辈子，因为它们有它们的快乐。感受的境界各自不同，生命也各有各的幸福。或许你的生活很简单，但是你也会有自己的乐趣。

胡九韶，明朝金溪人。他的家境很贫困，一面教书，一面努力耕作，仅仅可以衣食温饱。每天黄昏时，胡九韶都要到门口焚香，向天拜九拜，感谢上天赐给他一天的清福。妻子笑他说："我们一天三餐都是菜粥，怎么谈得上是清福？"胡九韶说："我首先很庆幸生在太平盛世，没有战争兵祸。又庆幸我们全家人都能有饭吃，有衣穿，不至于挨饿受冻。第三庆幸的是家里床上没有病人，监狱中没有囚犯，这不是清福是什么？"

胡九韶虽然贫困，但是他认为有饭吃，有衣穿，没病痛，没兵祸便是幸福。正如这首诗："木末芙蓉花，山中发红萼，涧户寂无人，纷纷开自落。"那山中的芙蓉花并不因生在深山而黯然神伤。春来秋去，它依然绽放自己生命的美丽，灿烂地活在世上，体验生命的大幸福。什么是幸福，怎样才算是幸福？幸福没有绝对的答案，关键在于你的生活态度。

首先我们学会理解幸福，幸福不是虚无缥缈的东西，把对幸福的理解建立在客观条件允许的范围内切不可脱离实际，不可好高骛远，那么幸福每时每刻都在我们每一个人的身边，关键是我们如何去发现它、理解它、感受它，创造它。

无执无著，无滞无留

"读书作文安能累人？人自累于得失耳。"

——王阳明

王阳明的一生，几经起落，但无论是京都的富贵还是穷乡僻壤的贫寒，他从来没有计较过。他认为，人之所以活得很累，就是因为太过于计较自己的得失。人生就像天气一样变幻莫测，有晴有雨，有风有雾。无论谁的人生，都不可能一帆风顺，况且，一帆风顺的人生，就像是没有颜色的画面，苍白枯燥。等人老了的时候，回过头看看自己走过的路，开心的、伤心的，不都成了过眼云烟吗？一路走过来，难免会有许多辛酸的泪水，难免会有许多欢乐的笑声，当一切成为过去，谁还记得曾经有多痛，曾经有多快乐。

按照这种思路想来，一切都会过去的。那么，对于眼前的不幸，又何必过于执著？世间万事，来不可阻挡，去也不必挽留。生生死死，哭哭笑笑，一切的幸与不幸，都只是一个过程。

明朝开国文臣之一、大学士宋濂在《秦士录》中写一介狂士。

秦士指的是邓弼，他以力量称雄于人，喜欢酒后使性，对旁人怒目而视，人们就说："狂徒不可接近，接近则必受奇耻大辱。"

　　有一日，他在青楼独自饮酒，看到萧、冯两位书生经过楼下，就把他们拉来共饮。这两人向来瞧不起他，就百般推脱。邓弼发怒说："你们如果不接受我的邀请，那我就杀了你们，然后逃命到荒山僻野去，怎么可能让你们如此侮辱我！"

　　两书生不得已，只好和他一起去。邓弼一边大声吆喝着要酒喝，一边高歌。喝到畅快之处，他解开衣服，两腿岔开，粗鲁地席地而坐，还拔刀放在桌面上，铿然作响。两位书生向来听说他酒后发狂，想起身离开，邓弼制止说："不要走！我也稍微读了些诗书，你们何至于把我看得低贱？今日并非特意请你们喝酒，只是想略吐胸中不平之气罢了。经、史、子、集四部的书籍任凭你们询问，如果不能回答，就让这把刀沾上鲜血。"

　　两书生说："竟有这样的事？"

　　便摘取七经数十义问他，邓弼列举古书中注释经文的文字和解释传文的文字，不漏一句。他们又询问历代史事，上下三千年谈吐流畅，滔滔不绝。

　　邓弼笑着说："你们服不服？"

　　两书生相顾沮丧失色，不敢再有问题。邓弼取酒，披头散发跳着说："我今天压倒老书生了！古者学在养气，如今的人穿着读书人穿的衣服，反而毫无生气，只想卖弄学问，把世上豪杰当小孩子抚养。你们还是算了吧。"

两书生向来自负博学多才，听到邓弼的话大感惭愧，下楼去了，走路都不正常。回去问与邓弼交往的朋友，也没有看见他拿着书本低声吟咏过。

虽然天生神力，但是因丞相阻挠，他始终没有受天子之重用。他慨叹说："天生一具铜筋铁肋，却不能建立功勋在万里之外，而只能困死在野草之下，生不逢时啊，这就是我的命啊！"

随后进王屋山做了道士。十年后死去。

邓弼满怀的壮志难酬，最后选择遁入空门来回避现实，正是已经对人生心灰意冷，如此，还有何乐趣可言呢？

苏轼曾在赤壁慨叹道："人生如梦，一樽还酹江月。"既是如此，又何苦执著？

众生苦苦寻求，就是为了离苦得乐，然而，什么才是快乐的真正法门？也许我们可以从这句话找到答案："不要讨厌坏境界，也不要贪求好现象，只有不忮不求，才能无欠无赊，才能体会到真正的快乐。"命运弄人，它总是喜欢以玩笑来捉弄世人，那么，我们又何必太较真呢？有时候不妨也以游戏的心态面对，"游戏"不是态度，而是一种心情。逆境中要勇于承担，切不可自暴自弃；顺境中要谦卑恭谨，切不可得意忘形。

生活不会永远一帆风顺，正因为如此，我们的生活才有滋有味、绚丽多彩。在跌宕起伏中保持一颗平常心很重要，不以物喜，不以己悲，宠辱不惊，去留无意，在平淡中给自己一分力量，在喧闹中给自己一分宁静。

王阳明在一封信中曾写道：普通人和圣人都怀有快乐之心，只是普通人却不自知本身拥有这种快乐，反而还要自寻烦恼，久而久之自己舍弃了这份快乐。其实，即便真正处于烦恼迷离的处境当中，这种乐的本体也是不会消失的。快乐是一种独特的体验，真实的常在，无论雅俗，都会活得有滋有味，也用不了太多的心思，你就会发现活着本来就不错。比如说，你有大本事或小本事，朋友多，路子广，会有种种发迹的机会；你拥有爱情，拥有家庭，拥有多彩的故事，你总有一些盼望，会发现一些趣事，甚至某个消息、某个话题、某种现象都能让你兴奋。这兴奋可能太俗，让人瞧不上眼，或根本就不值。但只要是真实快乐的体验，也就够了。即使是真正遇上不称心的事，也别抱着死理，跟自己过不去，这样你便能从容应付、潇洒地走出困境。

幸福源自内心的简约

"但论议之际，必须谦虚简明为佳。若自处过任而词意重复，却恐无益有损。"

——王阳明

古人有句话叫"大道至简"，用今天的话来说，就是"越是真理的就越是简单的"。著名的美籍华裔数学家陈省身先生有一个很有趣的"数学人生法则"，数学的一个重要作用就是九九归一，化繁为简。智者的简单，并非因为贫乏或缺少内容，而是繁华过后的一种觉醒，是一种去繁就简的境界。

简单的过程是一个觉醒的过程。大道至简，健康的人生一定是一个去繁就简的人生。

对于这一点，王阳明先生也有过相关的论述。他认为为文应该"谦虚简明"才好。不简明、过多重复就有损而无益了。这句话虽然本来说的是议论、作文的道理，其实也是人生的道理。

人的一生会有许多的追求：宽敞豪华的寓所；完整的婚姻；让孩子享受最好的教育，成为最有出息的人；努力工作以争取更高的社会地位；能买高档商品，穿名贵的皮革；跟上流行的大潮，永不落伍等等。为了满足内心的虚荣，可能于不知不觉中逐渐地拥有很多，但是却也负担了很多，纷繁的生活让生活反而没有了意义。其实，幸福与快乐源自于内心的简约，简单使人宁静，宁静使人快乐。

有位中年人觉得自己的日子过得非常沉重，生活压力太大，想要寻求解脱的方法，因此去向一位禅师求教。

禅师给了他一个篓子，要他背在肩上，指着前方一条坎坷的道路说："每当你向前走一步，就弯下腰来捡一颗石子放到篓子里，然后看看会有什么感受。"

中年人照着禅师的指示去做，他背上的篓子装满石头后，禅师问他这一路走来有什么感受。他回答说："感到越走越沉重。"

禅师于是说："每一个人来到这个世上时，都背负着一个空篓子。我们每往前走一步就会从这个世界上捡一样东西放进去，因此才会有越来越累的感慨。"

中年人又问："那么有什么方法可以减轻人生的重负呢？"

禅师反问他："你是否愿意将名声、财富、家庭、事业、朋友拿出来舍弃呢？"那人答不出来。

禅师又说："每个人的篓子里所装的，都是自己从这个世上寻来的东西，但是你拾得的太多，如果不能放弃一些，你的生命将承受不起，现在决定了你的选择吗？丢下什么，留下什么？"

中年人反问禅师："这一路上，您又丢下了什么，留下了什么？"

禅师大笑道："丢下身外之物，留下心灵之物。"

常有人提着一个袋子，边走边拾。一路上拾起无数他不想要的东西。当他遇到真正想要的东西之时，袋子已经装满了。对于绝大多数人来说，功名利禄就像背篓里的石子，得到的越多步履越沉，反倒是心灵之物，装得越多，人就会越有智慧，越是通达，越容易感受到幸福。

人在世上，无时无刻不受到来自外界的诱惑，一旦有了功名，就会对功名放不下；有了金钱，就会对金钱放不下；有了爱情，就会对爱情放不下；有了事业，就会对事业放不下。当得到的东西太多了，超过生命的承载力，这个时候，你该怎么办？留下什么，舍弃什么，选择变得尤为重要。稍有不慎，就会背上沉重的枷锁，与幸福擦肩而过。

人生不会一帆风顺，不如意事十之八九，得失随缘不要过分强求什么，不要一味地去苛求些什么。世间万事转头空，名利到头一场梦，想通了，想透了，人也就透明了，心也就豁然了。

名利是绳，贪欲是绳，嫉妒和褊狭都是绳，还有一些过分的强求也是绳。牵绊我们的绳子很多，只有摆脱这些牵绊心的绳索，才能享受到真正的幸福，体会到做人的乐趣。

有些人，他们活着，却没有时间去多愁善感；爱着，他们却不懂怎么诠释爱情；他们满足，因为他们没有奢望生活过多的给予；他们简单，不用在人前掩饰什么。他们也许连幸福是什么都不知道，然而真正快乐的就是这么一群简单的人。

人之所以不快乐，就是因为不能够活得单纯。其实，不要去刻意追求什么，不要向生命去索取什么，不要为了什么去给自己塑造形象，简单本身就是一种幸福。

时时微笑，雨打芭蕉也无愁

"心无所累，意无所牵。"

——王阳明

"芭蕉叶上无愁雨，只是听时人断肠"，心外阳光明媚、鸟语花香时，内心却可能愁云密布，甚至没有任何阳光可以照进的缝隙。快乐时，"绿杨烟外晓寒轻，红杏枝头春意闹"；失意时，"泪眼问花花不语，落红飞过秋千去"。

宦海沉浮本就是很平常的事情，这一点王阳明很清楚，所以即使经历了大起大落他依然坚守内心的生活哲学。几次被贬他也沉默过、失望过，但他终究没有

被困难、失意所俘虏，依然微笑着面对人生。他的微笑来自长期自省、为学、修身的自信和内心深入的平静。任何得失沉浮都是人生，都是生活所获的赐予。活了一辈子，却常常因为心中长满了烦恼杂草而愁肠百结，愁眉不展，到头来，还没有得到生活过程的乐趣，没有享受生命，这是生命当中自觉与自省的一种缺乏。

有两个见解不同的人在争论三个问题。

第一个问题：希望是什么？

悲观者说：是地平线，就算看得到，也永远走不到。乐观者说：是启明星，能告诉我们曙光就在前头。

第二个问题：风是什么？

悲观者说：是浪的帮凶，能把你埋葬在大海深处。乐观者说：是帆的伙伴，能把你送到胜利的彼岸。

第三个问题：生命是不是花？

悲观者说：是又怎样，凋谢了也就没了！乐观者说：不，它能留下甘甜的果实。

突然，天上传来了一阵声音，也问了三个问题。

第一个：一直向前走，会怎样？悲观者说：会碰到坑坑洼洼。乐观者说：会看到柳暗花明。

第二个：春雨好不好？悲观者说：不好！野草会因此长得更疯！乐观者说：好，百花会因此开得更艳！

第三个：如果给你一片荒山，你会怎样？悲观者说：修一座坟茔！乐观者反驳：不！种满山绿树！

于是上天分别给了他们一样礼物：给了乐观者成功，给了悲观者失败。

乐观者和悲观者由于对于同样一个问题有截然相反的答案。可见，决定一个人心情的，不在于环境，而在于心境。当一个人的心情阴云密布的时候，看什么都不顺眼，当一个人欣逢喜事之时，连花儿都笑得灿烂。有个哲人曾说："当你一个人哭的时候，只有你一个人在哭；当你微笑的时候，世界在跟着你笑。"

很多人都知道境由心造的道理，但很多人常常被外境所困，以至于自己的心常常被困在围城中。明心见性，看清自己的本心，才能找到症结所在，扫除心中的杂草，剪掉心中的死结，走出围城，达到心神通畅。所以在面对人生烦恼的时候，最好的办法就是对身边的人时时微笑。

有一个人常常觉得生活没有任何意义，除了悲伤就是烦恼，所以，他渐渐地越来越颓废、越来越忧郁。一天，他听说在远方的深山里有一位得道高人，能够帮人答疑解惑，便跋山涉水地寻到这座山，向高人请教解脱之法。

忧郁者问："我究竟应该怎么做，才能够摆脱这悲观痛苦的深渊，得到充实而轻盈的快乐呢？"

高人回答："微笑，对自己微笑，也对他人微笑。"

忧郁者仍然困惑，又问："可是我没有微笑的理由啊！生活如此艰辛，我为什么要微笑呢？"

高人略微思索了一下，说："第一次微笑是不需要理由的，你只要尽情地绽放自己的笑容就可以了。"

"那么第二次、第三次呢？一直都不需要理由吗？"

"不要担心，到第二次、第三次的时候，微笑的理由就自己来找你了。"

忧郁者踏上了返乡的归程，高人微笑着目送他离去的背影。

与人相处时，善意的开始必然带来快乐融洽的结果。面带微笑，心存真诚，两人相对的第一个瞬间，必定能传达出最友好的信号。

其实，我们每个人的心灵都是一座种满花草的花园，它需要我们时时垦殖翻耕。这个花园中有秽土，也有净土，所以不可能永远保持快乐与清净。作为自我心灵的园丁，我们绝不能放任杂草丛生，占尽花木所需的阳光雨露，否则这座花园就必须成为人生困顿的围城，而及时修剪，时时微笑，求得和谐美好的内心环境，围城之中也能过自在人生。

要活得轻快洒脱

"吾辈用功，只求日减，不求日增。减得一分人欲，便是复得一分天理，何等轻快脱洒，何等简易！"

——王阳明

王阳明从小熟读"四书五经"，对于宋代的程朱理学也有深刻的见解，这些都是他创立心学的基础。尤其对于朱熹提出的"存天理，灭人欲"他更有着深刻的理解。

　　一次他路过道观问一位禅师是否想念自己的母亲，禅师想了想面露愧色地说："想！"于是，王阳明开始思考所谓的"人欲"。谁都有母亲，想念自己的母亲为什么要感觉到羞愧呢？这不是人之常情吗？从这开始，他对朱熹的"存天理，灭人欲"产生了质疑，进而将这个说法做了新的诠释。他认为，人应该"求减不求增"，减少自己的欲望，天地间便多了一分天理，这就是人生快乐、洒脱的法则。而这个法则也与"心学"相照应，其实天地间万事万物都是人心的写照。世间之风月景物本就没有烦恼、快乐之别，有别的是人的内心，内心繁复自然多了几分烦恼；内心简单快乐自然容易了许多。

　　唐代诗人张若虚的《春江花月夜》被称为是"孤篇盖全唐"的杰作，其中一句说："江畔何人初见月？江月何年初照人？人生代代无穷已，江月年年只相似。"大自然中的月亮、太阳、风、山河，它们永远如此，古人看到的天和云，和我们现在看到的这个天和云是一样的，未来人看到的也是这个自然天地。江月虽一样，但情怀却不尽相同。快乐的人看到风景很高兴，痛苦的人看到一样的风景，却深感悲哀，其实这都是自己心境的照应。

　　生活中，很多人往往自寻烦恼，自己给自己套上枷锁，从而让自己疲惫不堪。每个人都不愿意让烦恼缠身。为此，有人试图通过酒精、尼古丁和大量的镇静剂来解除不安和痛苦，也有人把大部分精力用于消除外在表面上的痛苦，以获得一种暂时的解脱，或者是整日整夜地守在电视机前，嘴里还不停地咀嚼着零食。

而这些方法不是麻痹自己就是给自己带来另一种烦恼、痛苦或者伤害，与其这样倒不如给自己减压，解除这些束缚，从而让自己活得轻松、活得快乐。其实，人生的痛苦和悲哀皆由心造，人的心能大能小，痛苦和悲哀也源自于人心的不同。一个拥有快乐心情的人，就会远离痛苦、悲哀。

牛弘，字里仁，隋朝大臣。他不但学术精湛，位高权重，而且性格温和，宽厚恭俭。牛弘有个弟弟牛弼，他就没有哥哥那么谨言慎行了，一次牛弼喝醉了酒，竟把牛弘驾车的一头牛用箭射死了。牛弘回家时，其妻就迎上去给他说："小叔子把牛射杀死了！"牛弘听了，不以为意，轻描淡写地说："那就制成牛肉干好了。"待牛弘坐定后，其妻又提此事说："小叔子把牛射杀死了！"显得非常着急，认为是件大事，不料牛弘随口又说："已经知道了。"他若无其事，继续读自己的书。其妻只好不再说什么。

明代著名作家冯梦龙评点此事说：冷然一句话扫却了妇道人家将来多少唇舌。想要摆脱琐事带来的烦恼，最好的办法就是放宽心胸，如牛弘一样，不问"闺"中琐碎之事。

人生的烦恼多半是自己寻来的，而且大多数人习惯把琐碎的小事放大。"月有阴晴圆缺，人有悲欢离合"，自然的威力，人生的得失，都没有必要太过计较，太较真了就容易受其影响。我们降落到这个尘世中并不是来寻找烦恼的，所以我们没有必要成日在忧伤和苦闷中度过，这样的人生又有什么意义呢？快活地奔走在眼花缭乱的世界，在杂乱中寻找宁静，在失意中追寻进取，做一个真正意义上的快乐者，这样的人生才活得有意义、有价值。

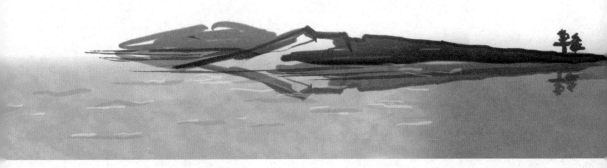

　　我们每个人的身体都好比是一个小小的院落，脸上的五官就是五个房间，而心脏则是大厅。想要生活在一个宁静的院落里，那么我们就必须保证这五个房间和一个大厅都处于安静的环境之中，尤其是大厅的宁静，显得尤其重要。心中的安宁是一切外在事物宁静的源头，因此心脏也理所当然地成为了五官的总领，只有当人们拥有一颗平静的心时，五官所听到的、所看到的、所闻到的以及所尝到的才有可能是甜蜜和幸福。

　　其实，魔鬼不在心外，魔鬼就在自己的心中。就像王阳明说的："擒山中之贼易，捉心中之贼难。"这样看来，自己的敌人就在自己心里，自己的烦恼痛苦也都是自己心里的心魔，能将其降伏者，也只有我们自己。

第八章

决心：
知行合一，言行一致

慎思之，笃行之

"知是行之始，行是知之成。"

——王阳明

常言道，三思而后行。意思是思考在前，行动在后，必须经过多番仔细周密的考虑才能有所行动，如此才能取得最好的效果，避免一些不必要的麻烦。

"三思而后行"，出自《论语·公冶长》："季文子三思而后行。子闻之曰：'再，斯可矣。'"孔子对季文子三思而后行的评价，着实令人费解。有的人指出，孔子是赞同季文子的做法的，并且孔子认为三思还不够，还要再想一次才可以；有的人则持相反的观念，指出孔子实际上是反对季文子这种过多思虑的做法，认为只要"再"，即只要想两次就可以了。从字面的意思看来难免糊涂，然而从孔子的思想主张，从他周游列国游说各诸侯施行仁政的行事作风则不难看出，上述第二种观念更符合孔子的本意。

而王阳明对于思与行的关系则这样认为：知是行之始，行是知之成。意在强调知与行的统一。所谓知，便是对事情各方面的思考与了解，只有思考明白、了解清楚了才能开始行动；所谓行，便是将那些思考明白、了解清楚的东西付诸实践，如此才能有所成就。王阳明指出，圣人之学乃身心之学，其要领在于体悟实行，不可将其当作纯粹的知识，仅仅流于口耳之间。

三思而行，已成为对冲动气盛的年轻人最好的劝谏，一直颇受世人的推崇。人们相信，经过深思熟虑的决定才是最好的，经过反复思量的行动才能顺利地进行。不幸的是，由此而形成了一种重思考而轻行动的风气。或许是过于谨慎，过于追求万无一失，人们将大量的时间与精力用在了无限的沉思之中，结果越想越觉得准备不够充分，越想越觉得存在很大的问题，想着想着，本可以尝试的想法变成了不可能完成的任务，无疾而终。由于人的四维空间是无限宽广的，不受客观事物与能力的强行束缚，因此，想着想着便偏离正轨、越想越远而找不到重点的。当人们在思想的海洋中畅游太久而迟迟不上岸来付诸实践，结果无疑是窒息于其中，彻底失去付诸实践的机会与能力。

唐代，中原有一片山脉盛产灵蛇，蛇胆和蛇心都是很好的药材，虽然蛇毒剧烈，见血封喉，可是为了赚钱，很多人不惜冒着生命危险去捕蛇。有一天，有三个从南方来的年轻人来到附近的村子，准备进山捕蛇。

年轻人甲在村里住了一天，第二天清晨便收拾行装上山捕蛇，但是几天过去了，他都没有回来，他不懂得蛇的习性，在山里乱窜，惊扰灵蛇；而他又不懂如何捉蛇，最终因捕蛇而丧命。

年轻人乙见状，心中害怕不已，再三思虑要不要去山里捉蛇，他每天都站在村口，向大山的方向望去，时而向前走几里路，不久又走回来，终日惶惶然行走于村子与大山之间。

年轻人丙则充分考虑了如何找蛇穴、捕蛇、解毒等问题，并经常向村里人讨教，掌握寻找蛇穴、引蛇出洞等捕蛇的技术，学习制作解毒的药剂。经过半个月的准备，年轻人丙带着工具上山了。七天过去了，大家都以为他已经丧命，可是年轻人竟然背着沉重的箩筐回到了村里。他捕到了上百条灵蛇，赚了很多银两，之后还做起了药材生意，成为著名的捕蛇之王。

三个年轻人一起捕蛇，一个毫不考虑、鲁莽行动；一个思来想去、迟迟不动；一个经过深思熟虑之后付诸行动。三个人对待思与行的不同态度，注定了他们的际遇截然不同。思考与行动是相辅相成的。无论偏向于哪一方，都难成大事。诸如乱猜结果蒙对、想发财就捡到钱等意外、碰巧之事，不过是人生乐章中少之又少的特殊音符，难以用它来谱写一生的成就。

思考与行动，对于一个正常人而言，是人生至关重要的一件事，如人之生老病死，难以避免。小到处理家庭琐事，大到掌握国家命脉，不假思索地行动和多番思虑却不见行动的人，轻则败家，重则亡国。思与行，不可偏其一，这便是中国两千多年的历史积淀下来的沉痛教训，也是王阳明知行合一的观点所在。

成功不在难易，在于身体力行去做

"未有知而不行者，知而不行只是未知。"

——王阳明

获得成功的方法有很多种，然而不论是哪一种，即便是最简单、最投机取巧的成功之道，也无法在空想中实现。原因很简单，思想的力量只有在行动中才能发挥作用。为学如此，处世亦如此。要想收获成功，必须首先在身体力行上下工夫。

王阳明作为心学一派的代表人物，同样强调行动的重要性。他认为，知道一定的道理却不采取行动的人，并不算真正了解道理的人。正如现实生活中，那些妄想着坐享其成的人，并不知道"有付出才会有回报"的道理，就算他们知道，也并不了解其中的深意，否则便不会"知而不行"了。所以，当需要一样东西的时候，前提是必须行动和付出。

张溥是明代的大学者，他有非常独特的读书方法，那就是通过多次抄写、多次阅读、多次焚烧的办法，加深理解、熟读精思，所以叫"七焚法"或"七录法"。张溥的"七焚法"分三步。第一步，每读一篇新文章，就工工整整地将它抄在纸上，一边抄一边在心里默读；第二步，抄完后高声朗读一遍；第三步，朗读后将抄写的文章立即投进火炉里烧掉，烧完之后，再重新抄写，再朗读，再烧掉。这样反复地进行七八次，一篇文章要读十几遍以上，直至把文章彻底理解，背熟于心为止。张溥一直坚持这种读书法，他把自己的书房叫作"七焚斋"，也叫"七录斋"，并把自己的文集命名为《七录斋集》。

张溥反反复复练习，在不知不觉就把自己雕琢成器了。人们常说，我们生活在一个很现实的世界里。"现实"不仅仅体现在人情冷暖上，更体现在行动的力量上。行动，是一个人的知识、智慧、思想境界等"虚"的东西的现实载体。人们往往看重"知识就是力量、智慧就是财富"，却忽略了自己的行动，忽略了行动带来的无穷力量。实际上，只要开始行动，就算成功了一半。因为行动能够将知识、智慧、思想境界的力量切实发挥出来，从而形成一股强大的推动力，在方向正确的前提下，能够推动行动者更快地迈向成功。

世界上牵引力最大的火车头停在铁轨上，为了防滑，只需在它8个驱动轮前面塞一块一英寸见方的木块，这个庞然大物就无法动弹。然而，一旦这只巨型火车头开始启动，这小小的木块就再也挡不住它了；当它的时速达到100英里时，一堵5英尺厚的钢筋混凝土墙也能轻而易举地被它撞穿。

　　从一块小木块令其无法动弹，到能撞穿一堵钢筋水泥墙，火车头的威力为何变得如此巨大？原因不是别的，是因为它开动起来了。

　　俗语说，火车跑得快，全靠车头带。火车头不只是方向的象征，更是力量的体现。很多人往往因为低估了自身的能力或者惧怕了眼前的困难而放弃行动，殊不知，当人们行动起来，其威力往往超乎原有的想象，甚至能够轻松突破障碍，超越自我极限。前提就是，必须行动起来！

　　王阳明讲知行合一，经常拿"写字"来举例。他说："我要写字"是"知"，而提笔写就是"行"，想要知道一个字真正的是如何写，就需要付诸实践才行。所以有了"知"就一定要行动起来。

　　行动，是通往成功的必经之路。只有行动起来，才能真正把握成功的契机。有才之人最怕的，莫过于错失良机、大志难舒。要想把握那千载难逢的机会，等待是必不可少的，但行动最关键。成功不在难易，而在于"谁真正去做了"。这个世界不缺乏机遇，而缺少更多抓住机遇的手。只有在恰当的时机主动出击，才能把握成功的契机，成就人生的梦想。

　　磨盘只在转动时才能磨面；风车只在转动时才能发电；人，只有在行动的过程中才能获得成功、创造奇迹。只有身体力行，才能使人格魅力与办事能力达到完美结合，才能在展现自我的擂台上独占鳌头。要想得到他人的器重，就得有所表现；要想把握成功的契机，就得有所行动。为人处世，与其吹得天花乱坠，不如做到滴水不漏，方能日进千里，收获成功。

千里之行，始于当下

　　"我辈致良知，是各随分限所及，今日良知见在如此，只随今日所扩充到底。明日良知又有开悟，便从明日良知扩充到底，如此方是精一功夫。"

——王阳明

　　"活在当下"，所谓"当下"，就是现在正在做的事，现在所处的环境，现在遇到的人。"活在当下"就是要把关注的焦点集中在这些人、事、物上面，全心全意地认真去接纳、品尝、投入和体验这一切。活在当下是一种全身心地投入生活的人生态度。当你活在当下，而没有过去拖在你后面，也没有未来拉着你往前时，你全部的能量都集中在这一刻，生命因此更具一种强烈的张力。

"当下"之所以如此重要，因为它是千里之行的起点。人生漫漫长路，只从当下开始。无论是过去的，还是即将到来的，都不如当下的一切来得真切、来得实在。王阳明说过："我辈致良知，是各随分限所及，今日良知见在如此，只随今日所扩充到底。明日良知又有开悟，便从明日良知扩充到底，如此方是精一功夫。"意思是，我们致良知，因各人的差异而达到不同的程度。今天到达这样的程度，就根据今天所能理解到的扩充下去，明天又有了新的理解，便从明天理解到的扩充下去，这才是专注于一个目标的功夫。王阳明认为，初学者对于修身养性的功夫，应当循序渐进，着眼于当下，而不是妄图将来。

活在当下，意味着要抛开往事的牵绊。人活一世，不可能不做错事，也不可能完美无缺。关键是能够改正错误，接受遗憾。倘若一味沉浸在过往的痛苦或对完美的觊觎之中，则难以关注当下的一切，更难以开启未来之门。

古时候，有户人家有两个儿子。当两兄弟都成年以后，他们的父亲把他们叫到面前说："在群山深处有绝世美玉，你们都成年了，应该做探险家，去寻求那绝世之宝，找不到就不要回来了。"

两兄弟次日就离家出发去了山中。大哥是一个注重实际、脚踏实地的人。有时候，即使发现的是一块有残缺的玉，或者是一块成色一般的玉，甚至那些奇异的石头，他都统统装进行囊。过了几年，到了他和弟弟约定的会合回家的时间，此时他的行囊已经满满的了，尽管没有父亲所说的绝世完美之玉，但造型各异、成色不等的众多玉石，在他看来也可以令父亲满意了。后来弟弟来了，两手空空，一无所得。弟弟说："你这些东西都不过是一般的珍宝，不是父亲要我们找的绝世珍品，拿回去父亲也不会满意的。我不回去，父亲说过，找不到绝世珍宝就不能回家，我要继续去更远更险的山中探寻，我一定要找到绝世美玉。"

哥哥带着他的那些东西回到了家中。父亲说："你可以开一个玉石馆或一个奇石馆，那些玉石稍一加工，都是稀世之品，那些奇石也是一笔巨大的财富。"

短短几年，哥哥的玉石馆已经享誉八方，他寻找的玉石中，有一块经过加工成为不可多得的美玉，被国王御用作了传国玉玺，哥哥因此也成了倾城之富。

在哥哥回来的时候，父亲听了他介绍弟弟探宝的经历后说："你弟弟不会回来了，他是一个不合格的探险家。他如果幸运，能中途醒悟，明白至美是不存在的这个道理，是他的福气。如果他不能早悟，便只能以付出一生为代价了。"

很多年以后，父亲的生命已经奄奄一息。哥哥对父亲说要派人去寻找弟弟。父亲说："不要去找了，如果经过了这么长的时间和挫折他都不能顿悟，这样的人即便回来又能做成什么事情呢？世间没有纯美的玉，没有完善的人，没有绝对的事物，为追求这种东西而耗费生命的人，何其愚蠢啊！"

弟弟不懂欣赏，不懂抓住当下，因此失去了本该收获的美好。其实，世界并不是完美，人生一定会有遗憾。对于我们来说，不完美是客观存在的，并不需要怨天尤人。

活在当下，意味着要踏踏实实地努力于眼前的事，把握眼前的时机，而不是寄希望于明天，寄希望于一个新的开始。无论人生的目标有多么明确，未来总是充满了诸多的未知因素，足以令计划赶不上变化。如果我们时时刻刻都将力气耗费在未知的未来，却对眼前的一切视若无睹，那就永远也寻找不到通往未来的道路。我们的努力只有从现在开始，才有可能获得成功。

现实生活中，很多人都无法专注于现在。他们总是若有所想，心不在焉，想着明天、明年甚至下半辈子的事。他们喜欢预支明天的烦恼，想要早一步解决掉明天的问题。然而，即便明天有问题，今天也是无法解决的。每一天都有每一天的人生功课要交，努力做好今天的功课才是关键。

由此可知，千里之行，始于当下。有志之人，必当从现在做起，日积月累，为实现伟大的理想奠定坚实的基础。那些连今天都把握不住的人，又何谈将来！

大胆尝试，实践出真知

"如人走路一般，走得一段，方认得一段；走到歧路处，有疑便问，问了又走，方渐能到得欲到之处。"

——王阳明

王阳明的父亲王华于成化十七年（1481年）的科举考试中高中状元，进京为官后不久便将王阳明接到京城生活。王华对儿子的起居生活以及学业都已经做了很好的安排，他认为王阳明应该和自己一样读书考科举，随后走入仕途，光宗耀祖。年少的王阳明虽然遵循父亲的安排，但是心中却是另有所想。在他看来读书考科举不一定是人生的第一大事，读书做圣贤才是第一等大事。立下大志后的王阳明便开始摸索成为圣贤的道路：15岁试马居庸关、17岁钻研宋儒朱学，之后又追求心学境界。在不断地尝试和突破中，王阳明渐渐有所领悟，最后创立心学。

在日常生活中，很多人从小就被"家长的期望"安排着。比如小时候在哪一所学校读书，长大了从事什么样的职业，建立怎样的家庭……前半生有太多的时间在人们还没来得及思考的时候，就已经被家长们安排好、规划好了。没有追逐，没有尝试，甚至也没有挫折和失败，一切都按部就班地进行着。可是，在这样的安排中，人们内心的愿望被忽略，心中的梦想被埋没，虽然走得很顺畅，却不真实。因为在这一路的顺畅中，人们缺少了一份尝试的失败，缺少了一份亲身经历的深切体悟。

五代时期的画虎名家历归真从小喜欢画虎，但是由于没有见过真的老虎，别人总笑话他把老虎画成病猫，于是他决心进入深山老林，寻找真的老虎，他经历了千辛万苦，后来在猎户的帮助下，终于见到了真的老虎。他通过大量的写生临摹真虎，其画虎技法取得突飞猛进，笔下的老虎栩栩如生。他从画虎中得到启发，后来又用大半生的时间游历了许多名山大川，最后终于成为一代绘画大师。

实践出真知，画画也是如此，如果历归真只是局限在书斋里，没有看到真正的老虎，不管他怎样努力也只能画出一只像猫的老虎。只有真正地去观察老虎，才能使自己所画的老虎具有生气。耳听不如眼看，实践能推进与成功的距离！

我们常常听到长辈们的劝告，那都是些经历了岁月的检验最终被证明为正确的人生智慧，都足以令我们的人生成为一条康庄大道。可是，我们的人生，难道不应该由我们自己去一步一步地走出来吗？吸取前人的经验教训是正确的，但没有经历过大胆的尝试，没有用自己的实践去摸索，则难以取得超越前人的成就，难以创造一番前所未有的事业。就像我们走路一样，走了一段才能认识一段，走到布满荆棘处才能深刻领悟战胜困难的艰辛，才能发掘自己的潜能，发现战胜困难的方法，以此为鉴，逐步积累地走下去，才能到达比前人更高更远的地方。

在一个村子里，有个渔夫有一流的捕鱼技术，被人们尊称为"渔王"，每次外出打鱼，总是他收获最多。然而渔王非常苦恼，因为他的三个儿子的捕鱼技术都很平庸。于是渔王经常向人诉说心中的苦恼："我真不明白，我捕鱼的技术这么好，我的儿子们为什么这么差？我从他们懂事起就传授捕鱼技术给他们，从最基本的东西教起，告诉他们怎样织网最容易捕到鱼，怎样划船最不会惊动鱼，怎样下网最容易请鱼入瓮。他们长大了，我又教他们怎样识潮汐、辨鱼汛。凡是我长年辛辛苦苦总结出来的经验，我都毫无保留地传授给了他们，可他们的捕鱼技术竟然赶不上那些技术比我差的渔民的儿子！"每次，村里的人听完后都会表示遗憾。

有一天，一位路过的老人听了他的诉说后，问："你一直手把手地教他们吗？"

渔王说："是的，为了让他们学到一流的捕鱼技术，我教得很仔细、很耐心。"

老人又问："他们一直跟随着你吗？有没有犯什么错误？"

渔王回答："是的，为了让他们少走弯路，我一直让他们跟着我学。在打鱼的时候，他们的方法都没有问题，从没有出过差错，但是打上来的鱼却总是没有别人的多。"

老人想了片刻，感慨道："如此看来，其中的原因就很明显了。他们只知道认真学习你传授给他们的技术，却没有在下海打鱼的过程中总结自己的失败教训和成功经验。这样学下去，不仅难以达到像你一样的水平，更难超越你而有更高的成就了！"

渔王的捕鱼技术固然高明，但他那一套方法并不一定适合他的三个儿子使用。学习基本的技能是必需的，然而更重要的，是在学习的过程中大胆尝试，在实践的过程中总结自己的经验和教训，如此才能有所觉悟，才能寻找到真正适合自己的一套方法，才能更进一步，有所成就。别人的经验只能用来借鉴，而非生搬硬套在自己身上。只有自己去尝试，自己去实践，才能有更深刻的体会，才能掌握对自己而言最有用的方法。

现实生活中，很多人难以摆脱父母的期望，在既定的生活框架中遵循着前人的步子平稳地前进。然而，生命的最高意义并不在于一代又一代的重复，而在于前所未有的超越与突破。正如王阳明所言："如人走路一般，走得一段，方认得一段；走到歧路处，有疑便问，问了又走，方渐能到得欲到之处。"每一个人都可以走出一条不一样的人生道路，都有能力去创造不同于前人的精彩。困惑是在所难免的，遇到了便自己去寻找答案，方能渐渐弄清自己人生的方向所在。前提就是，敢于大胆尝试，在实践中体悟一份真正属于自己、适合自己的人生智慧。

不逆不臆，言行一致

"不逆、不臆而为人所欺者，尚亦不失为善，但不如能致其良知，而自然先觉者之尤为贤耳。"

——王阳明

儒家思想自古强调诚信的重要性。王阳明在给弟子的回信中曾谈道："不逆不臆而先觉，此孔子因当时人专以逆诈、臆不信为心，而自陷于诈与不信；又有不逆、不臆者，然不知致良知之功，而往往又为人所欺诈，故有是言。非教人以是存心，而专欲先觉人之诈与不信也。以是存心，即是后世猜忌险薄者之事。而只此一念，已不可与入尧、舜之道矣。不逆、不臆而为人所欺者，尚亦不失为善，但不如能致其良知，而自然先觉者之尤为贤耳。"由此可见，不事先怀疑别人的欺诈、怀疑别人的不诚信，并以"致良知"的功夫而不受人所欺，是待人以诚的一个极为重要的方面。而另一个方面，则是"示己之诚"——以自己的实际行动履行诺言，以示诚信之心。诚实守信，既是中华民族流传千年的传统美德，更是做人的基本准则。

曾子是孔子的学生。有一次，曾子的妻子准备去赶集，由于孩子哭闹不已，她便答应孩子回来后杀猪给他吃。曾子的妻子从集市回来后，曾子便要捉猪来杀，妻子阻止说："我不过是跟孩子闹着玩的，你怎么还真动手了呢？"曾子说："答应孩子的事是不可以说着玩的。小孩子不懂事，凡事跟着父母学，听父母的教导。现在你哄骗他，就是教孩子骗人啊。"于是曾子坚决把猪杀了。

倘若曾子因可惜那头猪而失信于孩子，那么家中的猪是保住了，可孩子纯洁的心灵上却会留下不可磨灭的烙印。曾子用他的实际行动向孩子证明他是信守承诺的，也给后世之人留下了千古传颂的佳话。

近代学者梁漱溟先生曾说，中国文化的最大特征是"人与人相与之情厚"，也就是说人和人之间感情非常深厚。这种深厚的感情唯有以互信为基础方能长久。世人常言"说到做到"，真正的行动才是对诺言最好的证明。倘若只在口头上夸下海口、许下诺言，却无法以实际行动去证明，即便能够蒙蔽一时，最终也难欺骗一世。

王阳明提倡知行合一，真知就必须要行动，而真正的行动也必须要达到知的目的。所谓，言必信，行必果，以实际行动对自己的诺言负责，这是先贤们留给我们的人生智慧，这不仅仅是个人道德修养问题，更关乎社会责任感。现如今，人人都希望建立一个诚信的社会，却甚少有人能够一生都遵循"言必信，行必果"的原则，有的甚至以善意的谎言作为信口开河、言而无信的幌子。人类社会发展至今，虽已进入高度文明的时代，无论治国安邦还是学术科研领域，都取得了比过去更为显著的成就。然而，人与人之间的信任程度却低至无以复加的地步。反观历史，古人十分看重诚信，认为"言必信，行必果"才是君子所为，"一言既出驷马难追"才堪称大丈夫之举。

张劭和范式同在太学学习，二人脾气相投，结拜为兄弟，后来两人分别返乡，张劭与范式约定第二年重阳将到范式家拜见他的父母，看看他的孩子。当约好的日期快到的时候，范式把这件事告诉他母亲，请他母亲准备酒菜招待张劭。

然而，范式左等右等，直到太阳西坠，新月悬空，仍不见张劭来赴约，母亲问：你们分别已经两年了，相隔千里，你就那么相信他吗？范式回答：张劭是一个讲信用的人，他一定不会违约的。范式一直候在门外，直至深夜时分，才见一黑影隐隐飘然而至，仔细一看，来的却是张劭的鬼魂。

原来为了养家，张劭忙于经商，

不知不觉忘了二人重阳之约，直到当日早上才回想起来。可是从张劭所在的山阳到这里足有一千里路，一天之内无论如何都走不到了。为了守约，他想起古人曾说过：人不能一日千里，而鬼魂可以。于是挥刀自刎，让鬼魂来赴约。

"请兄弟原谅我的疏忽。看在我一片诚心上，你去山阳见一见我的尸体，那我死也瞑目了。"张劭的鬼魂话音未落，便飘走了。而范式在赶到山阳见了张劭灵柩后，自愧张劭为己而死，也挥刀自刎来回报张劭的信义！众人惊愕不已，后来就把二人葬在了一起。汉明帝听说此事，非常赞赏二人之间的真诚与心意，在他们墓前建了一座庙，称为"信义祠"。

为了以行动来履行当年的承诺，张劭不惜以放弃生命为代价；范式为回报故友的一片赤诚之心，同样以命相陪。虽然此事未必属实，然张、范二人之间的故事能够流传至今，备受推崇，可贵之处便在于那份"生命诚可贵，诚信价更高"的为人处世之道。

生活中，我们经常需要用承诺来取信于他人，与此同时，我们更需要用实际的行动来支撑我们的承诺。没有行动的证明，一切口头承诺都只是空谈。倘若将一时的失信于人看作无伤大雅的小错，那么，最终将铸下一生都无法弥补的遗憾。失信于人，不仅会侵蚀一个人的良知，更会令其失去他人的信任，生命因此变得暗淡无光。只有能够坚持言必信、行必果的守信之人，才能够得到他人的信任与器重，才有可能站到巨人的肩膀上，成就一番丰功伟业。他的人生，将会因此而绽放出灿烂夺目的光芒。

把学问用在实处

"圣学只一个功夫，知行不可分作两事。"

——王阳明

古往今来，但凡做学问的大家，皆强调学以致用，主张在实际上发挥学问的作用。儒家圣贤孔子周游列国，欲以其学说劝谏各诸侯治国之道，虽受时势的阻碍未能成功，但在之后的太平盛世则成为占统治地位的思想学说，塑造着两千年封建王朝的文化根基和国民性格。北大第一任校长蔡元培先生对孔子的治学之道提出了独到的见解，他认为，一个人求学问就是为了经世致用，即使刚开始时有人不了解，还是要一如既往地去做，这样才能学得真学问。

何谓"经世致用"？"经世"就是要考察我们生活的社会，知道社会的问题，同时也要在社会中去寻找知识。"致用"就是要把所学的知识与社会中存在的问题联系起来，并通过学习知识来提出解决问题的办法。清朝末年，由于帝国主义的侵略日盛，国家处在生死存亡的紧要关头。在那种情况下，经世致用之学，再度兴起。魏源、龚自珍以及稍后的康有为都是这方面的代表。他们借经书的"微言大义"来发挥自己社会改革的主张，对警醒国人、救国图存起到了很重要的作用。

王阳明主张知行合一，认为知行的本体并不是先知后行或者可以将知与行分为两件完全不同的事来做。他认为，圣人的学说只有一个功夫，那就是认识和实践不可以分成两件事，也就是他所说的"知之真切笃实处即是行，行之明察精觉处即是知"。真正做到知与行的合一，就要在学习的过程中以实践来检验知识的正确与否，在实践的过程中更深刻地理解所学知识的内涵，如此才能将所学知识经世致用。晚清名臣曾国藩也特别注重"经世致用"，他强调将书上的学问要运用到当官和做人当中去。

曾国藩带兵十分注重筹饷工作，是因为兵书上说"兵马未动，粮草先行"。因此，湘军的饷银是当时最高的。如此一来，士兵自然愿意加入曾国藩的队伍。兵书上也说治军要"上下同心"，曾国藩就注重对士兵们信念的培养，他把"湘军"打造成了一支上下齐心的军队。曾国藩的手下大多是流落民间的知识分子。这些人得到了曾国藩不遗余力的提拔和重用，因此形成了以曾国藩、胡林翼、左宗棠、李鸿章为首的"湘军"政治集团。曾国藩成为"湘军"政治集团的事业领袖和思想领袖。

曾国藩强调的经世致用正是王阳明所说的知行合一。然而王阳明的弟子徐爱却未能领会王阳明关于知行合一的意思，与王阳明的另两位弟子黄绾、顾应祥反复辩论，始终未能得出明确的答案，于是向王阳明请教。

徐爱说："比如现在的人都知道要孝顺父亲、尊敬兄长，然而却又不能做到的，这就是说，'知道应该怎样'和'真正做到'分明是两件事。"

王阳明说："你说的这种情况已经被人的私欲所阻碍，已经不是知行的本体了。圣贤教育世人知与行，正是要恢复知行的本体，不是只教人们如何知、如何行就算了。因此，《大学》里提到了一个真正反映知行本体的例子给世人看，即'如好好色，如恶恶臭'。看见美色属于知，喜欢美色属于行；人在看见美色时自己本身就已经有喜欢之心，而不是见了之后又有个想法去喜欢。闻到恶臭属于知，厌恶恶臭属于行；闻到恶臭时自己就已经厌恶了，并不是闻到之后又另有个想法去厌恶。比如鼻塞的人，即使看到恶臭的东西在自己面前，但由于鼻子闻不到，也就不会太厌恶，这也只是因为他还没有在实践中认识到臭味……"

如果学问不能用来指导自己，我们就很难取得任何进步，这样的学习又有何意义呢？由此可知，我们学习知识，不能只知学习，不知联系实际。要做到知行合一，经世致用。倘若埋头苦读若干年却不知道学来有何用，便容易失去继续求学的动力，无法树立人生的目标，难以明确前进的方向。

第九章

细心：
天下大事，必作于细

事事精细成就百事，时时精细成就一生

> "所谓汝心，亦不专是那一团血肉。"
>
> ——王阳明

对于世间万物来说，大与小的概念都不尽相同。地球很大，但跟银河系比起来就是九牛一毛了；一片树叶很小，但对于一只蚂蚁来说它就是一个巨大的广场了。在很多人看来成功就是做大事，但同时又不屑于做小事。俗话说，一屋不扫何以扫天下，同样的道理，小事不做何以成大事！

正德元年，由于受到宦官刘瑾的排挤，王阳明被贬为贵州龙场驿驿丞。与繁华的京城相比，龙场这个蛮荒之地，用穷山恶水来形容也不为过，方圆几百里少有人出没。可是王阳明并没有因为龙场是个小地方就从此士气不振，在他眼里："天下之大，何事不可为？"他认为在这个小地方，也一样能有作为。的确就是在龙场任职期间，他悟出了"道"，也就是心学的核心内容。

王阳明在龙场这样的小地方却悟出了大道理；大事虽然大，但也要从小事做起，把小事做到极致了自然成就了大事。粒米中藏须弥山，许多不起眼的人、事、物有着不可限量的能量。小砂石可以建高楼；小火星可以燎原；小小微笑可以散播欢喜与爱，所以，"小"中往往蕴含有无穷的力量。任何一小步都有可能成就前途的一大步，再小的事情如果能够做到极致就能成就大事。

注荼半托迦尊者在众罗汉中最神通。一次佛被外道加害，魔王把山压过来，注荼半托迦尊者在后面一指，就把山推开了。拥有如此神通的尊者，幼年时却是一个非常愚笨的孩子。

注荼半托迦尊者愚笨到了让人无可奈何的程度。老师教他念"悉达摩"，教他"悉达"时忘了"摩"；教"摩"时，忘前边的"悉达"。老师对注荼半托迦的父母说，他宁愿去教很多其他人家的孩子，也不愿把时间花在这一个学生身上。

注荼半托迦的父母只好把他送到一位吠陀教师那里。在那儿，老师又教他念"奥玛普"几个字母，但也学不会，教师只好叫他的父母另请高明。

注荼半托迦有位哥哥半托迦，很聪明并博学有礼。机缘之下，兄弟二人遇到一些佛陀的弟子，不久，哥哥就出家为比丘，注荼半托迦被认为太笨不适于出家，只好独自住在附近。

一天，哥哥半托迦和其他的人结伴到室罗伐悉底城去朝拜释迦牟尼佛，很多人都跟去看热闹。注荼半托迦也混在人群里，恰好被半托迦看见，半托迦问注荼半托迦道："你现在以什么为生呢？"

注荼半托迦回答："无以为生，生活异常艰难。"

半托迦又问："你想出家为僧吗？"

"像我这样的愚笨之人，如何能渴望加入殊胜的佛陀僧团呢？我甚至连最简单的偈颂也记不住，每个人都知道我愚笨无比。"注荼半托迦说。

半托迦对弟弟说："习学佛法不分高低种姓、贵贱和智力高下，最重要的是遵循佛陀原教义，并付诸实践。如果你真心诚意地想成为僧人，那么你就能做到。"

注荼半托迦很恭敬地来到佛陀及其弟子阿难面前，全知的佛陀洞悉半陀伽谦卑和纯净的心，就要阿难尊者为半陀伽剃度出家。

阿难教注荼半托迦一个偈颂："诸恶莫作，使自己免于邪恶的思想；众善奉行，莫执自我，正念、正知、正命，则能免于伤害、烦恼，这就是诸佛教示。"

三个月后，注荼半托迦仍然记不住这个简单的偈子，而所有其他的新出家众早就把整章经典背熟了，就连当地的牧羊人也都熟知这简单的偈颂和好几个其他的偈子。

最后，佛陀只好亲自教他。佛陀要打扫寺院来清除业障，同时要边扫边念诵、思考"扫帚"二字。

虽是极其简单的两个字，注荼半托迦依然是记前忘后、记后忘前，想到"扫"就忘了"帚"，想到"帚"就忘了"扫"，因此苦恼不堪。于是佛陀慈悲地告诉他："'扫帚'的意义就是去除尘垢。想想看，你诵'扫帚'二字的目的是什么呢？"注荼半托迦依佛陀的教导思忖着："什么是尘垢呢？灰土瓦砾是尘垢；什么是去除呢？去除就是清净。所以佛陀是在提醒我们，除了扫除外面的尘垢外，还要去除心当中的尘垢，烦恼除尽，智慧自然就会开显。"注荼半托迦就这样不断地重虑缘真，最后一念相应慧，手执扫帚透视幻象而证得开悟，终于证得阿罗汉果。

注荼半托迦的愚笨殊乎常人，连个简单的偈子都不会背，可是，仅仅因为专心扫地，就成为神通第一的大罗汉。《大智度论》云："一心正念，速得道果。"

有做小事的精神，就能产生做大事的气魄。不要小看做小事，只要有益于工作、有益于事业，人人都应从小事做起。用小事堆砌起来的事业才是坚固的，用小事堆砌起来的长城才牢靠。千里之行，始于足下；合抱之木，生于毫末。欲行千里，想成大树，就从脚下开始，从毫末做起。不屑于平凡小事的人，即使他的理想再壮丽，也只能是一个五彩斑斓的肥皂泡。想要壮志凌云，必须脚踏实地，专注于小事。

学无息止，巅峰之上有巅峰

"与其为数顷无源之塘水，不若为数尺有源之井水，生意不穷。"

——王阳明

"问渠那得清如许，为有源头活水来。"朱熹这句诗同王阳明"与其为数顷无源之塘水，不若为数尺有源之井水，生意不穷"这句话不谋而合。在他们看来，人生本身就是个不断学习的过程，除非我们自己限制了自己的眼界和见识，否则学习永远没有止境。

王阳明认为，没有源头的一潭死水，就算是有数顷也没有什么用处，到头来终归逃不过两个结局，要么干涸要么发霉发臭。那样的话，有很大的一塘死水还不如有哪怕几尺的井水，因为井水是"活水"，总是源源不断、生生不息，取之不尽用之不竭。而学习者也应该宁做几尺井水，不做数顷死水，把学习当作终生的事业。而成就了心学的王阳明也正是这样做的，无论处庙堂之高还是居江湖之远，他求学、为学从未停止过。

其实，很早以前孔子在《论语》中说过："学如不及，犹恐失之。"蔡元培先生解释说，一个人真正用心做学问，就会像孔子说的那样，总觉得自己还不够充实，还有许多进步的空间。就好像去追赶什么，总怕赶不上，赶上了又怕被甩掉，有这样的求学精神，就不需要怕原有的学问和修养会退失。不管做什么，学什么，总有很多知识是你没有学到的，做学问不要骄傲自满。人只有放下自我，才能成为一个空的容器，继续容纳事物。

一名徒弟跟着一位名师学习技艺，几年之后，徒弟觉得自己的技艺达到炉火纯青的地步，足以自立门户，因此收拾好行囊，准备和大师辞别。

大师得知后问道："你确定你已经学成了，不需要再学习了吗？"

徒弟指了指自己的脑袋自豪地说："我这里已经装满了，再也装不下了。"

"哦，是吗？"大师随即拿出一只大碗放在桌上，命徒弟把这只碗装满石头，直到石头在碗中堆出一座小山后，大师问徒弟："你觉得这只碗装满了吗？"

"满了。"徒弟很快地回答。

大师于是从屋外抓起一把沙子，撒入石头的细缝里，然后再问一次："那么现在呢，满了吗？"

徒弟考虑了一会儿，恭恭敬敬地回答道："满了。"

大师再取了案头上的香灰，倒入那看似再也装不下的碗中，看了看徒弟，然后轻声问："你觉得它真的满了吗？"

"真的满了。"徒弟回答道。

大师没有再多说什么，只拿起了桌上的茶壶，慢慢地把茶水倒入碗中，而水竟然一滴也没有溢出来。

徒弟看到这里，总算明白了师父的良苦用心，赶紧跪地认错，诚心诚意地请求大师再次收自己为徒。

大师苦口婆心想要告诉徒弟的只有一个道理，就是永无止境。著名数学家华罗庚说过："人，活到老，要学到老。"是的，人生在不断探索中得到升华，从而才会有辉煌出现，像文坛的几位巨匠，冰心、巴金、金庸……他们都深知这个道理，而且始终如一地贯彻下去的，因此才会有如此大的成就。我们熟知的金庸先生更是在80岁高龄之际提笔修改了《射雕英雄传》，使这部经典名作再次受到众人瞩目。

不只是他们这样，国外的著名人士也是在不断学习、不断积累中才创作出许多著名文献。马克思和恩格斯就是最好的"人证"。他们共同完成的《资本论》使广大读者得到启迪，而这是他们耗费毕生心血才完成的，他们就是在不断努力及探索中使他们的友谊成为世人的榜样。

波兰著名钢琴家阿瑟·鲁宾斯坦，他三岁时学琴，四岁登台演奏，直到九十五岁他未曾间断过对艺术的追求。因为他深知学无止境，艺术无止境。不间断的创作会使心灵得到净化，从而也增加其本身的魅力。

学习是光明，无知是黑暗。只有天天做学问，时时不忘知识更新才能走向光明、使人生更亮丽。只有在不断求知的过程中，我们才会真正得到乐趣。

而越是到了高的境界，人越会感到自己的不足，因此，把握你生命的每分每秒，好好弥补这些不足。人外有人，天外有天，巅峰之上，还可以再创巅峰。这一切的前提是——学无止境！

把握现在，认真做每一件事

"吾始学书，对模古帖，止得字形。后举笔不轻落纸，凝思静虑，拟形于心，久之始通其法。既后读明道先生书曰：'吾作字甚敬，非是要字好，只此是学。'既非要字好，又何学也？乃知古人随时随事只在心上学，此心精明，字好亦在其中矣。"

——王阳明

王阳明曾以练字为例，说自己一开始学习写字为的只是学习字形，后来落笔之前都要认真思考，因为他明白了其中的奥妙——要首先在心里模拟这个字的形状。从古人练字的心得中，王阳明也悟出了道理：要随时随地把学习放在心上，那么自然也就能写好字，做好学问了。

芸芸众生总有人问，到底要做到怎样才称得上是精进？精进，说起来其实很简单，把握现在，认真面对每一件事就是真正的精进。

年少的王阳明经常对着大自然思考人生、领悟哲学，最终将"心学"发扬光大。这都与他的认真、专心分不开，他充分把握了生命中每一个学习的机会，就算是面对平凡大自然的思考也时时刻刻不肯放松。因为他深知，昨天的付出是昨天的事，如果今天尚未付出，就不要期待收获。

吕蒙是东汉末年东吴一位非常著名的将领，孙权曾对吕蒙说："吕蒙啊，你现在担任要职，执掌权力，不能不学习。"吕蒙不愿学习，于是推辞说军中事多，没时间学习。孙权说："我不是要你研究儒家经典，去做博士，我只是要你去浏览书籍，了解过去发生过的事情。你说你事多，没时间学习，但你能像我这样忙吗？我还经常读书，并从中得到很多好处。"于是吕蒙下定决心开始读书。后来鲁肃经过浔阳，与吕蒙谈话，大吃一惊，说："你今天的才干谋略，已非当初吴下阿蒙了！"吕蒙说："士别三日，就当刮目相待，大哥怎么对这个道理都不明白啊？"鲁肃大受震动，就去拜见吕蒙的母亲，与吕蒙结为了好友。

陈寿在《三国志》中对吕蒙作了如下的评论："吕蒙勇而有谋，断识军计，谲郝普，禽关羽，最其妙者。"吕蒙本来是一介武夫，后来在孙权的劝说下，用

功读书，终于成为文武双全的帅才，也成就了一段学习的佳话。对于学习，很多人往往跟吕蒙最开始的认识一样，认为没有时间，没有精力，但一切都是借口，只要从现在开始，下定决心，用心去学，你就会得到意想不到的收获。

世界上并没有免费的午餐，你必须付出。而其关键不在于要不要付出，而是什么时候付出。是在得到回报前付出，还是在得到回报后付出。如果你在前面付出，付出的代价比在后面付出小，你等待付出越久，你就得付出越多。如果你在前面玩乐，你在后面就要付出昂贵的代价；如果你在前面付出，你就可以在后面享有更多的玩乐。

把握住现在，认真做好每一件事情，是一种在收获前的付出，是一种简单而朴素的生活信念，其目的在于锤炼自己的品性，充实自己的生活。当然，这种看似简单的信念绝非一日或短时间内形成的，在时光的洪流中，只有日日如此，步步踏着，才能寻求生命的超脱之境。

王阳明说良知，认为良知是看不见、听不见、摸不着的。一般人只知道在看得见、听得见、摸得见的地方下苦功，却忽略了真正的良知，最终也就无法达到致良知的境界。因为人的心神只在表面的事情上，而不在看不见听不见摸不着的事情上下工夫。其实，对于那些不易显现的地方要更加警惕，更加小心，这才是致良知的功夫。要达到这一点，需要时刻怀抱谨慎认真的态度，关注细微，关注平时被忽略的事情，再小的事情，落到实处，认真去做，这样积累之后就能成熟，在遇到挑战和困难时可以不需要费太大力气，不会被外在所牵累。

生命只在一呼一吸间，每一个"现在"都是生命中最重要的时光，都需要用心体会。春风秋雨，花开花落，人们总是对不经意间消逝的美丽扼腕叹息，却不愿意为身边的美驻足赞美，待其逝去，方才幡然悔悟。这种人何其可悲。

印度大诗人泰戈尔说："如果你因错过了太阳而流泪，那么你也将错过群星。"若希望使生命中的每分每秒都有所作为，便需要在每一步都留下坚实的脚印。

不懈追求，不给自己定底线

　　"以亲之故而业举为累于学，则治田以养其亲者，亦有累于学乎？先正云，'惟患夺志'，但恐为学之志不真切耳。"

——王阳明

　　在王阳明心里，为学之人"惟患夺志"，最可怕的就是为学的志向不坚定、不真切。对于王阳明来说，他时时刻刻没有忘记先人的话。无论政治生活受到了多大的打击，无论是被罚还是被贬他都没有放弃没有忘记自己的志向。在他心里学问永远没有做完的时候，凡事也没有一个最好的标准，只有坚定志向，不懈追求、不懈努力。

　　再长的路，一步一步总能走完；再短的路，不去迈开双脚将永远无法到达。成功贵在坚持，要取得成功就要坚持不懈地努力，很多人的成功，也是饱尝了许多次的失败之后得到的，我们经常说什么"失败乃成功之母"，成功诚然是对失败的奖赏，但却也是对坚持者的奖赏。古往今来，那些成功者们不都是依靠坚持而取得成就的吗？

东晋大书法家王羲之被后人誉为"书圣"，王献之是王羲之的第七个儿子，天资聪颖，机敏好学，他七八岁时始习书法，师承其父。有一次，王羲之看献之正聚精会神地练习书法，便悄悄走到其身后，猛然伸手去抽献之手中的毛笔，献之握笔很牢，没被抽掉。王羲之很是高兴，夸赞道："此儿后当复有大名。"

王羲之曾对献之说，只有写完院里的十八缸水，他的字才会有筋有骨、有血有肉，直立稳健。献之心中颇有些不以为然，他勤奋地练了五年，写完了三缸水，自认为书法已小有所成，遂将自己十分满意的习字拿给父亲过目，谁知王羲之一张张掀过，却频频摇头。直到看见一个"大"字，王羲之才现出了较满意的神色，随手在"大"字下填了一个点。小献之又将习字拿去给母亲看，母亲认真地翻看，最后指着王羲之在"大"字下加的那一点，说："吾儿磨尽三缸水，唯有一点似羲之。"献之此时方知与父亲的差距，又锲而不舍地练了下去。当他真的用尽十八缸水，其书法果然达到了力透纸背、炉火纯青的程度。王献之与其书法与其父并列，被人们称为"二王"。

王献之坚持不懈的精神，最终为他赢得与父亲齐名的声誉。陶渊明说过："勤学似春起之苗，不见其增，日有所长；辍学如磨刀之石，不见其损，日有所亏。"正是此理。

古人云："圣贤之学，固非一日之具，日不足，继之以夜，积之岁月，自然可成。"这就是说，圣贤的学问，本来就不是一天就可以通足的。白天不够用，就用夜晚来继续学习，日日月月地积累起来，自然可以完成。王阳明一生追求成圣成贤，也以弘扬圣学为己任，怀着辅助君主教化百姓的伟大抱负，讲学不辍，所到之处，成立乡约、社学、书院。同时，他还提出勤学是为学之人的教条和准则之一。

无论是做事还是学习都不是一蹴而就的事情，做事永远没有最好的标准，学问也没有最终的止境。一个人的为学做事的精神只有永远年轻，才能够"苟日新，日日新，又日新"，时时保持进步的状态，随时都会有新的境界。

世间之事正如逆水行舟，不进则退。有大学问的人，贵在有勤勉和持之以恒的努力。成大事之人，贵在对事业的不懈追求，如果在一点成就面前就沾沾自喜、骄傲自满，自认为比别人高人一等，再聪明的人也会有栽跟头的那一天。

专心和坚持是成功道路上的一对好伙伴。持之以恒，坚持不懈，滴水也能穿石。相反的，半途而废，浅尝辄止，只会让人止步不前，也得不到进步和发展。

功到自然成。成功之前难免有失败，然而只要能克服困难，坚持不懈地努力，那么，成功就在眼前。

石头是很硬的，水是很柔软的，然而柔软的水却穿透了坚硬的石头，这其中的原因无他，唯坚持不懈而已。我们在黑暗中摸索，有时更是需要很长时间才能找寻到通往光明的道路。以勇敢者的气魄，坚定而自信地对自己说，我们不能放弃，一定要坚持。也只有坚持，才能让我们冲破禁锢的蚕茧，最终化成美丽的蝴蝶。

再多一点努力，多一点坚持，你会惊奇地发现：周围到处穿行着绚烂的成功之花。

勤于求知，细于做事

"问难愈多，则精微愈显。"

——王阳明

庄子说："吾生也有涯，而知也无涯。"一个人，若想有一个美好的、成功的人生，必须不断学习。王阳明认为，在学习中问的问题越多，说明他的学问就会更加精细。而要想"问难愈多"，必然离不开勤奋。他还曾说过："学者时时刻刻学睹其所不睹，常闻其所不闻，工夫方有个实落处。"治学要时时刻刻抱着求知的心态，勤奋才能成才，做事也一样要勤奋、细致才能成功。

如果没有勤奋，想要做成事业是万万不可能的："千古之圣贤豪杰，即奸雄有立于世者，不外一'勤'字。"

曾国藩也非常重视"勤"字，他晚年在家训四条中，关于勤劳的阐述最为详备。他说喜欢安逸、厌恶劳作是人之常情，一个人如果能战胜惰性，每天所用衣食与自己对社会的贡献相当，那么自然会得到旁人乃至鬼神的认可。古代贤者的言行，体现了勤劳的两种境界：对于自己来说，通过劳动培养了一技之长，增长才识；对于社会来说，则是能够体会到别人的困难，用自己的行动去帮助别人。

在生活中，许多人都会有很好的想法，但只有那些在艰苦探索的过程中付出辛勤劳动的人，才有可能取得令人瞩目的成就。

西汉时候，有个农民的孩子，叫匡衡。他小时候很想读书，可是因为家里穷，没钱上学。后来，他跟一个亲戚学认字，才有了看书的能力。

匡衡买不起书，只好借书来读。那个时候，书是非常贵重的，有书的人不肯轻易借给别人。附近有个大户人家，有很多藏书。一天，匡衡卷着铺盖出现在大户人家门前。他对主人说："请您收留我，我给您家里白干活不报酬。只是让我阅读您家的全部书籍就可以了。"主人被他的精神所感动，答应了他借书的要求。

过了几年，匡衡长大了，成了家里的主要劳动力。他一天到晚在地里干活，只有中午歇晌的时候，才有工夫看一点书，所以一卷书常常要十天半月才能够读完。匡衡很着急，心里想：白天种庄稼，没有时间看书，我可以多利用一些晚上的时间来看书。可是匡衡家里很穷，买不起点灯的油，怎么办呢？

有一天晚上，匡衡躺在床上背白天读过的书。背着背着，突然看到东边的墙壁上透过来一线亮光。他站起来，走到墙壁边一看，原来从壁缝里透过来的是邻居的灯光。于是，匡衡想了一个办法：他拿了一把小刀，把墙缝挖大了一些。这样，透过来的光亮也大了，他就凑着透进来的灯光，读起书来。

匡衡就是这样勤奋学习的，后来他做了汉元帝的丞相，成为西汉时期有名的学者。

匡衡勇于战胜艰苦的条件，勤奋的读书的精神；为我们树立刻苦读书的好榜样。匡衡为了获得学习的机会，甘愿给有书的人家打工，而他"偷"光的行为，更是令人感叹。

在这个世界上，到处都有一些看来很有希望成功的人，他们的身上有着非凡的品质，眼中也闪烁着智慧之光。但是，他们最终并没有成功，原因就在于缺乏勤奋的精神。而那些资质一般，又没有什么特别能力的人，因为能够通过勤奋弥补自身的不足，并且坚持不懈，所以成就了自己的辉煌。勤劳是所有人通往成功的必由之路。古罗马有两座圣殿：一座是勤奋的圣殿，另一座是荣誉的圣殿。人们必须经过前者，才能达到后者。勤奋是通往荣誉的必经之路，那些试图绕过勤奋、寻找荣誉的人，总是被荣誉拒之门外。

从古至今，从精卫填海到悬梁刺股、凿壁偷光，无一不在讲述着勤奋、认真的功效。王阳明讲良知时也说到只有勤勤恳恳，兢兢业业，良知自然就会常存。所以，只要勤奋求知，细致做事，坚持不懈，有困难也能克服，悬梁刺股的疼痛、凿壁偷光的贫寒都不能阻挡成功的脚步，而如果我们本来就不需要面对这些困难，还有什么理由虚度光阴呢！

学习在某种程度上说，是人生的第一要务。一个不求知的人，不勤奋的人只能永远生活在愚昧之中，只有不断学习、不断求知的人才能有一个美好的前程。

第十章

忍耐心：岁寒，然后知松柏之后凋也

苦是乐的源头，乐是苦的归结

"哑子吃苦瓜，与你说不得。你要知此苦，还须你自吃。"

——王阳明

生活的波浪在高峰时，人即显得快乐，在低谷时，人便显得痛苦。而波浪永远都是忽高忽低，没有永恒的上扬，也没有永恒的倾泻，所以人生是痛苦与快乐交织并行，二者相伴相生，既矛盾又联系。所谓"没有痛苦也就无所谓快乐"，就是告诉我们要正确对待人生的苦乐。

王阳明二十八岁举进士，之后他担任过刑部主事、兵部主事。正当他要为朝廷出力的时候，政治劫难降临到他头上。正德元年（1506年），因营救南京科道戴铣、薄彦徽等人，王阳明抗疏，触犯了刘瑾，被罚廷杖，因此下狱，再贬谪贵州龙场做驿丞。在赴任的路上，刘瑾又派人跟踪追杀。他侥幸逃过一死，之后他又乘坐一只商船游舟山，却不料遭遇飓风，船漂流至福建的武夷山。王阳明本想隐居在武夷山，却又担心刘瑾找父亲麻烦，于是他到南京探望父亲之后，便辗转到

达龙场。

　　逆境对个人的发展不利，但是却能磨砺人的意志，使之由脆弱变得坚强，变得有韧性。王阳明历经了磨难，心性比以前更坚强了。他开始了解群众疾苦，为生民立命，在艰苦的环境中成长着自己，最终构建了心学理论的大厦。

　　其实，从长远来看，挫折和失败才是人生最宝贵的精神财富。没有苦中苦，哪有甜中甜？正如哈密瓜比蜜还要甜，人们吃在嘴里乐在心上；苦巴豆比中药还要苦。然而，种瓜的老人却告诉我们：哈密瓜在下秧前，先要在地底下埋上半两苦巴豆，瓜秧才能茁壮成长，结出蜜一样的果实来。

　　苦是乐的源头，乐是苦的归结。"不经风霜苦，难得腊梅香。"成功的快乐，正是经历艰苦奋斗后产生的。吃得苦中苦，方能得成果。古人"头悬梁，锥刺股"，苦则苦矣，但他们下苦功实现上进之志，本身就是一种快乐，以苦为乐，苦中求乐，其乐无穷。

　　人生就是一个过程，航行在人生之船上，我们可能经历波涛汹涌，也会感受风平浪静。喜悦和幸福充斥在航行的途中，苦难和挫败也是航向的一部分，只有痛饮过航行中的所有感觉，人生才会完整。然而，在"痛饮人生的满杯"的过程中，悲苦从来都是无法逃避的，多苦少乐是人生的必然。

　　人生是苦的，修行是苦的，生命本质也是苦的，这一点即使是圣人也不可能改变，何况是凡夫俗子！去看过著名油画大师梵·高的故居的人都知道，那里只

有张裂开的木床和破皮鞋。梵·高一生潦倒困苦，没有娶妻，但也许正是生活上的困窘，帮他完成了在艺术上的造诣，使他成为大师中的大师，使他的作品成为经典中的经典。

对待我们的人生也应该是这样的，时时准备受苦，不是期待苦瓜变甜，而是真正认识那苦的滋味，这才是有智慧的态度。苦瓜本来就是苦瓜，是连根都苦的。这是一个苦瓜的实相、真相。变甜只是我们虚幻的期待而已，唯有真正面对事物的真相，我们才能从中解脱。所有的事情都是当下去面对它、解决它。

圆满的人生并不是一辈子没有吃过苦、没有失过恋，而是经历过、体验过、面对过那苦的滋味、超越那苦的感觉。苦与乐是生命的盛宴，是生命的波峰波谷，高低起伏，因而才会波澜壮阔。

当我们接纳苦，把苦看作是人生的必然历程时，苦便不再是世俗的"苦"。同样，接受乐，把乐当作是生命的历程，乐也不再仅仅是世俗的"乐"。去享受生命的盛宴，享受所有的高潮与低谷，活在生命的苦乐之中，由此生命的乐趣便已被我们掌握在手中。

面对成败淡定处之

"譬如行路的人，遭一蹶跌，起来便走，不要欺人做那不曾跌倒的样子出来。"

——王阳明

辉煌与低谷、成功与失败都只是人生的一段旅程。今天的辉煌不代表日后的成功，今天的成功也不能代表日后的低谷。正是这一段段不同的旅程才成就了此时此刻的我们，塑造着以后的我们。然而在低谷和辉煌、失败和成功转化的过程中，每个人的人生航线都会发生转折，而每一个转折都需要我们从容面对，淡然处之，勇敢继续下一段旅程。

贬谪龙场是王阳明人生的一重大转折。他没有逃避，也没有自暴自弃，而是思考儒佛道思想，于艰难的生命波涛中寻找立身之本。他针对程朱理学越来越脱离人的生命而知识化、外在化的倾向，尤其是其末流暴露出来的支离破碎的弊病，以更加简易直截的功夫与"先立乎其大"的方法入手，开辟了另一条与朱子不同的成德之学，拓宽了主体自立自主的精神价值世界，展示了道德自律与人格挺立的实践精义及具体路径。

转折是我们每个人都必须面对的。如意或不如意，起决定作用的，并不是人生的际遇，而是思想的瞬间；成功或不成功，有时候也不是由个人的努力所决定，而是取决于意念的转换。

当生活与感情皆陷入泥潭，倘若连迈出下一段旅程的勇气都没有了，那岂不是自讨苦吃，苦上加苦吗？

一个秀才模样的人悠闲地走在满是尘土的路上，这个秀才背着诗词，摇着脑袋，满是惬意的模样。

秀才出门已经一年多了，他原先是进京赶考的，但是考场失利，名落孙山，心情黯淡中度过了几个月的黑色时光，整日借酒消愁，以泪洗面。两个月前，他和几个朋友共游，与一老者相谈，秀才倒出了心中的苦闷，老人听后，说道："昨天早上与你说话的第一个人是谁？"

秀才回道："这个已经忘了。"

"那明天你会遇到什么人？"

"这个我哪里知道，明天还没来。"

"此时此刻，你面前有谁？"

秀才愣了一下，说："我面前当然是您啊。"

老人轻轻点头道："昨天之事已忘却，明日之事尚未来，未能把握唯在此刻，你又何必对过去之事耿耿于怀，因为明天不可知，昨日已过去，不如放下挂念，平淡对之，你并没失去什么，不过是重新开始。"

秀才瞪大双眼，等着老人继续说下去，他似乎听懂了老人话中的意思。

老人说道："既然又是新的开始，又何来执著于以前？如潺潺溪水，偶被沙石所阻，但其终究万里波涛始于点滴。你可曾明白了？"

秀才微笑着点点头，此刻的他，已经有了新的打算。在京城办完了一些事情后，这个秀才告别朋友，踏上了回家的路途。他决定三年之后，自己还要再考一次。

常人说，害怕失败，是因为想得太多，想得太多是因为情绪太盛。

秀才考场失败后，人生顿觉颓唐，也是同样的道理，好在他及时醒悟——心境归于平淡，目标得以重新确立。在这个秀才身上，看到的并不是放弃后的心

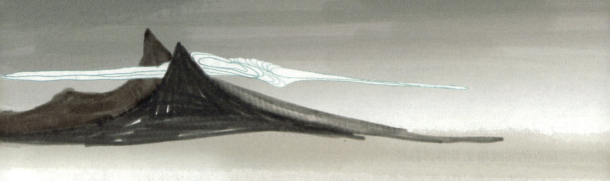

如止水，两眼迷离，而是再度追逐后的豁然，因为这种豁然，不再对过去的遗憾耿耿于怀，不再对未知的将来作不肯定的畅想，心落在了此时此刻的"老人"面前，这个"老人"就是现在需要做的事以及如何将其做好。

成功和失败都是生活的转折点，每一个成功都是一个新的开始，每一次失败也都是为成功做准备。当面对成功与失败时，没有比迈出下一段旅程的勇气更重要的了，无论再怎么好的计划与机会，不往前迈一步，那就永远都无法成功了。

作家林贵真说："生命是个橘子，自己决定了生命，就像你选择买了这粒橘子，酸甜就要自己负责了。生命是个橘子，一瓣跟着一瓣，有时一瓣瓣是甜的，也有时是酸的，但也要亲自尝了才酸甜自知。"生命本是一段路，每一段旅程，都需要一个开始，都需要你自己去生活、去体验、去锻炼，去接受成功与失败。

事实上，成功者能够不断获取成功不在于他们有多高的智慧，而是在于他们无论是成功或失败都敢于往前迈一步，哪怕只是小小的一步，都是迈向成功的必经之步。王阳明在回答学生的问题时说，走路摔跤是正常的，跌倒了便要起来继续走，不要做出一副从来没有跌倒过的样子，也不要站在原地不敢动。

在人生的过程中，可以累积小冒险、小失败、小挫折、小成功、小胜利，唯有小小的尝试，你才能让自己找到目标、找到方法。

学习开始练习小步前进，体验小小的风险和小小的冒险，直到冒险的经验已够多，让你有信心去实践更大的梦想，到了那个时刻，你会认为它只不过是稍微有点危险的一小步而已。绽放生命，需要你勇敢迈向下一段旅程。

人生需要经过反复磨炼

> "常人之心，如斑垢驳杂之镜，须痛加刮磨一番，尽去其驳蚀，然后才纤尘即见，才拂便去，亦自不消费力。到此已是识得仁体矣。"
>
> ——王阳明

《诗经》中说："如切如磋，如琢如磨。"人生犹如一块璞玉，必须在切、磋、琢、磨中精心打磨，只有自己努力来雕琢这块璞玉，才能使它成为完美无瑕的艺术品。

王阳明讲圣人之心与常人之心时说：圣人的心如镜子般明亮，丁点纤尘都无所容。而常人的心，则需要经过一番痛加刮磨，其表面的污垢杂质才可拂去。王阳明的一生历经了种种艰难险阻，在他看来，都是磨炼心性的过程。

《传习录》中记载：王阳明的学生陆澄暂居鸿胪寺时，突然接到家中的来信，说是儿子病危。听到这个消息后，陆澄甚是担忧。

王阳明开导陆澄：这正是一个磨炼的机会，平日讲学探讨都没有什么用。只有在遇到困难的时候用功夫，才能够真正提升自己的能力。

王阳明就是抱着这种要到达更高的人生境界，就得经历千苦百难的磨炼的心态，慢慢磨炼自己的心性，慢慢体味人生的味道，慢慢雕琢粗糙的自我，渐渐将心性打造成了美玉。像王阳明这般，如果仔细切磋琢磨自己的人生，会发现顽石中隐藏的是连自己都不曾察觉的美玉。如果不精雕细琢，安于粗陋的人生，那么终将平庸一世。

当然并不是每一块石头都能成为璞玉，不是每一个贝壳都可以孕育出珍珠，也不是每一粒种子都可以萌生出幼芽。一个人的思想和意志得不到磨炼，就不可能有积极向上的动力。那些遇到挫折而不退缩的人，才能活出生命的意义。

很久很久以前，有一个养蚌人，他想培养一颗世上最大最美的珍珠。

他去海边沙滩上挑选沙粒，并且一颗一颗地问那些沙粒，愿不愿意变成珍珠。那些沙粒都摇头说不愿意。养蚌人从清晨问到黄昏，他都快要绝望了。

就在这时，有一颗沙粒答应了他。

旁边的沙粒都嘲笑起那颗沙粒，说它太傻，去蚌壳里住，远离亲人、朋友，见不到阳光、雨露、明月、清风，甚至还缺少空气，只能与黑暗、潮湿、寒冷、孤寂为伍，不值得。

可那颗沙粒还是无怨无悔地随着养蚌人去了。

斗转星移，几年过去了，那颗沙粒已长成了一颗晶莹剔透、价值连城的珍珠，而曾经嘲笑它傻的那些伙伴们，依然只是一堆沙粒，有的已风化成土。

也许我们只是众多沙粒中最平凡的一颗，但只要我们有要成为珍珠的信念，并且忍耐着、坚持着，当走过黑暗与苦难的长长隧道时，我们就会惊讶地发现，在不知不觉中，我们已长成了一颗珍珠。每颗珍珠都是由沙子磨砺出来的，能够成为珍珠的沙粒都有着成为珍珠的坚定信念，并为之无怨无悔。

提到正身做人，想到了雕砚。砚石最初都是工匠从溪流里涉水挑选而来，石块呈灰，运回后首先需要暴晒，因为许多石头在溪流里十分精致，却有难以察觉的裂痕，只有经过不断地日晒雨淋才能显现。未经打磨的石头，表面粗糙，不容易看出色彩和纹理，只有在切磨打光之后，才能完美而持久地呈现。雕砚最重要的一步就是修底，因为底不平，上面不着力，就没有办法雕好，无论多么细致的花纹与藻饰，都要从最基础开始。

做人也是如此，无论表面怎样，经过琢磨，都会呈现美丽的纹理。从生活中历练，正如同在雕砚时磨砺，外表敦厚内心耿介的君子，经过心志与机体的劳苦之后，方能承担大任。修底与磨砺都是正身的过程，戒与慎则是正身的方法。

王阳明注重的是将受束缚的常人之心变换圣人之心，这虽然是一个很艰难的改变过程，但是只要有着永不退缩的勇气和毅力就可以完成。

人生是要经过磨炼的，不经过反复磨炼，就会使自己永远停留在原始的状态，无论在怎样的环境里都要精心琢磨，否则就不可能改变自己的人生，创造自己的价值。

耐住等待，才能苦尽甘来

"诸君只要常常怀个'遁世无闷，不见是而无闷'之心，依此良知，忍耐做去。"

——王阳明

"沧浪之水清兮，可以濯吾缨；沧浪之水浊兮，可以濯吾足。"当年渔父的一首《沧浪歌》，虽隔了千年，音犹在耳。从中我们可以悟出一个道理，一个人无论身处清世抑或浊世，都要刚直进取，要有豁达的心胸，只有耐得住等待，才会苦尽甘来。

面对无道昏君和奸佞小人，很多贤者要么选择迎面直对，要么选择委曲求全。然而王阳明却选择了等待。他并未向奸臣屈从，也没有速死以求解脱，他选择了坚持和忍耐。

王阳明一心为国，却忍受莫大屈辱。"何玄夜之漫漫兮，悄予怀之独结。严霜下而增寒兮，瞰明月之在隙。风呹呹以憎木兮，鸟惊呼而未息。魂营营以惝恍兮，目眢其焉极！懔寒飚之中人兮，杳不知其所自。""夜辗转而九起兮，沾予襟之如泗。"在这些诗句中能够看出王阳明内心之苦楚与郁结，自己一片衷心，却无人理解。"何天高之冥冥兮，孰察予之忠？"然而也正是这份等待和坚持，王阳明扼守着自己的良知，以平和心态执著一份信念，最终在孤寂决绝中省悟："圣人之道，吾性自足，向求理于事物者误也。"

欲成事业就要耐得住挫折和落寞，潜心静气，才能深入"人迹罕至"的境地，汲取智慧的甘饴，如果过于浮躁，急功近利，就可能适得其反，劳而无功。

《庄子·内篇·逍遥游第一》说："北冥有鱼，其名为鲲。鲲之大，不知其几千里也；化而为鸟，其名为鹏。鹏之背，不知其几千里也；怒而飞，其翼若垂天之云。"北冥之鲲化身为鹏的过程虽然只是转瞬，但在此之前力量的累积却非一朝一夕能够完成。

"鲲化鹏"包含着两个方面：沉潜与腾飞。在人生的某个时刻，或是耽于年幼，或是囿于困境，都只能沉潜在深水之中，动都不要动，而一旦时机成熟，或自身储备了足够的能量，就能摇身一变，展翅腾飞了。

等待的目的既是为了使自己能够安心地韬光养晦，更是为了有朝一日能够一怒而飞。

春秋时代楚国著名的贤君楚庄王，少年即位，面对混乱不堪的朝政，为了稳住事态，他表面上三年不理朝政，声色犬马，实则在暗地里等待时机，旁人问他，他说："三年不飞，飞将冲天；三年不鸣，鸣将惊人。"

　　果然，其后楚庄王励精图治。他在位的22年间，知人善任，整顿朝纲，兴修水利，重农务商，楚国国力日渐强盛，先后灭庸、伐宋、攻陈、围郑，陈兵于周郊，问鼎周王朝，成为历史上著名的春秋五霸之一。

　　楚庄王可谓"厚积薄发"的典型，他并不惧怕蛰伏期间的碌碌无为所招致的质疑与轻蔑，而是心平气和地选择了等待的姿态。事实上，人生绝大多数时间都是在蛰伏，在积蓄，在等待。这种淡然、平静的姿势并非无为，而是以一种示弱的、最不易引起警觉和敌意的状态为自己争取到一种好的氛围，让人能够在静如止水、乐山乐水的淡然中获取自己想要的东西。

　　"世上无难事，只怕有心人。"熬不过等待的人得不到幸福。那些不愿意在寂寞中充实自我、等待机遇的人，多数会成为小打小闹的投机者。在一个著名的投机者的墓碑上写着这样的墓志铭："他曾经生活、投机、失败。"生活与商海一样，投机所得也会因投机而失去。故而，不如与等待为友，有了长长久久的等待，才会有精钢出鞘的绝响。

苦不入心，生命自有芳华

> "凡劳其筋骨，饿其体肤，空乏其身，行拂乱其所为，动心忍性以增益其所不能者，皆所以致其良知也。"
>
> ——王阳明

　　幸福之于人，就像尾巴之于狗，怎么转圈都咬不到，但是只要你向前走，它就会乖乖得跟在后面；苦恼之于人，像运动员握在手里的铅球，除非尽全力抛出去，否则就是沉甸甸的负担。倘若一直把那些不幸的或者痛苦的经历捧在手里，势必身心俱疲。而如果不把苦楚与悲痛放入心间，生命也自然会绽放芳华。

　　王阳明初到贵州，便遭遇到意想不到的困难。那里的生活非常艰难，而且瘟疫肆虐。从中原流放到这里来的人，很多都死在半道。即使到了流放地，也很难融入当地的生活，他们或者没有生活来源，或者生病无法医治，直至饿死病死。

　　在艰难困苦之中，王阳明以圣人对待困境的态度作为精神支撑，苦不入心。他在《初至龙场无所止结草庵居之》中说："缅怀黄唐化，略称茅茨迹。"他沉湎在儒佛道思想之中，并渐渐感悟。他将思想的粗略处与生活的精微处相结合，用内心的意志抵抗物质的贫瘠，对待凶险像对待坦途那样平静，而不在意谪居龙场的困苦。他曾感叹说：啊，这就是古圣人当囚徒而忘了自己是囚徒，老了也不以为意的原因了，我知道我也该这样度过自己的一生。

苦不入心，生命自有芳华。这样的逻辑思维，对于指导人们应对种种挫折、变故，无疑有极大的好处。人生好似一场考验，任何通向成功的道路上都布满了荆棘，充满了数不清的艰难与困苦、辛酸与煎熬。只有经得起考验的人才能体验到生命的价值，才能最终绽放生命的芳华。在著名的佛学大师弘一法师的房间里，挂着他的一幅书法作品，上面有一句偈语：花繁柳密处拨得开，方见手段；风狂雨骤时立得定，才是脚跟。意思是说，只有经得起考验的，才是最好的。

车胤，字武子，晋南平（今安乡、津市一带）人。车胤自幼好学，可是由于家境贫困，没有钱买灯油在晚上读书。因此，到了晚上他只能背诵诗文。

一个夏夜，他在屋外诵书，忽然看到原野里如星星一样的萤火虫在空中飞舞。他突发奇想，萤火虫的光亮在黑夜里不正如灯一样吗？这样我就能够彻夜苦读了！想到这，兴奋的他立即找来了白绢扎成一个小口袋，并抓了几十只萤火虫放在里面。果然，还真的管用。

车胤就这样用工苦读，终于成了一个很有学问的人，后来做到吴兴太守、辅

国将军、户部尚书等职位。

"读书莫畏难"，一个有志于学的人应该早早有心理准备，经得住各方的考验，才能够读有所成。不仅读书学习要经得住苦楚，生活也是如此。生活在给我们期待和欢乐的同时，也给我们很多的失望和伤心，很少有人能够生活得一帆风顺。但是当走过一段经历时，我们会发现那些你曾经跋涉的足迹多多少少都会留下成长的痕迹，而每一段的成长都是真实而亲切的，故而相信一切都是最好的安排！当我们沉溺在暗河时，如果能拥有一汪名为"乐在其中"的心湖，就不会再因生活的坎坷郁郁寡欢了。

初入仕途的王阳明因为伸张正义而被贬下狱，他虽然被关在破败而又黑暗的监牢中，而且身体也遭受了严重的摧残，但是他的心却更加坚定，好像沐浴在春风中，洒脱，浩荡。他说："俯仰天地间，触目俱浩浩。"足以可见王阳明坦荡无私的胸怀。

生活固然不易，但我们不能总以苦脸回应苦脸。生活艰苦如何，衣衫破旧又如何，只要有一束发光的微笑，这些灰暗的色调就会全部被照亮。

一位哲人曾说过："人的生命似洪水在奔腾，而遇到岛屿与暗礁，便难以激起美丽的浪花。"苦难并不可怕，它如咸盐，有了它的调剂，生活的满汉全席才不会显得缺少滋味，苦难如烈酒，麻木过后的人会体验到释放的快乐，醉酒之后方知清醒的可贵。喜悦与悲伤、顺利与坎坷、幸运与不幸、得到与失去交织在一起，让生命显得更加多姿多彩，也让人在垂暮之年拥有了更多可供回首的往事。

生活本身就是一道难题，最艰难的是破解的过程。波澜不兴的生活对人们心灵的成长并没有多少益处，若想变得更加勇敢，更加坚强，反倒需要依靠苦难来给我们的心灵淬淬火，加点钢。

深陷逆境，其实"别有洞天"

"困知勉行，学者之事也。"

——王阳明

里希特在《长庚星》里曾经这样描述苦难：苦难犹如乌云，远望去但见墨黑一片，然而身临其下不过是灰色而已。苦难并不可怕，可怕的是面对苦难缺乏一种从容的健康心态。只要心情有阳光，苦难永远也不能统治我们的生命，只要梦里有美景，冬天就永远也不会来临，只要在关爱中相互扶持，"黑夜"里也有最美丽的童话。

苦难可以使人更严肃地思索人生，启迪智慧。王阳明就是在不断地追求真理、维护真理，历经艰难，走出困境的过程中，逐渐明白了一些百思不得其解的难题之后，悟出了"心"能左右一切的道理。

他在龙场附近的一个小山洞里品读《易经》，在沉思中"穷天人之际，通古今之变"，心境由烦躁转而为安然，由悲哀转为喜悦，一种生机勃勃的情绪油然而生。在和当地农民的相处过程中，他体会到农民的朴质无华和真诚善良。他们为他修房建屋，帮助他渡过了难关，使他感受到人间"真情"，深感"良知"的可贵，从中得到很多新的启示和灵感。

不经历巨大的痛苦，就不会有伟大的事业。我们每做一件事，都会在心中构筑一道障碍，直至完成，这些障碍都会一直存在。然而只要心中怀有美丽的"童话"，以积极乐观的态度应对发生的一切，"黑夜"里照样会开放出最美丽的花。

苦难是炼狱，我们应该勇敢地面对苦难，在苦难的磨砺中不断地练就自己，而不是将苦难看作是人生不可逾越的鸿沟。为什么在各种灾难之中会有人奇迹般

地活下来，不仅仅是因为他们比别人更幸运一些，更是因为他们有着别人没有的意志力，他们相信自己可以挺过去，于是咬紧牙，最终渡过了难关。

人处逆境之中，可以明智，处顺境之中，刀光剑影立于前犹不自知。人往往身处逆境，人格、本领才会得到提高，此时的磨难反而不是一种苦果，而成了锤炼人心的工具。

一切的磨难、忧苦与悲哀，都是铸就优秀品质的资本。正像田单处逆境而成功，居顺境而无所作为一样。我们在面对苦难与忧患的时候，如果能保持一颗平常心，对任何事情都清楚明净，居安思危，那么就没有什么事情是做不成的。

在平凡的日子里，一杯茶、一本书甚至偶尔邂逅的一抹绿都能带给我们无限的感动和惊喜。而当我们深陷"黑夜"的时候，我们也要相信自己会有开花的季节，因为生命在达到某一沸点之前注定要享受很多的煎熬和等待、痛苦和折磨。然后，在某一刻，我们就会突然明白：这样的生活其实才是对生命最真实的追求。你活的每一天都是值得的，都是精彩的。

曾看到一句话："生活有多难，就有多勇敢。"走过的，不只是经历，更多的是心的满足。从薄脆到丰盈，亦如春，万物复苏，生命经历轮回而重新绽放，但是人的生命只有一次，所以我们要在有限的日子里完成无限的自我超越和前进，故而我们需要倍加珍惜当下的每一步、每一个选择。正如王阳明提倡"本心"，只要依照本心做事，积极地履行自己的使命和责任，那么自己的世界便是光明的。

每个人的人生都有"黑夜"，然而只要你在"黑夜"里种一颗光明的种子，相信它总会生根、发芽，最后开出光明的花朵。

忍得一时方能成就伟业

"岂能'以不忍人之心，而行不忍人之政'，则虽茅茨土阶，固亦明堂也；以幽、厉之心，而行幽、厉之政，则虽明堂，亦暴政所自出之地邪？武帝肇讲于汉，而武后盛作于唐，其治乱何如邪？天子之学曰辟雍，诸侯之学曰宫，皆象地形而为之名耳。然三代之学，其要皆所以明人伦，非以辟不辟、泮不泮为重轻也。"

——王阳明

正德十六年，明武宗去世，明世宗继位。因为平定朱宸濠叛乱有功，王阳明被封授"新建伯"爵位。但是他坎坷的境遇并未因此而停歇，爵位只是一个虚名，没有任何实质性的待遇。这时，王阳明的父亲王华病逝。

对手的诽谤、朝廷的无视、父亲的离世，都压得王阳明透不过气来，最终病倒。身体虽然倒下了，但是王阳明那颗竭尽全力的心却还在喘息着，他深知悲痛已无济于事，只能够忍耐，坚持下去。在这种心念之下，王阳明的病情渐渐好转。远离政治的烦扰，他将精力全部投入到讲学当中去，在这段日子里，王阳明感受到了从未有过的幸福和满足。

弹劾王阳明、非难他的学说的对手仍然有所举动，但是这些都不妨碍王阳明学说的发扬，以及越来越多的人前来听学。

王阳明忍耐当下、豁达乐观的精神，让他拥有了面对生活的勇气，并且使得心学大告于天下。其实，每个人在降生到这个世界的时候，就注定要背负起生命中的各种困难和折磨。灰心丧气、抱怨失望是人们面对苦难最常见的态度；忍耐、等待是另一种态度，他们坚信事物是变化的，三十年河东，三十年河西，说不准哪一天时来运转，就可以东山再起了。

从某种程度上说，忍耐是成就一项事业必备的品质，人要获得某方面的成就，必须学会忍耐。正如一位西方学者曾经说过："忍耐和坚持是痛苦的，但它会逐渐给你带来幸福。"

那么，究竟"忍"是如何的呢？中国人对于"忍"有特殊的理解，通常认为，所谓的"忍"是"忍辱"。没有忍辱，就不能负重，没有忍耐，就什么事情都不能成就。"忍"是一个人获得成就的不可回避的过程。

汉更始元年（公元23年），刘秀指挥昆阳之战，震动了王莽朝廷。然而，刘秀兄弟的才干也引起了更始皇帝刘玄的嫉妒。

刘玄本是破落户子弟，投机参加了农民起义军，没有什么战功，自当上更始皇帝后，又整日饮酒作乐，不事朝政。刘玄怕刘秀兄弟夺取了他的皇位，便以"大司徒刘縯久有异心"的莫须有罪名，将立有战功的刘杀害了。刘秀接到兄长刘被杀害的消息，几乎昏厥，但当着信使的面仍极力克制自己，说道："陛下至明。刘秀建功甚微，受奖有愧，刘罪有应得，诛之甚当。请奏陛下，如蒙不弃，刘秀愿尽犬马之劳。"转而，刘秀又对手下众将说："家兄不知天高地厚，命丧宛县，自作自受。我等当一心匡复汉室，拥戴更始皇帝，不得稍有二心。皇帝如此英明，汉室复兴有望了。"刘秀的这种虔诚态度，感动得众将纷纷泪下。刘秀突然遭此打击，自然难以忍受。然而他心里清楚，刘玄既然杀了兄长，对他刘秀也难容。

此后，刘秀对刘玄更加恭谨，绝口不提自己的战功。刘秀的行动，早已有人密报给刘玄。刘玄在放心的同时，觉得有些对不起刘秀，便封刘秀为破虏大将军，行大司马之事，并令刘秀持令到河北巡视州郡。刘秀借机发展自己的力量，定河北为立足之地。更始三年初春，刘秀实力已壮，便公开与刘玄决裂。

更始三年（公元25年）六月己末日，刘秀登基，是为光武帝，复国号汉，史称东汉。此时，刘秀只有三十二岁，正是年轻气盛、成就大业的时候。以屈求伸，"忍小愤而就大谋"，终使刘秀化险为夷，创建了东汉王朝。

细观刘秀的处世之态，你会发现一切成就也都来源于"忍"。小不忍则乱大谋。忍不是懦弱无能，忍是不屑堕入无间地狱的诱惑。忍是以退为进，忍耐是上善，老子曰，上善若水，水是最温柔的，水却又是最强大的。忍就是相信时光的力量，不是依靠自己，而是相信冥冥之中自有公道。

　　能屈能伸，大丈夫之道也。忍得一时方能成就伟业，相反，不能忍耐、毛毛躁躁，最终只能错失良机、遗恨千古。莫大的祸患，都来源于不能忍耐一时。刘邦在取得基本胜利后按兵不动、将功劳经常赠与项羽。是忍耐，终厚积薄发成汉高祖一代帝业；项羽急不可待，最终却是霸王别姬、饮恨乌江；韩信甘愿受胯下之辱是忍耐；司马迁受到宫刑忍耐而出《史记》；刘备与曹操青梅煮酒论英雄是忍耐，之后韬光养晦，才有与曹操、孙权三足鼎立之局。

　　事业失败需要忍耐，感情受挫需要忍耐，人生磨难需要忍耐，经济合作需要忍耐，人际关系需要忍耐，家庭生活需要忍耐。在人生的历程中，我们会遇到一些需要忍耐的事情，借以历练自己的心智。学会忍耐，在生命历程中实践忍耐，你就能够在不久的将来成就你的人生。

寂寞是最大的考验

　　"何处花香入夜清？石林茅屋隔溪声。幽人月出每孤往，栖鸟山空时一鸣。草露不辞芒履湿，松风偏与葛衣轻；临流欲写猗兰意，江北江南无限情。"

——王阳明

　　一位西方哲学家说："世界上最强的人，也就是最孤独的人。只有最伟大的人，才能在孤独寂寞中完成他的使命。"每个想要突破目前困境的人首先都需要耐得住寂寞，只有在寂寞中才能催生一个人的成长。

　　王阳明在贬谪期间饱尝各种人生摧残与折磨。为了摆脱寂寞和苦楚，他兴办书院、传递文化。他还经常和当地人交流，深刻感受到边地民众质朴人性的可贵和可爱。譬如彝族首领安贵荣知道他在龙场的艰难处境后，便主动给予他生活上的照顾，使他通过与少数民族"礼益隆、情益至"的密切交往，激发了悟道传道的生命热情。

　　虽然王阳明在贵州的时间不长，但贵州人对他的感情却十分深厚。在修文阳明洞，有彝族土司安国亨的题字，大书"阳明先生遗爱处"。《与安亘慰》的两封书信表达了他与少数民族之间情真意深，永志难忘。他所写的《居夷诗》百余首，还有《玩易窝记》《何陋轩记》《君子亭记》《宾阳堂记》，记述了他在贵州期间的心迹，是王阳明思想转变的历史见证。

一个人一生中的际遇肯定不会相同，但是当面对寂寞的时候，你要善于寻找方法帮助自己度过这人生最大的考验。只要你耐得住寂寞，不断充实、完善自己，当际遇向你招手时，你就能很好地把握，获得成功。

李忱是唐宪宗李纯的第十三个儿子，于长庆中期被封为光王。在他即位之前，贵为王爷的李忱不得不离京出走，这得从他当时的处境说起。李忱的母亲并不是一个有身份地位的妃子，她作为当时叛臣的罪孥进宫，结果邂逅了当朝皇帝，生下了李忱，可惜在李忱的幼年，宪宗皇帝就被宦官暗杀了，留下这一对母子，既不能母凭子贵，也不能子凭母达。

公元820年，李恒（李忱之兄）被宦官扶上皇位，是为唐穆宗。四年后穆宗服长生药病逝，其子敬宗李湛接任，但他只活到十八岁，驾崩后由其弟文宗李昂、武宗李炎相继接任。

在这长达二十年的时间里，三朝皇叔李忱的地位既微妙又尴尬，他只能以黄老之道，韬光养晦，装傻弄痴。尽管他为人低调，不事张扬，但光王的特殊身份，还是让他逃避不了侄儿们猜忌、排斥、挤压的命运。文宗、武宗两位皇帝更是对他心存芥蒂，非但不以礼相待，还想方设法地迫害他。公元841年，唐武宗登基时，李忱为避祸全身，便"寻请为僧，行游江表间"，远离了是非之地。应该说，李忱当时做出的这一抉择，当属达人知命的明智之举。而流放底层，阅尽人世沧桑，也为他将来修成大器提供了一个难得的机会。

法号"琼俊"的李忱虽然隐居于与世隔绝的深山之中，并没有一心向佛，忘却心中之志。握瑾怀瑜的他效法孔明，抱膝于隆中，准备待时而动。在唐武宗统治的六年间，他不停地通过秘密渠道打探宫内情况，积极从事夺权的活动，以实现"归去宿龙宫"的宿愿。

虽然他一直隐藏自己的这一志向，在福建境内的天竺山真寂寺的三年间，他言行谨慎，不露端倪。但在一次与黄檗和尚观瀑吟联时，他那深藏于心的雄才大略却通过一副对联表露无遗。一日，他与当时的名僧黄檗和尚在山中闲话，面对悬崖峭壁上的一条飞瀑，黄檗来了雅兴，对李忱说道："我得一上句，看你能否接下句？"李忱也兴致盎然，说道："你道来我听，我必对得上。"黄檗于是吟道："千岩万壑不辞劳，远看方知出处高。"李忱几乎是脱口而出："溪涧岂能留得住，终归大海作波涛。"黄檗听了，赞赏有加。

没有深沉的寂寞，哪有动地的长歌？李忱就像那瀑布，经历"千岩万壑不辞劳"的艰险后，终将飞珠溅玉、石破天惊。公元846年，深谙权谋、忍辱负重的李忱果然在太监们的拥戴下，从侄儿手中夺过大位，成为唐宣宗，时年三十七岁。由于他长期在民间阅世读人，深知黎民疾苦，故躬行节俭，虚怀纳谏，颇有作为，号称"大中之治"。

　　耐得住寂寞，是所有成就事业者都遵循的一种原则。它以踏实、厚重、沉思的姿态作为特征，以一种严谨、严肃、严峻的表象，追求着一种人生目标。当这种目标价值得以实现时，不喜形于色，而是以更寂寞的人生态度去探求另一奋斗目标和途径。而浮躁的人生是与之相悖的，它以历来不甘寂寞和一味追赶时髦为特征，有着一种强烈的功利主义驱使。浮躁的向往，浮躁的追逐，只能产出浮躁的果实。这果实的表面或许是绚丽多彩的，但绝非具有实用价值和交换价值。

　　其实，寂寞不是一片阴霾，寂寞也可以变成一缕阳光。如果你勇敢地接受寂寞，拥抱寂寞，以平和的爱心关爱寂寞，你会发现：寂寞并不可怕，可怕的是你对寂寞的惧怕；寂寞也不烦闷，烦闷的是你自己内心的空虚。寂寞的人，往往是感情最为丰富、细腻的人，他们能够体验人所不能体验的生活，感悟人所不能感

悟的道理，发现人所不能发现的思想，获取人所不能获取的能量，最后成就人所不能成就的事业。

耐得住寂寞是一种人生品质，不是与生俱来，也不是一成不变的，它需要长期的艰苦磨炼和凝重地自我修养、完善。耐得住寂寞是一种有价值、有意义的积累，而耐不住寂寞往往是对宝贵人生的挥霍。

一个人的生活中有可能会有这样、那样的挫折，会有这样、那样的机遇，但只要你有一颗耐得住寂寞的心，用心去对待、去守望，那么，成功一定会属于你。

第十一章

反省心：
静察己过，不论他人是非

静察己过，勿论人非

"是非之悬绝，所争毫厘耳。"

——王阳明

谈论他人是非并不是一个好的行为方式，古人曾如此告诫世人："时时检点自己且不暇，岂有工夫检点他人。"圣人孔子也曾说过："躬自厚而薄责于人。"其意思无非是，在静察己过的同时勿论人非。

而"勿论人非"体现出的是古人对于为人处世的另一层哲理性的思考与智慧。的确，有是非之言的地方便成了是非之地。人生在世，你有你的是非，他有他的是非，是非总是讲不清的，而人往往容易为是非所累。

祖孙俩买了一头驴，爷爷让孙子骑着走时，别人议论孙子不懂得孝敬爷爷；孙子让爷爷骑着走时，有人指责爷爷不疼爱孙子；祖孙俩干脆都不骑了，又有人笑话他俩放着驴不骑是傻瓜；祖孙俩同时骑在驴背上又有人指责他们不爱护动物。结果，不知所措的爷孙俩只好绑起驴扛着走了。

祖孙两人最后不知所措，是因为他们深为那些"是非"所累。"是非"本身就是极其无聊的谈资，没有任何的意义。而且那些喜欢在背后议论他人、搬弄是

非的人往往也是最可恶的人。其实，背后议论别人并非是什么好事，也不是正人君子的作风，做人就应该做得光明磊落，有话就当面说，不要在背后搞任何的小动作。要知道，一味地去搬弄是非不仅害人，同时也是害己，对于自身而言没有任何好处，反而会让人看不起。

喜欢议论别人，对别人能够明察秋毫，而对自己却不能有个清醒的认识。越是喜欢议论别人的人，他本身也就存在着许多缺点，他们从不正视，不作自我批评。越是这样，缺点越是得不到改正，长此以往，缺点就会越来越多，到头来对自己没什么好处，对他人来讲也不会有什么好的影响。"正己才能正人"，不能律己，又何以要求别人呢？

在王阳明看来，是与非相差并不遥远，"所争毫厘耳"。的确，只差毫厘就有本质的变化了。正所谓"失之毫厘谬以千里"，好与坏、对与错、是与非只在一念之间。既然是这样，那么莫不如少谈论一些是非，多一些对自己的省察。

自省是涤荡心灵的清泉

"学须反己。若徒责人，只见得人不是，不见自己非。若能反己，方见自己有许多未尽处，奚暇责人？"

——王阳明

年少时候的王阳明曾到居庸关去"见世面"，他深深地被大漠风光吸引，回来之后并向父亲表达了以几万人马讨平鞑靼的志向，当时父亲批评他太狂傲。之后，王阳明经过一番思考、自省，向父亲承认了自己的错误。王阳明善于自省，在他立志成为圣贤的那一天起，"格物穷理"成了他每天必备的任务。但是格物并不是一天两天就能见成效的，在"格物"的过程中，王阳明也通过自省、反思一次次地思考、一次次地推翻自己的理论，最后才得以创立了心学。可以说，王阳明的成功与他善于反躬自省是分不开的。

自省在于不断地反省自我，善于承担生命给你的那一部分责任。王阳明认为：人要经常自省，若老是去指责别人，看到的只能是别人的错误，就不会看到自己的缺点。返身自省，才能看到自己的不足之处，也就不会去指责别人了。一个不善于反省自己过错的人，总是把过错推给别人，推给上天，反省自己却比登天还难。这样的人是不会成功的。

有人怀疑反省自己的作用，认为反省了半天也不见得能改变什么。其实，经过它的荡涤，就能让俗世纷纷扰扰的尘埃从我们心中流走。

一位老人和他的小孙子住在一块。每天早上，老人都坐在厨房的桌边读一本书。

一天，他的孙子问道："爷爷，我试着像你一样读书，但是我不懂得书里面的意思。我好不容易理解了一点儿，可是我一合上书便又立刻忘记了。这样读书能有什么收获呢？"老人安静地将一些煤投入火炉。然后说道："用这个装煤的篮子去河里打一篮子水回来。"

孩子照做了，可是篮子里的水在他回来之前就已经漏完了。孩子一脸不解地望着爷爷。老人看看他手里的空篮子，微笑着说："你应该跑快一点儿。"说完让孩子再试一次。

这一次，孩子加快了速度。但是篮子里的水依然在他回来之前就漏光了。他对爷爷说道："用篮子打水是不可能的。"说完，他去房间里拿了一个水桶。老人说："我不是需要一桶水，而是需要一篮子水。你能行的，你只是没有尽全力。"接着，他来到屋外，看着孩子再试一次。

现在，孩子已经知道用篮子盛水是行不通的。尽管他跑得飞快，但是，当他跑到老人面前的时候，篮子里的水还是漏光了。孩子喘着气说："爷爷，你看，这根本没用。"

"你真的认为这一点儿用处都没有吗？"老人笑着说，"你看看这篮子。"孩子看了看篮子，发现它与先前相比的确有了变化。篮子十分干净，已经没有煤灰沾在篮子上面了。"孩子，这和你读书一样，你可能什么也没记住，但是，在你读书的时候，它依然在影响着你，净化着你的心灵。"

其实，我们每一个人都应该有一本心灵的书，即使我们未曾记住一句话、一个字，却依然会受益终生。因为，它会让我们的心灵如泉水般清澈、纯净，这就是自省的作用。

自省是道德完善的重要方法，是涤荡心灵的一股清泉，它能给我们混沌的心灵带来一缕光芒。在我们迷路时，在我们掉进了罪恶的陷阱时，在我们的灵魂遭到扭曲时，在我们自以为是沾沾自喜时，自省就像一道清泉，将思想里的浅薄、浮躁、消沉、阴险、自满、狂傲等污垢涤荡干净，重现清新、昂扬、雄浑和高雅的旋律，让生命重放光彩，生气勃勃。

自省的主要目的是找出过失及时纠正，所以自省绝不可以陶醉于成绩，不可以文过饰非。以安静的心境自查自省，才能克服意气情感的干扰，发现自己的本来面目，捕捉到平时自以为是的过失。

只有善于发现并且敢于承认自己的过失，才可以进一步纠正过失。我们常常看不到自己的短处，很多缺点都是通过旁人的指出才知道。这就要求我们有一颗平常心来对待别人善意的规劝和指责，反省自己的过失。

俗话说，忠言逆耳利于行，那些逆耳忠言常常能照亮我们不易察觉的另一面。唐太宗李世民就有一面镜子——宰相魏徵。倚助这位忠臣的当面进谏，唐太宗改正了自己的许多缺点，完善了治国之道，迎来了国家的空前繁荣。这个辉煌业绩的取得，不仅得益于魏徵的敢于直言，更应归功于李世民的宽宏胸怀，试想，如果他是一个听不进意见的昏君，魏徵可能早就人头落地了。正是由于他在听了魏徵的谏言之后，能够认真地检讨自己、反省自身，才使得表面上听起来很刺耳的意见变成了治国安邦的金玉良言，而李世民的人格也因此变得崇高。

自省是一次自我解剖的痛苦过程。它就像一个人拿起刀亲手割掉身上的毒瘤，需要巨大的勇气。认识到自己的错误或许不难，但要用一颗坦诚的心灵去面对它，却不是一件容易的事。懂得自省，是大智；敢于自省，则是大勇。割毒瘤可能会有难忍的疼痛，也会留下疤痕，但它却是根除病毒的唯一方法。只要"坦荡胸怀对日月"，心地光明磊落，自省的勇气就会倍增。王阳明的良知之说，即明心见性，就是以心为理，一切都在心中，所以只要心下自省，就是致良知。

孔子说："君子之过也，如日月之食焉。过也，人皆见之；更也，人皆仰之。"这句话的意思是，日食过后，太阳更加灿烂辉煌；月食复明，月亮更加皎洁明媚。君子的过错就像日食和月食，人人都看得见，但是改过之后，会得到人们更崇高的尊敬。

终日不忘反省

"悔悟是去病之药,然以改之为贵。若留滞于中,则又因药发病。"

——王阳明

一个东西,用秤称过,才知道它的轻重,用尺量过,才知道它的长短。世间万物,都要经过某些标准的衡量,才知道究竟。而一个人更应该如此,经常反观自省,才能认识自己、改善自己。

关于自省,在王阳明看来,不是目的,而是一个办法。人要学会自省,才能有所悔悟,然而悔悟就像是治病的药,如果握在手里看着,不吃下去,病还是不会医好。所以人应该通过自省、悔悟来不断地超越过去的自己,这样才有可能走向成功的道路。

从前有座山,山上住着师徒两人。师父经常模仿徒弟,徒弟做什么,他也做什么。徒弟浇水种地,他也浇水种地;徒弟玩石子抓麻雀,他也玩石子抓麻雀。甚至徒弟偷跑出去到集镇上玩,他也跑到集镇上玩。

终于有一天,徒弟说:"师父,您这么大岁数了,为什么总和我做一样的事情啊?"

师父说:"我从四十岁起,就把年轻时候的事情重新做了一遍,我现在八十岁了,年轻时的我早就没有了。可是,我每天还能过年轻的生活,还能找到年

轻的心态，所以我这四十年，等于过了两个四十年，一个从四十岁到八十岁的变老的四十年，一个从一岁到四十岁的重新年轻的四十年。如果这么说，我已经一百二十岁了。"

师父又说："况且小时候做过的事，肯定有很多荒谬可笑的，现在我知道哪些是对的，哪些是错的；哪些是宝贵的，应该保持，哪些是可笑的，应该一笑置之。就算保留的和抛弃的各占一半吧，那么我这重新年轻的四十年，节省了一半过去被荒废的时间，就相当于延长了一倍，要是这么说，我已经一百六十岁了。

"回顾过去，对现在是有好处的。它可以使现在的我避免错误、节约时间，在现实的路上走得更稳，让我这变老的四十年避免走许多弯路。所以这样算来，我恐怕还不止一百六十岁呢。"

故事中师父的年龄到底多大，没有深究的意义，重要的是要和他一样保持一颗年轻的心，时时自省。正如《菜根谭》里所说的：为人修身，应该时时自省。这一点做起来并不难，但总是被大家忽略。人生就像走路，有走得顺畅的时候，也有绕弯路的时候，甚至还有走入迷途的时候。如果不管以前走过什么路，不知反省，仍然照感觉行事，就像一只掰玉米的熊，掰下一个，丢了一个，最终腋下永远只夹着一个玉米。

人必须懂得反省，通过反省来发现问题、解决问题，从而提高自己。正如老和尚所说的，反省可以延长我们的生命，更重要的是，它让我们在以前的基础上有了提升，让我们超越了之前的那个自己。

有位哲学家在晚年的时候刺瞎了自己的双眼。别人都不理解他的这一举动。他说，我只是为了更好地看清自己。"知人者智，自知者明。"真正的聪明人必须具备自知之明。何谓自知之明？圣人都有自知之明，是因为他们时刻审视着自己。能够时时审视自己的人，一般都很少犯错，因为他们会时时考虑：我到底有多少力量？我能干多少事？我该干什么？我的缺点有哪些？为什么失败了或成功了？这样做就能轻而易举地找出自己的优点和缺点，为以后的行动打下基础。

人生最大的敌人是自己。那些认真审视自己、时刻反省自己的人，才可能真正觉悟。反省是一棵智慧树，只有深植在思维里，它才能与你的神经互联，为你提供源源不断的智慧，让人生这条路变得简单、精彩起来。可见，在工作中，只有不断自我反省，才能使自己不断进步。

不断做自我反省，才可以令自己立于不败之地。一直探索格物致知的王阳明在一次同友人的对话中说，要达到真正的格物致知，就必须要仔细省察克制，不要让心中有丝毫的偏离。能够时时审视自己的人，一般很少犯错，因为他们会时时分析自己的优点和缺点，跳出自己的局限来重新观看、审察自己的所作所为是否正确，从而为以后的行动打下基础。

静时存养，动时省察

"省察是有事时存养，存养是无事时省察。"

——王阳明

老子《道德经》中说："知人者智，自知者明。"只有自知，才能知人。确实，人需要有自知之明。特别是在身处困境，地位低下的时候，一个人更应该反省自身，多思考一下自己的缺陷和不足，才能借由不断的自我调整而进步。

王阳明也很看重自我省察，他说省察是有事的时候存养天理，存养天理是无事的时候省察。通过省察看清自己是成功的基础，不能因为境况的不如意而迷迷糊糊，混了天日。

如果无法认清自己，容易骄傲自满，就像装满了水的容器，稍一晃动，水便会溢出来。一个人若心里装满了骄傲，便很难听取别人的忠告，吸取别人的经验，接受新的知识。长此以往，必定故步自封，或止步不前，或猝然受挫。

大禹时代，一个背叛的诸侯有扈氏率兵入侵，夏禹派他的儿子伯启抵抗，结果伯启被打败了。他的部下很不服气，要求继续进攻，但是伯启说："不必了，我的兵比他多，地也比他大，却被他打败了，这一定是我的德行不如他，带兵方法不如他的缘故。从今天起，我一定要努力改正过来才是。"从此以后，伯启每天很早便起床工作，粗茶淡饭，照顾百姓，任用有才干的人，尊敬有品德的人。过了一年，有扈氏知道了，不但不敢再来侵犯，反而主动投降了。

像伯启这样，肯虚心地检讨自己，马上改正有缺失的地方，那么最后的成功，舍他其谁呢？伯启的经历，与孔子的一句话很是相关，孔子说："已矣乎！吾未见能见其过而内讼者也。"孔子说："完了啊！我没见过能看到自己过失而深切自责的人。"孔子教育学生们要"修持涵养"，也就是注重修养。而"内讼"正是修养的一个不可缺少的部分。所谓"内讼"，说简单些，就是由内心对自己进行自我审判。怎么审判呢？就是，内心进行情感与理性、天理与人欲的权衡，找出自己的缺点，时时进行自我反省。

学到一点东西就自满自足，甚至不可一世、盲目骄傲，这都是可笑而且可怜的。对自己心存不满的人就像那个不断装入石子、沙子、石灰及水的木盆，它总是能放下更多的东西，人生也便在日积月累中向上提升。

对自己心存不满的人会随时随地为自己充电，他们从不会为了已有的知识和成绩感到骄傲，因为他们知道容器的容量虽然有限，心胸却可以无限扩展，他们总会把自己摆在最低的位置，实际上却能与伟大无限接近。

人生如秤，对自己的评价秤轻了容易自卑；秤重了又容易自大；只有秤准了，才能实事求是、恰如其分地感知自我，完善自我，对自己了然于心，知道自己能吃几碗干饭，有几许价值，才能做到自知之明。《吕氏春秋》中说："物固莫不有长，莫不有短，人亦然。"一个人不仅要了解自己的能力有多少，也要知道自己的长处和短处在哪里，才能借由不断的自我调整而进步。

现实中人们常常秤重自己，有些人过于自信，总觉得高人一等，办事忽左忽右、不知轻重，造成不必要的尴尬和悲剧。当然也有秤轻自己的人，其表现为往往自轻和自贱，多萎靡少进取，总以为自己不如人，而经常处于无限的悲苦之中。

自知之明来源于自我修养和自我慎独。因为自省才能自制自律，自律才能自尊自重，自重才能自信自立。自尊为气节，自知为智慧，自制为修养。人具备了自知之明的胸臆和襟怀，其人格顶天立地，其行为不卑不亢，其品德上下称道，其事业蒸蒸日上。

自知之明与自知不明一字之差，两种结果。自知不明的人往往昏昏然，飘飘然，忘乎所以，看不到问题，摆不正位置，找不准人生的支点，驾驭不好人生命运之舟。自知之明关键在"明"字，对自己明察秋毫，了如指掌，因而遇事能审时度势，善于趋利避害，很少有挫折感，其预期值就会更高。所以，王阳明说懵懂的人，要是真的能在事物中省察，那么，愚蠢也会变得聪明，柔弱也会变得刚强。

君子改过，人皆仰之

"一念改过，当时即得本心。人孰无过？改之为贵。"

——王阳明

人在这个世界上生活、工作，就难免会犯错误，错了并没有什么，勇敢承认自己的错误反而会受到人们的敬仰和尊重。而生活中、工作中我们往往碍于面子，对自己的错误避而不谈，将错就错。其实，真正的自省是完全袒露内心，是灵魂从里到外对每个细胞的审视，是站在宇宙之上思维广阔的思考，是停下脚步仔细查看前后左右的条条道路。

在《寄诸弟》中，王阳明说了这样一句话："一念改过，当时即得本心。人孰无过？改之为贵。"意思是，很多错误都是一念之差造成的，"人非圣贤孰能无过"，但只要是将一念之过改正了，就可以得到"本心"，找回真正纯洁的灵魂。肯改正错误就是最可贵的，这样说来，敢于承认错误，改正错误的人就可以称得上是令人尊敬的君子了。

战国时期，赵国有一文一武两个得力的大臣。武的叫廉颇，他多次领兵战胜齐、魏等国，以英勇善战闻名于诸侯。文的叫蔺相如，他有勇有谋，面对强悍的秦王能够临危不惧。他两次出使秦国，第一次使国宝"和氏璧"得以完璧归赵，第二次是陪同赵王去赴秦王的"渑池之会"，两次都给赵国争回了不少面子，秦王也因此不敢再小看赵国了。于是，赵王先封他为大夫，后封他为上卿，地位在大将廉颇之上。

廉颇对蔺相如很不服气。他想：蔺相如有什么能耐，无非是会耍几下嘴皮子，我廉颇才是真正的功臣呢！他对手下的人说："我要是见到了蔺相如，一定要让他尝尝我的厉害，看他能把我怎么样！"

这话传到了蔺相如的耳朵里，他干脆装病不去上朝，避免与廉颇发生冲突。他还吩咐手下的人，叫他们以后碰着廉颇的手下，千万要让着点儿，不要和他们争吵。一次，蔺相如出门办事，正碰见廉颇远远地从对面过来，蔺相如就叫马车夫把车子赶到小巷子里，让廉颇的车马先过去。

蔺相如的手下气坏了，纷纷责怪蔺相如胆小，害怕廉颇。蔺相如笑一笑，说："廉颇和秦王哪个厉害呢？"手下说："当然是秦王厉害了。"蔺相如接着说："我连秦王都不怕，还会怕廉颇吗？要知道，秦国现在不敢来打赵国，就是因为国内文官武将一条心。我们两人好比是两只老虎，两只老虎要是打起架来，难免有一只要受伤，这就给秦国制造了进攻赵国的好机会。你们想想，国家的事要紧，还是私人的面子要紧？所以，我宁可忍让一点儿。"

这话传到了廉颇耳朵里，他感到非常惭愧。这日，他裸着上身，背着荆条，跑到蔺相如的家里去请罪。从此，两人成了最要好的知心朋友，一文一武，共同保卫赵国。

廉颇不仅是一员猛将，还是一个勇士，一个勇于面对错误、承认错误和改正错误的勇士。知错能改，这是我们从小便接受到的教育，但因为面子的问题，很多时候，即使明知自己犯了错，还是很难主动去认错。一味地回避自己所犯的错，是需要花费很大力气的，与其浪费这么多的时间与精力，不如直接为自己的错"埋单"，并将它看作一次深刻的教训。人总是在不断的磕磕碰碰中长大的，错误只是一个小水坑，许多人都是被水溅湿过，才知道以后要小心地避开。所以，前进的路上不要害怕犯错，只要在犯错之后坦诚地接受并注意改正，之后的小水坑便会越来越少，前进的道路便会越来越顺畅。

西汉时期，汉中有个叫程文矩的，他的妻子不幸去世，留下四个儿子，之后又娶李穆姜为妻，也生了两个男孩。程文矩死后，繁重的家务和教育孩子的责任都落在了李穆姜身上。作为后母的李穆姜对程文矩前妻生孩子无比慈爱，甚至

比对自己的亲生儿子还要好。但是，这四个孩子却一点都不尊敬她，还处处为难她，认为李穆姜是假仁假义。

久而久之，有邻居劝李穆姜不要再管这些了。李穆姜却说："我要用礼仪劝导他们，不让他们走向邪路。"有一次，程文矩前妻的大儿子程兴重病卧床，李穆姜十分难过，她不仅到处访求名医，还亲自熬药，将程兴照顾得无微不至。在李穆姜的精心照料下，程兴的病慢慢得以痊愈。而李穆姜的行为也深深感动了程兴。他不仅向李穆姜道歉，还对三个弟弟说："继母仁慈，我们兄弟却置她的养育之恩于不顾，真连禽兽都不如。虽然母亲并不怪我们，对我们越来越好，但我们的罪过是不可宽恕的。"四兄弟感到非常悔恨，便跑到掌管刑罚的官员面前请求治罪。事情传到了汉中太守那里，太守不仅表彰了李穆姜，还让四子改过自新。在李穆姜的严格教育下，四子也都各有建树。

程文矩前妻的四个孩子认识了自己的错误，并且改过自新，才有了后来的建树。

人的一生总是难免会犯这样或者是那样的错误，而问题的关键则在于该如何去面对我们的过错。首先是知错，若连自己的错误都不承认，就无以说到下一步，其后果也必定会是一错再错。但若能去正视并且承认自己的过错，并且能在此基础之上对其错误进行改正，那么，错误对于我们而言便是一笔财富了，要知道，犯了错误改得早，就进步快。

反观自身，不断自我提升

> "见贤思齐焉，见不贤而内自省，则不至于责人已甚，而自治严矣。"
>
> ——王阳明

自省是一面莹澈的镜子，它可以照见心灵上的玷污，继而照亮前进的路途。工作中，一个人失败的原因是多方面的，只有从多方面入手寻找失败的原因，并有针对性地进行自省，才能起到纠错的作用。

"见贤思齐焉，见不贤而内自省。"王阳明十分赞同孔子的这句箴言。看到比自己好的人就要争取进步与之齐头并进，见到不好的就要反思自己是否也有这样的错误或者坏习惯。这样才不至于严于待人，宽以待己；如果要想成为一个成功的人、伟大的人，恰恰要严于律己、宽以待人，从反躬自省中完善自己，发现、发展自己的优势力量。

陈子昂是我国初唐著名诗人。他的老家是梓州射洪（现在的四川省射洪县），幼年时他就随父亲一起来到了京城长安。由于父母平时对他非常娇惯，所以他长到十几岁时仍然不爱读书，每天只知道跟他的朋友出城打猎、游玩，要不就是四处找人斗鸡赌钱。

随着时间的流逝，陈子昂渐渐长大了，这时他的父母才发现自己的宝贝儿子不学无术，一无所长，并开始为他的前途担忧。父母对他平日里的行为也看不下去了，多次劝他除掉身上的恶习，潜心攻读。可陈子昂早就游荡惯了，哪里听得进去。

有一天，他在游玩途中路过一处书塾，在窗外无意中听到老师在说这样一段话："一个人是否能够享有荣誉或蒙受耻辱，完全取决于他本人的品德。品德好的人，自然会享受荣誉；品德坏的人，也自然会蒙受耻辱。一个人如果放任自流，行为举止傲慢，身上具有邪恶污秽的东西，就无法得到他人的尊敬。要想成为一名君子，就要让自己博学多才，还要经常用学来的道理对照自身进行检点。如果坚持这样做下去，你的学问和知识就会越来越多，行为上也很难有什么过失了。俗话说得好：'少壮不努力，老大徒伤悲。'在生活中，我们看到别人能做一番大事业时总是非常羡慕人家，可是你哪里知道，人家之所以能够取得成功，是下了一番苦工夫的！不经过自身的努力就想得到学问，那就如同缘木求鱼一样幼稚得可笑。"无意中听到的这一番话，使陈子昂的内心受到很大的触动。他忘记了游玩，马上赶回家，在自己的屋中反思起来，回首自己以前做过的荒唐的事情，心里追悔莫及。

从那一天起，陈子昂毅然跟原来那些朋友断绝了来往，把在家中饲养的各种小动物也都放掉了，从此和书本成了朋友，每天书不离手，勤奋刻苦地学习，直至最后成为一名伟大的诗人。

每个人都需要反思自己的行为，陈子昂如果没有反思想必也很难成为留名千古的大诗人。要想取得成功，必须适时清理一下内心的"乌云"，经常自查自省，把负面的因素扔进"垃圾桶"，吸取过往教训，总结经验，以免以后发生类似的事件。

王阳明和学生讨论"中"，他认为"中"不是物，而是学者涵养省察时的景象。君子修德，学者求学，圣人得道，乃至君主治国，都要时时寻找和守定这种自省的景象。背离这种景象，就会落于私欲的俗套。

一个人只有不断地反省，才会不断地提高。一个人进步的能力、学习的能力，就体现在他反省的能力上。若能通过自省找到自己的优势，并将优势发挥到极致，他就能够在该领域中取得非凡的成就，获得人生的成功。

生活的真正悲剧并不在于我们每个人都没有足够的优势，而在于未能使用我们的优势。王阳明为实现圣人之志亲身实践探索的过程，告诉我们人人都可以成为圣人。虽然世界上没有两片完全相同的树叶，每个人的天赋都是不同的。但是每个人都有表现突出的一个方面，只是我们不够相信自己。

我们的时间有限、精力有限，不可能把所有的事情做到最好，但是我们一定可以把其中的一件事做到最好。也就是说，一个人，必须首先找到自身的优势所在。做最好的自己，你就能在不知不觉中超越众人，跨越平庸的鸿沟，从众人中脱颖而出。

第十二章

谨慎心：
三思而后言

有糖衣的逆言易被接受

"真言求功。"

——王阳明

说话是一门艺术，懂得如何说话，在何种场合说话，往往能够转祸为福。有句俗语称："见什么人，说什么话。"这确实是一种说话的策略，但是这个话却又有一个标准，那就是都要讲真话。王阳明说讲真话是很难得的，特别是在一些特定的时候和场景更加显得宝贵。讲真话能够求得功名，真正能够打动人心的也还是真话。不过，在某些场合讲真话要懂得绕弯子。

有这样一个幽默故事，说有个外国的留学生赞美中国的男同学很帅时，那男同学谦虚道："哪里，哪里。"这个学了一点中文的外国留学生感到不知所措。"我只不过客气地赞美他，他还要问我具体美在哪里。"这个留学生当然不知道这是我们中国人的含蓄。

其实在某些特定的场合，含蓄一点也未尝不好，如果把话说得太直、太透，可能会引起对方的不满，或者对自己产生不利的影响，但意思又不能不表达。这时，如果采用"借他人之言，传我腹中之事"的方法，借用一个并不在场的第三者之口说出，便可以弱化对方的不满和对我方的不利影响。

在语言策略上，这种方法被称为近话远说。运用此法，能够人为地拉开话题与现场之间的距离，给双方留下一个缓冲带。

说话转个弯儿，在表达了自己的意见的同时，也为自己留了条后路。顾及了双方的感受，使自己和对方都有台阶下。对于不宜直言的问题，绕个弯儿说话，有时会让自己化险为夷。说话绕弯子在中国历史上的事情太多，不过，绕一绕也有好处，有时确能化解过激的行为。

我国古时候，有一个县官很喜欢附庸风雅，尽管画术不佳，但画画的兴致很高。他画的虎不像虎，反而像猫。并且，他还每画完一幅画，都要在厅堂内展出示众，让众人评说。大家只能说好话，不能说不好听的话，否则，就要遭受惩罚，轻则挨打，重则流放他乡。

有一天，县官又完成了一幅"虎"画，悬挂在厅堂，召集全体衙役来欣赏。

县官得意地说："各位瞧瞧，本官画的虎如何？"

众人低头不语。县官见无人附和，就点了一个人说："你来说说看。"

那人战战兢兢地说："老爷，我有点怕。"

县官："怕，怕什么？别怕，有老爷我在此，怕什么？"

那人："老爷，你也怕。"

县官："什么？老爷我也怕。那是什么，快说。"

那人："怕天子。老爷，你是天子之臣，当然怕天子呀！"

县官："对，老爷怕天子，可天子什么也不怕呀！"

那人："不，天子怕天！"

县官："天子是天老爷的儿子，怕天，有道理。好！天老爷又怕什么？"

那人："怕云。云会遮天。"

县官："云又怕什么？"

那人："怕风。"

县官："风又怕什么？"

那人："怕墙。"

县官："墙怕什么？"

那人："墙怕老鼠。老鼠会打洞。"

县官："那么，老鼠又怕什么呢？"

那人："老鼠最怕它！"来人指了指墙上的画。

故事中，被点名的差役没有直接说县太爷画的虎像猫，而是接二连三地抬出第三方，绕着弯说话。让县官在众人面前保住了脸面，又让自己避免了一场灾难。

人常说："良言一句暖三冬，恶语伤人六月寒。"一言可以兴邦，一言可以丧邦；一句话可以把人说笑，一句话也可以把人说恼。人与人之间性格各方面都有差别，生活中也常常遇到一些不便于直言的场合和事情，说话曲折一点、绕一点弯儿，让逆言裹着糖衣，自然可以生出迂回进言的效果，让人思考以后才知道，揣摩之后才明白。

善言的高手，即使遇到棘手的话题或难以回答的问题，也能够巧妙地运用一些方法，如近话远说，从而避免恶语伤人，更能有效地保全自身。

言辞不可太露骨

"言不可尽善。"

——王阳明

当代著名学者季羡林老先生曾说过一句话：假话全不说，真话说一半。这句话是季老先生从大半生丰富的阅历中总结出来的经验。前半句警告那些喜欢吹嘘、撒谎的人，一个假话总要十个假话来圆，假话越说越多只能给自己带来更多的麻烦，所以还是不说为好；后半句就更微妙了，真话为什么要说一半呢？因为很多时候，说得越多错得也越多，少说话不仅能够避免传播谣言也能够给人留下处事谨慎的好印象。

王阳明也曾说过一句话：言不可尽善。意思是讲话不可以只讲好话、亲善的话。因言招祸的事情常常发生，王阳明自己就是一个很好的例子。因为不满刘瑾等宦官为非作歹，王阳明上书朝廷，为受害同僚讲话，最终导致自己也遭受迫害。所以，王阳明说这句话的意思是警示人们在讲话上要十分谨慎小心。

有一篇文章叫作《说话的温度》，它这样写道：

"急事，慢慢地说；大事，清楚地说；小事，幽默地说；没把握的事，谨慎地说；没发生的事，不要胡说；做不到的事，别乱说；伤害人的事，不能说；讨厌的事，对事不对人说；开心的事，看场合说；伤心的事，不要见人就说；别人的事，小心地说；自己的事，听听自己的心怎么说；现在的事，做了再说；未来的事，未来再说。"

话语本身是有温度的，说话也是有技巧的。只有技巧拿捏得恰到好处，才能赋予语言适合的温度，不会把聆听者灼伤，也不会让他感觉到冷漠。

王阳明强调讲话要谨慎，但是也主张要有讲真话的勇气。在各项与说话相关的原则中，讲真话一直被视为正直人士的标签，似乎一个人不说真话就算不得真诚。不过，讲真话有时候也得分聆听对象，分地点场合。

早在两千多年前，孔子就曾告诫我们："可与言之而不与之言，失人；不可与言而与之言，失言。"说话之前，先得想清楚"可与言"和"不可与言"这两种人和两种情况，对那些有诚意、可信赖的"可与言"的人，如果"不与之言"，不说真话，那就是我们的失理、失礼，可能会因此失去难得的朋友或师长；但如果对方是不可信赖的"不可与言"者，你仅凭听了几句漂亮说词或慷慨承诺，就"与之尽言"，向他掏出了所有心里话，那你就可能失言、上当。

心与心的距离就像硬币的两面，有时候很近，近得似乎融为一体；但有时候又很遥远，远到永远不可能达到对面。没有人能完完全全地理解另一个人，也没有一个人能被人完完全全地理解。我们每个人内心里都有一片私人领域，在这里我们埋藏了许多心事。心事是自己的秘密，一般时候都只可留给自己，不要轻易说出口，也许它会成为别人要挟你的把柄。

很多人有一个共同的毛病：心里藏不住事，有一点点喜怒哀乐之事，就总想找个人谈谈；更有甚者，不分时间、对象、场合，见什么人都把心事往外吐。其实这也没有太大关系，每个人都有与他人分享心情与感想的欲望，这些都再正常不过。

真话可以说，但不能"随便"说。因为我们的每个倾诉对象都是不一样的，所以要学会有所鉴别，有所取舍，也就是说，说真话的时候一定要"过滤"。

我们处理心事之所以要这么慎重，是因为心事的倾吐会泄露一个人的脆弱面，这脆弱面会让人改变对你的印象。虽然有的人欣赏你"人性"的一面，但有的人会因此而下意识地看轻你。

有些心事带有危险性与机密性，例如，你在工作上承担的压力，你对某人的不满与批评等，当你毫不顾及地倾吐这些心事时，很可能不小心泄露了工作机密。

还有一些比较敏感，可能会伤害到他人的真话也是不能随便出口的。人们常习惯于"非此即彼"的二元思维，但现实生活中其实还存在委婉的说话方式。

"假话全不说，真话不全说。"这句话中其实蕴涵着传统的中庸观念，看似有些"明哲保身"的意味，但我们不得不承认这种态度更接近现实生活的原貌。

在中国古代，诸多饱学之士莫不把这中庸之道当成确保自身"不倒翁"地位的经验之谈，这与传统观念提倡的忠孝仁义、君臣之纲，缺少反叛意识有莫大关联。虽然历史上也有知名的谏臣，比如唐朝的魏徵、明朝的海瑞，但毕竟只是少数。忠言逆耳，更何况很多时候，与我们相交的人嘴中吐露的也未必就是心中所想，而且他也未必愿意听我们的实话，所以，有人愿意披着"皇帝的新装"，自然也就有人愿意充当"不明真相"的围观者。

打折的真话并不全然意味着胆怯或软弱，在说话的时候有所隐瞒，说些折中的话、弹性的表述、搁置敏感点，有时候也是实现目的的变通之策。减少真话可能带来的无意义的口舌之争，用实践去检验真理，或许是一种更好的方法。

嘴巴闭关，舌头收箭

"以言语谤人，其谤浅。"

——王阳明

外交官在传达两方面意见的时候，做翻译官也一样，传其原意，过分的话不能传，也不能添油加醋，做到了这一步，才算完成使命，也才能够保全自己。这虽然是讲外交官的修养，做外交的哲学，但也是告诉我们做人的道理，应该怎么做，不应该怎么做。王阳明在回复学生周道通的信中说："以言语谤人，其谤浅。"意思是用言语诽谤别人，这种诽谤是很肤浅的。尽管舌头没有骨头，但也应该特别小心它的厉害。因为话一旦说出口，就像射出的箭，再也不能收回了。因此，管好自己的舌头，学会说话处世很重要。

在为人处世时，要学会对人的性格作具体分析，要见什么人说什么话，对傲慢无礼的人说话应该简洁有力，最好不要跟这种人多谈，所谓"多说无益"；对沉默寡言的人就要直截了当；对深藏不露的人，你只把自己预先准备好的资

料拿给他看就可以了；对于瞻前顾后、草率决断的人，说话时要把话分成几部分来讲。

徐文远是名门之后，他幼年跟随父亲被抓到了长安，那时候生活十分困难，难以自给。他勤奋好学，通读经书，后来官居隋朝的国子博士，越王杨侗还请他担任祭酒一职。隋朝末年，洛阳一带发生了饥荒，徐文远只好外出打柴维持生计，凑巧碰上李密，于是被李密请进了自己的军队。李密曾是徐文远的学生，他请徐文远坐在朝南的上座，自己则率领手下兵士向他参拜行礼，请求他为自己效力。徐文远对李密说："如果将军你决心效仿伊尹、霍光，在危险之际辅佐皇室，那我虽然年迈，仍然希望能为你尽心尽力。但如果你要学王莽、董卓，在皇室遭遇危难的时刻，趁机篡位夺权，那我这个年迈体衰之人就不能帮你什么了。"李密答谢说："我敬听您的教诲。"

后来李密战败，徐文远归属了王世充。王世充也曾是徐文远的学生，他见到徐文远十分高兴，赐给他锦衣玉食。徐文远每次见到王世充，总要十分谦恭地对他行礼。

有人问他："听说您对李密十分倨傲，对王世充却恭敬万分，这是为什么呢？"

徐文远回答说："李密是个谦谦君子，所以像郦生对待刘邦那样用狂傲的方式对待他，他也能够接受；王世充却是个阴险之人，即使是老朋友也可能会被他杀死，所以我必须小心谨慎地与他相处。我察看时机而采取相应的对策，难道不应该如此吗？"

等到王世充也归顺唐朝后，徐文远又被任命为国子博士，很受唐太宗李世民的重用。

徐文远之所以能在隋唐之际的乱世保全自己，屡被重用，就是因为他针对不同的人有不同的应对之法，懂得灵活处世，懂得管好自己的嘴巴。到哪山唱哪歌。掌握说话的技巧，把话说到对方心坎里，做事就能达到意想不到的效果。

愚者常常暴露出自己的愚昧，贤者却总是隐藏自己的知性。因为善于听话的人，易表露知性；而喜欢表现自我、喋喋不休的人，通常都是些傻瓜。基于这样，请记住这么一句忠言："假如你想活得更幸福、更快乐的话，就应该从鼻子里充分吸进新鲜空气，而始终关闭你的嘴巴。"

平常做人就是如此，你说过分的话，结果倒霉的是你。当你时时意识到这个问题，不说闲话也就成了一种习惯，并进而改变了自己的心态，从耻笑别人转为审视自己。王阳明被封"新建伯"爵位，表面上十分光鲜，但只是挂了一个空号，对王阳明没有半点实质性的帮助，本有怨言的他被老父亲王华的一句"我以为惧"说得心服口服。父亲去世之后，他不再抱怨，不再说一些闲话，而是潜心学习。

警惕自己的舌头，如同慎重地对待珍宝一样，使自己的舌头保持沉默，人生将会得到很大的好处。人之所以有两个耳朵、一张嘴巴，是为了让人多听少说，听的分量要有说的两倍。于是，那些懂得此理的人总是让人尊敬，而那些喋喋不休之人只能让人更厌恶。

少妄言，多好话

"凡今天下之论议我者，苟能取以为善，皆是砥砺切磋我也，则在我无非警惕修省进德之地矣。"

——王阳明

王阳明的一封书信中曾经写道："凡今天下之论议我者，苟能取以为善，皆是砥砺切磋我也，则在我无非警惕修省进德之地矣。"世事纷繁复杂，真真假假，当是非降临时，我们也不必害怕，人间最大的力量不是枪炮或者拳头，而是忍，忍最终能将流言在真理面前击碎。做人应该以恕己之心恕人，以责人之心责己，一个真正的忍者，对待恶骂、打击、毁谤都要有承担、忍耐的力量。

一个人心地再好，如果嘴巴不好，也不能算是好人。言语谨慎是十分必要的。如果一个人总是滔滔不绝地讲话，说得多了，话里自然而然便会暴露出来很多问题。诗曰：不智之智，名曰真智。蠢然其容，灵辉内炽。用察为明，古人所忌。学道之士，晦以混世。不巧之巧，名曰极巧。一事无能，万法俱了。露才扬己，古人所少。学道之士，朴以自保。在生活的谈判桌上，"讷者"有时才是最杰出的谈判家。

南唐广陵人徐铉以学识渊博和通达古今闻名于北宋朝廷。

有一次，江南派徐铉来纳贡，照例要由宋廷派官员去做陪伴使。宰相赵普不知究竟选谁为好，就去向宋太祖请示。

太祖想了想，令殿前司写出十个不识字的殿中侍者的名字，太祖御笔一挥，随便圈了其中一个名字说："这个人就可以。"

这使在场的所有官员都大吃一惊。赵普也不敢再去请示，就催促那侍者马上动身。那位侍者得不到任何明确指示，只好莫名其妙地前去执行命令。

一见面，徐铉就滔滔不绝，口若悬河，所有人都叹服他的能言善辩。那位侍者大字不识，当然无言以对，只好频频点头称是。徐铉不知他深浅，更加搜索枯肠喋喋不休地想和他辩论。但是在一起住了好几天，那个侍者无一言相对。徐铉口干舌燥，疲惫不堪，只好闭嘴不说了。

实际上，当时宋廷上有陶毅和窦仪等博览群书的大儒，说起论辩之才，未必就输给徐铉。但宋太祖作为大国之君，接待小国使臣，没有派他们去争口舌之长短。因为两强相争，谁也不会服谁，反而有失大国体面。

人们常说沉默是金，不仅是保住自己不惹祸端的好方法，更是一剂绝妙的做事药方。当我们面对自己不熟悉的或不擅长的事务之时，不如以沉默之精神以待，反而能更好地达成任务。就好像聋哑之人是不会和人起争斗的，因为他听不到也说不出。别人也不会找这种人斗，因为斗了也是白斗。他如果还一再挑衅，只会凸显他的好斗与无理取闹。不过大部分人都能听见，一听到不顺耳的话就会回嘴，其实一回嘴就中了对方的计。

如王阳明所说，面对讥谤、无礼要做到不发怒不怨恨，而这又需要多么博大的胸怀。总是对别人吹毛求疵的人，一定不是个受欢迎的人；能容天下者，方能为天

下人所容。你想要彩虹，就得宽容雨点，如果雨点滴到身上的那一刻便勃然大怒，又怎么能在彩虹出现的时候以一份怡然自得的心情去观赏那美丽的风景呢？

与讥谤相反的是赞美，赞美是一种良好的修养和明智的行为，诗人布莱克曾经说过："赞美使人轻松。"赞美是一种精明、隐秘和巧妙的奉承，它从不同的方面满足给予赞美和得到赞美的人们。当我们赞美别人的时候，就是把自己和别人放在同一条水平线上了。不要吝啬对他人的赞美，每一个人的身上都有其自身的闪光点，都有值得别人赞美的地方。而在赞美他人的时候，你的心情也同样是愉快的，经常去赞美他人的人往往也容易得到他人的赞美，正所谓送人玫瑰，手留余香。

世上只要有人的地方就有纷争，尤其是有"我"有"你"再加个"他"，你、我、他之间的纷争就更多了。想在这种复杂的环境中营造和谐的人际关系，一要少言，二要多说好话。

言满天下无口过

"夫言日茂而行益荒，吾欲无言也久矣。"

——王阳明

作为官场中人，王阳明并不热衷于权力的明争暗抢，也不想多拿国家一分一厘，虽然不争名不争利一心想着报国救民，但也难免成为官场中人暗伤的对象。王阳明在多次的起伏中证明最好的明哲保身的办法就是少说话、多做事，话说得越多行为就会越来越少，要注重实行，就得少说假、大、空的话，多做一些实在的、有益于国家、有利于人民的事情。

老子说"多言数穷，不如守中"，王阳明对此也是十分的赞同。但是有人认为"多言数穷，不如守中"只是明哲保身、与世无争的教条，因为为人处世终究是"是非只为多开口，烦恼皆因强出头"，这样理解有些浅显，只是抓住了这句话的一层含义而已。天地好比是一个大风箱，当用的时候，便鼓动成风，助人成事；当不需要的时候，便悠然止息，缄默无事。因此，"多言数穷，不如守中"，并非让人完全不开口说话，只是说所当说的，既不可多说，也不可不说。所谓"言满天下无口过"，才是守中的道理。

宋人张邦基在《墨庄漫录》中曾录有一则与苏轼有关的乡谈趣闻。

苏轼在翰林院供职时，他的弟弟苏辙在处理政务的机构为官。有个早年与苏轼兄弟有往来的旧交，写信求苏辙在任内为他谋份差事，久而未遂。一天，这人找到苏轼，说："鄙人想托学士为我的事情跟令弟打个招呼。"苏轼沉吟片刻，跟他说了个故事："过去有个人很穷，无以为生，就去盗墓。他挖开一座古墓，见有个全身赤裸的人坐在棺内对他说：'我是汉代的杨王孙，提倡裸葬，没有财物可接济你。'盗墓人无奈，又费了好一番力气挖开了另一座古墓，见有个皇帝躺在棺内对他说：'我是汉文帝，墓里没有金银玉器，只有陶瓦器皿，无法接济你。'盗墓人颇为丧气，见有两座古墓并排在一起，就去挖左边这座墓，直挖到精疲力竭方才挖开。只见棺内有个面带菜色的人对他说：'我是伯夷，被饿死在首阳山下，没办法帮到你。'接着，伯夷又说：'我劝你还是别费力气再挖了，还是另找个地方吧，你看我瘦成这样，我弟弟叔齐也好不到哪儿去，也帮不了你。'"

听完苏轼所说的故事，旧交顿悟，大笑而去。

苏轼以讲故事的形式，巧妙地运用了三个典故，将自己兄弟俩严于律己、不谐流俗的意思，逐层循次地表达了出来，语言生动流转，妙趣横生，取得了非常好的婉拒效果。既说出了自己的原则，又让故人会心而去，言满天下，不留罅隙。

可见，言满天下无口过，是智慧，也是艺术，是一门语言艺术，做人艺术。正如王阳明所言"夫言日茂而行益荒"，话多而行为少时要遵循"多言数穷，不如守中"的原则，做人懂得把握言语的机妙，何时该说，该说什么，如何说，自然做人无过，这个时候即便多言也自何妨了。

第十三章

包容心：
能容能恕，厚德载物

退一步，得饶人处且饶人

"不管人非笑，不管人毁谤，不管人荣辱，任他功夫有进有退，我只是这致良知的主宰不息，久久自然有得力处，一切外事亦自能不动。"

——王阳明

王阳明不仅是著名的哲学家，更是一名出色的军事家。而王阳明的用兵之道往往与众不同，在别人认为应该进攻的时候，他却认为应该退守。宁王朱宸濠叛乱时期，朱宸濠久攻安庆不下，集结兵力的王阳明不顾众人从背后攻击叛军的意见，坚持认为应该退而攻南昌。结果证明他的判断是对的，南昌城攻下之后，朱宸濠彻底失去了反击的根据地。

其实，王阳明的军事思想和用兵之道也适用于我们的生活。人生是一场华丽的舞会，聪明人往往选择跳探戈，自始至终保持着优雅奔放、进退自如的姿态。我们无论处于何时何地，都会遇到各种各样的人，都要与各种各样的人相交相处。在人际关系中，难免会出现磕磕碰碰，难免会发生问题。有人说：只要有人的地方，就会有争斗。若想与他人和平相处，就要拥有一个良好的人际关系，在原则范围内，偶尔的吃亏，偶尔的退让，既是一种包容的胸怀，也是一个友好的讯号。若太过计较，双方都将陷入泥潭而难以挣脱，就像是那些在篓中互相钳制难以逃生的螃蟹。

　　一个青年到河边钓鱼，遇到一捕蟹老人，身背一个大蟹篓，但没有上盖。他出于好心，提醒老人说："大伯，你的蟹篓忘了盖上。"

　　老人回头看了他一眼，微微一笑："年轻人，谢谢你的好意。不过你放心，蟹篓可以不盖。要是有蟹爬出来，别的蟹就会把它钳住，结果谁都跑不掉。"

　　那一篓互相钳制的螃蟹是否曾想到，钳住别人也就堵住了自己的出路。在现实生活中，留三分余地给别人，就是留三分余地给自己，就像跳探戈一样。

　　探戈是一种讲求韵律节拍，双方脚步必须高度协调的舞蹈。探戈好看，但要跳好探戈绝非一件轻而易举的事，很多高手均需苦练数年才能练就炉火纯青的舞技。跳探戈与处世，有着许多异曲同工之处，亲子、朋友、同事、上下级之间，如果能用跳探戈的方式彼此相处，彼此协调，知进知退，通权达变，不但要小心不踩到对方的脚，而且要留意不让对方踩到自己的脚。这样，人与人之间才能和睦相处。

　　与人方便就是与己方便，在人生中，将别人渴望的东西主动送上去，能免愤恨、招感激，为自己赢得一份宝贵的人情，给自己以后的人生留下了余地。因为世事艰难，如果不注意在人生的点滴处留人情，就会无形中给自己埋下不少可怕的定时炸弹！而如果得饶人处且饶人，适当地网开一面，也许就在无形中消除了很多危险。

待人处世，忍让为先

> "一起一伏，一进一退，自是功夫节次。"
>
> ——王阳明

　　在明朝正德年间，朱宸濠起兵反抗朝廷。王阳明率兵征伐，一举擒获了朱宸濠，为朝廷立了大功。但是当时受正德皇帝宠信的江彬十分嫉妒王阳明的功绩，以为他夺走了自己建功立业的机会。于是，就四处散布流言："最初王阳明和朱宸濠是同党，后来听说朝廷派兵征伐，才抓住朱宸濠自我解脱。"

　　王阳明听到这个消息之后，就与身边的人商议道："如果退让一步，把擒获朱宸濠的功劳让出去，就可以避免不必要的麻烦。假如坚持下去，不作妥协，江彬等人很可能狗急跳墙，做出伤天害理的勾当。"为此，他将朱宸濠交给太监张永，使之重新报告皇帝：擒获了朱宸濠，是总督军门和士兵的功劳。如此一来，江彬等人也就无话可说了。

王阳明称病到净慈寺修养。张永回到朝廷之后，大力称颂王阳明的忠诚和让功避祸的高尚之举，正德皇帝终于明白了事情的始末，就免除了对王阳明的处罚。王阳明以退让的方法，避免了飞来的横祸。

努力进取、坚持不懈的行为无疑是值得肯定的。然而，在复杂的人生道路上，既需要勇敢拼搏，也需要有卫有守。退让不仅是一种机智，也是一种坚忍的毅力和顽强的意志。瞬间的忍耐，有限的退让，将使狭隘的人生之路变得无限广阔。

唐朝娄师德性格稳重，很有度量。他弟弟当上代州刺史，临行向他告别，并征询他的建议。娄师德对弟弟说："我现在辅助丞相，你现在又承皇上厚爱，得以任州官，我们真是受皇上的宠幸太多了。而这正是别人所嫉怒的，你如何对待这些妒忌以求自免家祸呢？"娄师德弟弟说："自今以后，若有人朝我脸上吐唾沫，我自己擦去唾沫，决不叫你为我担忧。"娄师德说："这正是我所担忧的地方。别人向你吐唾沫，是对你恼怒，如果你将唾沫擦去，那岂不是违反了吐唾沫人的意愿吗？别人会因此而增加他的愤怒。不要擦去唾沫，让它自己干了，应当笑着去接受它。"

任唾沫自干，笑着忍耐接受，娄师德想要告诉我们的无非是"忍一时风平浪静，退一步海阔天空"的道理。能够将别人的愤怒化为无形是很不容易的事情，能够称赞挖苦过你的人，那真令人敬佩；能够用智慧、品行战胜狭隘的嫉妒，可以说更是很了不起的本事了。如果一个人平常为人在语言上肯吃点亏，让人一句，在事情上留有余地，肯让人一步，也许收获就能更大。

对于隐忍退让，王阳明也曾说过，起伏、退让都是功夫。就像海上波浪一样，有起就有伏，人生际遇有进也必然有退。

人之形形色色，事之千变万化。在现实生活中，常常遇到不如意的事，如不能处之泰然，就很容易引起心理上的不平衡，并进一步导致身体上和精神上的疾病。为了保持心理上的平衡，必须学会自己欣赏自己，对他人期望不要过高，以免对方达不到自己的要求，而感到失望。要及时疏导自己的愤怒情绪。在小的地方无须过分坚持，必要时应做出适当的让步。暂时回避，等情绪稳定后再重新面对。不要处处与人竞争，对人多存善意，心境自然会变得平衡。

更多时候，有限的退让是一种自保的策略，更是一种为人处世必备的心理素质。因为只有退让才能换来更大的生存空间、发展空间；只有退让才能换来以后更长足的进步、更辉煌的前程。

待人处世，凡事要忍让为先。常言道："忍得一时之气，免得百日之灾。"对长辈容忍则孝，夫妻间容忍则和，对朋友容忍则善，对年幼者容忍则美。能容忍别人的人，别人自然会容忍你。忍字头上一把刀，一忍万事消。宁可人负我，绝不我负人。万一跟人有了争执，一定要这么想："小不忍则乱大谋。"对人应宽其胸，明其理，知其道，以嫌为上，切勿以己之心，度他人之腹。要知道："能忍耐终身受益，大学问安心吃亏。"

宰相之肚，纳众人之船

"凡人言语正到快意时便截然能忍默得，意气正到发扬时便翕然能收敛得，愤怒嗜欲正到腾沸时便廓然能消化得，此非天下之大勇者不能也。"

——王阳明

"宰相肚里能撑船"不是一句虚话，但凡真正的大人物，都有相对广阔的胸襟，斤斤计较之辈，一般难有太大的出息。

王阳明虽然没有做过宰相，却比一般宰相还要大肚。平定了叛乱，俘虏了宁王朱宸濠之后，他先是把功劳全都让给了别人。而之后，朝中太监张永向王阳明索要朱宸濠筹备造反时打通关系送礼行贿的账本，张永本想借此账本整理整理那些平时跟王阳明唱反调的人，但王阳明却声称把这个账本给烧了。在他眼中，叛乱已经平定，再没有理由大动干戈，就到此为止吧！

一个真正成功的人，必须要有博大的胸襟。一个胸襟宽广的人，才能不被狭隘偏私所限制，才能认识生命真正的意义，成为识人才的伯乐，眼光高远，千金买马骨。

曹操在诗中所说："青青子衿，悠悠我心。但为君故，沉吟至今。"无论在什么时代，人才永远都是最重要的。人才难得，所以很多政治家对冒犯自己的人才往往能既往不咎，收为己用。这也是他们能成就霸业的关键。

齐桓公即位后，即发令要杀公子纠，并把管仲送回齐国治罪。因为管仲做

公子纠的师傅时，想用箭射死齐桓公。结果齐桓公假死逃过一劫。管仲被关在囚车里送到齐国。鲍叔牙立即向齐桓公推荐管仲。齐桓公气愤地说："管仲拿箭射我，要我的命，我还能用他吗？我恨不得杀之而后快！"鲍叔牙说："以前他是公子纠的师傅，所以他用箭射您，这不正好体现了他对公子纠的忠心吗？而且要是论起本领来，他比我强多了。主公如果要干一番大事业，我看管仲可是个用得着的人。"

齐桓公也是个豁达大度的人，听了鲍叔牙的话，不但不治管仲的罪，还立刻任命他为相，让他管理国政。管仲帮着齐桓公整顿内政，开发富源，大开铁矿，多制农具，后来齐国越来越富强了。

齐桓公既往不咎，原谅了管仲的冒犯，原因在哪儿呢？一是各为其主；二是管仲确有大才。还有最重要的一点是齐桓公确实是一个有胸襟的人。化敌为友，使其成为自己最得力的干将，这是古代领导者常见的戏码。

我们常说，滴水之恩，当涌泉相报，就是这个道理。对别人的好，以后都会反馈回来的。《孙子兵法》里最精妙的招数要数"攻心"。而要攻心，就非得有一颗有容乃大的心。能够包容、忍受别人不能忍受的苦难甚至屈辱，才能成就别人无法成就的大事业。

韩信是淮阴人，他幼年丧父，后来母亲也在贫病交加中死去了。韩信从小只好读书习武，不会种田、做生意，到了无以为生时，只得到邻里家中混饭吃。

一天，韩信遇到一群恶少，其中一个侮辱韩信说："别看你长得又高又大，好佩刀剑，其实是个胆小鬼。你要是怕死，就从我的胯下钻过去。"韩信牢牢地盯着他看了好久，终于忍了气爬着从他的胯下钻了过去。市井人皆耻笑韩信，认为他胆小如鼠，这就是"胯下之辱"。后来，刘邦在韩信的帮助下终于打败项羽，平定了天下。

韩信可谓是一个聪明顾大局的人。如果当时韩信一怒之下杀了那个无赖，吃了官司置身于牢狱之中，还谈什么抱负。要想能屈能伸就得学会忍，忍气吞声是一种肚量，能够克己忍让，是深刻有力量的表现，也是雄才大略的表现；能够明白轻重，分清大小的人才具有成大业的潜质。

王阳明接受两广新命的时候，当朝的无耻之人对其的诬陷仍然不断，朝廷没有对其给予任何的澄清，但是王阳明把天下百姓的安危放在最重要的位置，不顾病体，踏上了前往广西收拾残局的道路。没有私心也就自然能够容忍无耻之人的不仁，生活中，我们虽然没有机会面对这样的重大选择，但也应该学学王阳明，凡事不要总考虑自己的利益，心自然就能容纳更多。

不急人怒，忍让内敛

"往年区区谪官贵州，横逆之加，无月无有。迄今思之，最是动心忍性砥砺切磋之地。"

——王阳明

世间什么力量最大？忍辱的力量最大。拳头刀枪，使人畏惧，但不能服人，唯有忍辱才能感化强者。诸葛亮七擒孟获，廉颇向蔺相如负荆请罪，此皆忍辱所化也。

王阳明也坦言，当时被贬谪贵州，逆来顺受、一无所有的境地，是最能锻炼自己忍耐力、最能够使他静心忍性的地方。在军事思想上王阳明最擅长的就是绝地反攻，在平定朱宸濠叛乱的时候，王阳明率领的义军几次陷入绝境却又几次奇迹般的获得胜利，最终打倒了朱宸濠。即使在自己占据兵力优势的时候，王阳明也善于忍耐、再忍耐，等到最佳时机用最少的损失获得战斗的主动权和最终的胜利。他善于忍耐，善于放低自己的位置，这样的军事思想源自他的自信和忍耐。

"自行本忍者为上。"做人要忍，尤其对那些性情暴躁之人，遇事不要轻易发火，要学会自制，否则，相处不愉快的人多了不利于自己日后的发展。

富弼是北宋仁宗时一位品行很好的宰相，然而富弼年轻的时候，因能言善辩常常在无意间得罪了不少人，给自己的事业、生活带来了不利影响。

经过长时期的自省，他逐渐变得宽厚谦和。所以，当有人告诉他谁在说他的坏话时，他总是笑着回答："怎么会呢，他怎么会随便说我呢？"

一次，一个穷秀才想当众羞辱富弼，便在街心拦住他道："听说你博学多识，我想请教你一个问题。"

富弼知道来者不善，但也不能不理会，只好答应了。

秀才问富弼："请问，欲正其心必先诚其意，所谓诚意即毋自欺也，是即为是，非即为非。如果有人骂你，你会怎样？"富弼想了想，答道："我会装作没有听见。"秀才哈哈笑道："竟然有人说你熟读四书，通晓五经，原来纯属虚妄，富弼才智驽钝，充其量不过是个庸人而已！"说完，大笑而去。

富弼的仆人埋怨主人道："您真是难以理解，这么简单的问题我都可以回答，怎么您却装作不知呢？"

富弼说道："此人乃轻狂之士，若与他以理辩论，必会剑拔弩张、面红耳赤，无论谁把谁驳得哑口无言，都是口服心不服。书生心胸狭窄，必会记仇，这是徒劳无益的事，又何必争呢？"

几天后，那秀才在街上又遇见了富弼。富弼主动上前打招呼。

秀才不理，扭头而去；走了不远，又回头看着富弼大声讥讽道："富弼乃一乌龟耳！"

　　有人告诉富弼那个秀才在骂他。

　　"是骂别人吧！"

　　"他指名道姓骂你，怎么会是骂别人呢？"

　　"天下难道就没有同名同姓之人吗？"

　　他边说边走，丝毫不理会秀才的辱骂。秀才深感无趣，便走开了。

　　人的一生谁都难免会遇上像富弼这样难堪的局面，遭到他人不公正的批评甚至辱骂。富弼用行动告诉我们，不论是卑鄙的、恶毒的、残酷的，你千万不要被对方一句不公正的批评或难听的辱骂而变得像对方一样失去理智。获胜的唯一战术，就是保持沉默，不和别人发生正面冲突，就连多余的解释也没必要。如果别人骂你，你大可以把他当成空气，对他置之不理。因为在这种情况下，相互争吵、辱骂既不会给任何一方带来快乐，也不会给任何一方带来胜利，只会带来更大的烦恼、更大的怨恨、更大的伤害。退一步讲，在对骂中没有占上风的一方，当众出丑，带来的只是对自己的怨恨。占了上风的一方，虽然把对方骂得体无完肤，又能怎么样？只能加深对立情绪，加深对方的怨恨。

　　成功学家戴尔·卡耐基说："要真正憎恨对方的简单方法只有一个，即发挥对方的长处。"憎恶对方，恨不得剥他的皮、吃他的肉，而其结果则只能是使自己焦头烂额、心力交瘁。卡耐基的"憎恶"是另一种形式的"宽容"，憎恶别人不是咬牙切齿，而是把对方的长处化为自己强壮身体的钙质。

　　为了更好地保全自己、发展自己、成就自己，我们就要学会俯身，放低姿态，在社会生活中表现得谦逊、低调、圆融、平和。因为，许多时候，正是我们的"低姿态"、我们的"内敛"，才使我们的人生更加完满。

恕人之过，释人之嫌

　　"及至吾身与至亲，更不得分别彼此厚薄。盖以仁民爱物，皆从此出；此处可恕，更无所不恕矣。"

——王阳明

　　王阳明推崇心学之说，认为万事万物要从自己内心中去寻求。在当时宋儒理学流行的年代，心学是一种突破性的学说，让人在一片茫然中看到了希望，所以听王阳明讲心学的弟子逐渐遍布天下。王学的风靡，让朝中当权者们受到了威胁，于是非难王阳明及心学。弟子们为老师受到这样的待遇很是不满，纷纷为王阳明打抱不平。王阳明倒是宽宏大度，一如既往着自己乐此不疲的讲学事业。

一个人若能有宽宏的度量，他的身边便会集结起大群知心朋友。大度，表现为对人、对事能"求同存异"，不以自己的特殊个性或癖好对待他人。大度，也表现为能听得进各种不同意见，尤其能认真听取相反的意见；大度，还要能容忍他人的过失，尤其是当他人对自己犯有过失时，能不计前嫌，一如既往；大度，更应表现为能够虚心接受批评，发现自己的过失，便立即改正，和他人发生矛盾时，能够主动检查自己，而不文过饰非、推诿责任。大度者，能够关心人，帮助人，体贴人，责己严，责人宽。王阳明曾说，自己和亲人之间都不应该分彼此薄厚，应该以仁爱宽容的心去对待人民和世间万物。这里可以忍耐，就没有别的不可以忍耐的地方了。

人与人在相处中，难免会发生矛盾，出现这样或那样的失误与差错，如果你不让我，我不让你，就很容易引发争斗。这时，我们就需要打造宰相的"肚子"，既宽容他人也宽容自己。

朝廷里有位高官这日在家中宴请宾朋，酒过三巡之后，高官向一旁的悬云观道士请教道：

"怎样才能提高一个人的修养？"

"从最根本做起。"

"愿闻其详。"

"在你对别人求全责备的时候，想想自己是不是已经做到了，在指出别人不对的时候，看看自己是不是做正确了。所谓'严于律己，宽以待人'便是此理。"

按照这位道士的话，人最根本的修养就是用宽容之心对待别人。宽容是一门做人的艺术。宽容待人，首先要在心理上接纳别人、理解别人、体谅别人，在接受别人的长处时，也接受别人的短处。其次，当你遇到事情打算用愤恨去实现或解决时，不妨试着去宽容，或许它更能帮你实现目标，解决矛盾，化干戈为玉帛。

把自己当成别人，站在对方的角度去体会对方的情感；把别人当成自己，感同身受，亲身去体验别人的感受；把别人当成别人，我们无法强求别人改变，只能去理解别人；把自己当成自己，我们的一切理解和包容并非为了别人，而是为了自己，设身处地地宽容别人，其实也是在宽容我们自己！

容人之过、释人之嫌是一种为人的度量，也是一种谋略。大肚能容，方能得人之心。人非圣贤，谁能不犯错误呢？人犯了错之后，总是非常迫切地希望得到别人的宽容，给他一次悔过自新的机会。所以，对于一些不属于罪在不赦的错误，为什么不给对方一个改过的机会呢？对方一旦重新获得别人的宽容，就会产生感恩图报的心理，以期通过自己加倍的改过表现来获得对方的认可。

容人方能得人之心

"处朋友，务相下则得益，相上则损。"

——王阳明

嘉靖元年，一位泰州商人穿着奇装异服来到王阳明家里求学，想拜入王阳明门下，王阳明一口答应了。不久，这人就打算穿着奇装异服出去游历、讲学。王阳明问他为什么要穿成这样，这人便以反对理学陋规，讲究心学为借口。王阳明知道他是怕别人看不起，所以才穿着奇异的服装，打着王阳明的旗号出去讲学，便一口拆穿了他，说他只不过是想出名罢了。这人一听被老师看穿了，只想收拾起最后一点尊严离开，没想到王阳明没有计较，反而继续留他在家里。从此这个人洗心革面、一心向学，他就是王阳明最优秀的学生、泰州学派的创始人——王艮。

人们常说水至清则无鱼，人至察则无徒。如果你是别人的上级或者师长，不能容忍下属、学生的任何过错与不足，久而久之是很难在下属或者学生之中树立起威信的。

其实，历史上有很多明君，他们都是睁一只眼闭一只眼，在小事情上他们都无比糊涂，不会把下属逼得每日战战兢兢，如临深渊、如履薄冰。当然遇到大事情或者触犯大原则的时候，他们也毫不客气，一点也不手软。容忍别人的过错，是一个人心胸宽广的表现，同时也是一种生存的谋略。

楚庄王逐鹿中原，连续几次取得了胜利。庄王设宴款待群臣。席间，庄王命最宠爱的妃子为参加宴会的人敬酒。

　　这时，天色渐渐暗下来，大厅里开始燃起蜡烛。猜拳行令，敬酒干杯，君臣喝得兴高采烈，好不热闹。忽然，一阵狂风刮过，客厅内所有的蜡烛一下全被吹灭，整个大厅一片漆黑。庄王的那位美妃，正在席间轮番敬酒，突然，黑暗中有一只手拉住了她的衣袖。对这突然发生的无礼行为，美妃喊又不敢喊，走又走不脱，情势紧迫之下，她急中生智，顺手一抓，扯断了那个人帽子上的缨。那人手头一松，美妃趁机挣脱身子跑到楚庄王身边，向庄王诉说被人调戏的情形，并告诉庄王，那人的帽缨被扯断，只要点明蜡烛，检查帽缨就可以查出这个人是谁。

　　楚庄王听了宠妃的哭诉，出乎意料地表示出很不以为然的样子，趁烛光还未点明，便在黑暗中高声说道："今天宴会，盛况空前，请各位开怀畅饮，不必拘礼，大家都把自己的帽缨扯断，谁的帽缨不断谁就是没有喝好酒！"群臣哪知庄王的用意，为了讨得庄王欢心，纷纷把自己的帽缨扯断。等蜡烛重新点燃，所有赴宴人的帽缨都断了，根本就找不出那位调戏美妃的人。就这样，调戏庄王宠妃的人，不仅没有受到惩罚，就连尴尬的场面也没有发生。按说，在宴会之际竟敢调戏王妃，堪称杀头之罪了。楚庄王为什么蓄意开脱，不加追究呢？他对王妃解释说："酒后失态是人之常情，如果追查处理，反会伤了众人的心，使众人不欢而散。"

　　时隔不久，楚庄王借口郑国与晋国在鄢陵会盟，于第二年春天，倾全国之兵围攻郑国。战斗十分激烈，历时三个多月，发动了数次冲锋。在这场战斗中有一

名军官奋勇当先，与郑军交战斩杀敌人甚多，郑军闻之丧胆，只得投降。楚国取得胜利，在论功行赏之际，才得知奋勇杀敌的那名军官，名叫唐狡，就是在酒宴上被美妃扯断帽缨的人，他此举正是感恩图报啊！

如果说当年楚庄王"三年不鸣，一鸣惊人"之举表现出他在诸侯中问鼎称霸的韬略和气魄的话，那么在宴会中绝缨之事，则表现了他宽容大度的襟怀。

容人之过，方能得人之心。有过之人非常希望看到他人的宽容和友谊，希望得到悔过自新的机会。这种需要一旦得到满足，其对立情绪便会立即消失，感恩戴德，"得人滴水之恩，必当涌泉相报"的情感很快在心理上占据主导地位。在这个基础上，稍加引导，就会产生像"戴罪立功"那样的心理效果。

一名统御者能宽宥属下的某些过失，宽大为怀，容人之过，念人之功，谅人之短，扬人之长，必然会得到部下的奋力相报，在客观上为自己留下了一条后路。

忍小事成大事

"其后谪官龙场，居夷处困，动心忍性之馀，恍若有悟。"

——王阳明

王阳明自言被贬谪龙场后，居住在蛮夷之地，处境贫困之极，但是自己"动心忍性"，最终有所领悟。那时候的王阳明初入官场，胸怀大志却被奸臣刘瑾暗算，贬谪到贵州，甚至在路上险些遭到杀害。但他还是忍下了这口气，巧妙地躲过了暗杀，走马上任。也正是因为他的隐忍，暂时打消了刘瑾的疑心，保住了性命；更是因为他暂时的隐忍才有了后来的"龙场悟道"，从此创立了心学。

王阳明虽被贬，心中志向也被扼杀，但他仍然不急不躁，不仅避免了杀身之祸，还成就了自己的前途。在现实生活中，性格急躁、粗心大意的人，难以办成大事；性情温和、内心安详的人，必然万事顺意。不掌握自己命运的人，必定要被命运所捉弄。

古时，有位妇人经常为一些琐碎的小事生气。她也知道这样不好，便去求一位世外高人为自己开阔心胸。世外高人听了她的讲述，一言不发，把她领到柴房中，上锁而去。妇人气得跳脚大骂。骂了许久，世外高人也不理会。妇人转而开始哀求，世外高人仍是置若罔闻。妇人终于沉默了。世外高人来到门外，问她："你还生气吗？"

妇人说："我只为我自己生气。我怎么会到这个地方来受罪。"

"连自己都不能原谅的人，怎么能心如止水？"世外高人转身而去。

过了一会儿，世外高人又问她："还生气吗？"

"不生气了。"妇人说。

"为什么？"

"生气也没有办法呀！"

"你的气并没有消逝，还压在心里，爆发后，将会更加剧烈。"世外高人又离开了。

世外高人第三次来到门前，妇人告诉他："我不生气了，因为不值得生气。"

"还知道不值得，可见心里还有衡量的标准，还是有'气根'。"世外高人笑道。

看到世外高人的身影迎着夕阳立在门口时，妇人问他："什么是气？"

世外高人将手中的茶水倾洒到地上。

妇人看了一会儿，突然有所感悟，于是，她叩谢而去。

妇人问"什么是气"。高人想说的是：气，其实是一种需要上的失落。当我们容许别人来掌控自己的情绪时，本身就已经成为一个受害者，当对发生的现况无能为力的时候，抱怨与愤怒便成了唯一释放的选择。生气就是在用别人的过错来惩罚自己。既然如此，又何必生气呢？

莫生气，因为生气伤身又伤神。每个人都有自己的情绪，要学会控制，否则，有些过分的语言和行为，会误事更会伤人。要做大事，要成大事，关键在于一个"忍"字。人常说，忍字头上一把刀。忍耐是痛苦的，但是忍字也有一颗心。如果多一些容忍，不管是包容别人的人，还是被包容的人都会获得身心的愉悦。

古代有个叫张崇的人，年轻的时候在山坡上放牛，没多久张崇便不知不觉地打起盹来。这时，他被一声牛叫惊醒，他看到自己的邻居蹑手蹑脚地抓起缰绳，把自己家的牛牵走了。

张崇并没有马上喊叫起来，他很了解这个邻居的情况，由于家里贫困，邻居家已经很久没吃上肉了。张崇从地上起来，不动声色地跟在邻居的后面。

到了邻居家后，张崇看到邻居正在磨刀，看样子是要宰牛。此时，邻居发现张崇立在一旁，顿时满脸羞愧，拿刀的手不知往哪里放。张崇并没有责怪邻居，而是对他说了一个故事。

原来，张崇小时候家里的日子过得很艰难，常常吃了上顿没下顿，一次，他跑到一户人家的地里，偷了一个西瓜，主人发现后并没有说什么，而是从地里又拿来节西瓜给张崇吃，临走还让他捎上几个。

过了十几年，张崇在京城当了官，经常对手下人讲起这两个故事，说："我用我自己的行为去感染对方，这要比责骂杀头有用得多，如果天下人都这么做，那么我们就能看到太平之世了。"

西瓜的主人并没有责备张崇，反而给他西瓜吃。张崇被感染了，于是当自己的牛被人牵走时，他也没有责骂，而是忍耐着，用行动去感染。所谓小事不忍，难成大谋。为人要学会忍耐，如果一点小事都不能容忍而发脾气，就只会坏事。只有下定决心耐住性子，才能做成事，否则就会有麻烦缠上身。只需忍耐，明天就一定会有阳光。

明朝初期，宋儒理学占有统治地位，但是王阳明的学说问世后刮起一股新风，开辟了儒学新的局面。但是也遭到了不少学者的异议。如同朝为官的吴廷翰就"知行"的问题对王阳明的学说进行了批判。他认为，人所认识的是外界的客观存在，强调感性的知和行在认识中的作用，也就是说，知便是物的对应，"不可求知于物之外""言知之物，乃知之着实处"，假如离开了外界事物，则只有"空知"，失去了认识的对象和来源等。王阳明对于他人的批判，指责，并没有表现出多么的不满，而是包容大度，他认为这是学术发展的正常现象。暂且不说

学术上的对与错，只看王阳明的包容之心。

每一位优秀人物的身旁总会萦绕着各种纷扰，对它们保持沉默要比寻根究底明智得多。我们应当保持一种温和平静的心态，从容地面对那些纷扰。

生活中有些事情或许你永远不会习惯，但这样的日子你还得一天一天地过下去，所以你必须学会忍耐。没有能力改变现实，那么你就必须忍耐、适应，等一切都过去了，剩下的就是美好的了。

心存厚道，宽容他人

"禽兽与草木同是爱的，把草木去养禽兽，又忍得？人与禽兽同是爱的，宰禽兽以养亲与供祭祀、燕宾客，心又忍得？至亲与路人同是爱的，如箪食豆羹，得则生，不得则死，不能两全，宁救至亲，不救路人，心又忍得？"

——王阳明

古人曾经咏叹零落成泥的落花，说："碾我入尘土，依旧笼乾坤。"意思是说，虽然被千人车马犬彘践踏，却并不抱恨，依旧用自己的香气笼罩乾坤天地，这种气质和胸襟着实令人敬佩。

王阳明也曾经发出类似的感叹：草木与动物都是值得人去爱护的，人们应该心存厚道，拔掉草木去喂养动物，怎么能忍心呢？人和动物也一样值得爱护，杀了动物去祭祀或者宴请宾客，怎么能忍心呢？亲人与陌生人也一样值得爱护，两个都快饿死了，给点吃的便可以救活，宁可救自己的亲人而不救陌生人，又怎么能忍心呢？

正所谓"宽可容人，厚可载物"，涵养包容不仅是立业之道，也是待人处世的良方。人人以慈悲安住身心，包容与我不同思想、不同信仰、不同性别、不同种族的人，如此社会自然祥和。"当紫罗兰被脚踩扁的时候，却把芳香留给了它。"这是美国作家马克·吐温给宽容作的一个最为形象的注解。其实，宽容别人的同时，也是在升华自己。

一颗包容之心，既蕴涵着善良的心意，又是一种人生智慧的体现。当包容心渐起的时候，人的自我观念就会减少，以一颗菩提心提升自我，关照他人。自古以来，宽厚的品德、宽容的性格就为世人所称颂，心胸狭窄被认为是一种缺陷。

唐代狄仁杰非常看不起娄师德，但实际上娄师德并不计较这些，并推荐狄仁杰当宰相。还是武则天捅开了这层窗户纸。

有一次武则天问狄仁杰说："娄师德贤能吗？"

狄仁杰回答说："作为将领只要能够守住边疆，贤能不贤能我不知道。"

武则天又说："娄师德能够知人善任吗？"

狄仁杰回答："我曾经与他共事，没有听到他能够了解人。"

武则天说："我任用你就是娄师德推荐的。"

狄仁杰知道后非常惭愧，尽管自己经常对他嗤之以鼻，但是娄师德却仍然能以宽厚、公平的心来对待自己。他深深地感叹道："娄公德行高尚，我已经享受他德行的好处很久了。"

娄师德不仅不计前嫌，反而向皇帝推荐狄仁杰，正所谓任人唯贤，这种品质非常难得。包容别人，也会给自己创造更大的心灵空间。学会宽容，意味着我们不再患得患失。宽容，也包括对自己的宽容。只有对自己宽容的人，才可能对别人宽容。承认自己在某些方面有不足，才能扬长避短，才能心平气和地工作与生活。人的烦恼一半源于自己，即所谓画地为牢、作茧自缚。芸芸众生，各有所长，各有所短。争强好胜达到一定程度，往往会受身外之物所累，失去做人的乐趣。懂得宽恕别人的人，自己也会得到真正的快乐。

《三国演义》中蜀国宰相蒋琬凭借其"以安定民众为根本，为政重实效，不做表面文章"的务实、稳重的作风，深得诸葛亮的赏识，留下遗言推荐他继任丞相一职。蒋琬上台后，有许多人不服气。蜀国另一位大臣杨仪，自认为做官的资历比蒋琬高，官阶却位于他之下，并且未得到重赏，所以经常口出怨言，对别人说要是在诸葛丞相初亡时，自己带着人马投靠魏国，就不会有如此抑郁不得志的下场了。后主刘禅听到此传言，大怒，要治他的罪问斩。蒋琬虽知杨仪不服自己，但罪不该死，反而替他求情。

蒋琬手下有个谋士杨戏，蒋琬和他讨论事务时，他常常一声不响。有人借机中伤杨戏，向蒋琬告密说他傲慢无礼，不把现任丞相放在眼里。蒋琬深知一个人若对另一个人没有好感，甚至怀有敌意的话，那么无论用何种方式都很难改变对方，而且，若计较一时一事，就有可能演变成门派斗争，不利于国家安定。于是他反过来替杨戏辩解说："杨戏不过是性情内向，言语谨慎罢了。以后不许在我面前说人是非。"

　　蒋琬就是以其宽容大度、求同存异的处世气度，赢得了众人的敬仰，赢得了广泛的人缘，在诸葛亮去世后的一段时间里，对稳定蜀国民心起了很大的作用。

　　中国台湾作家罗兰说："宽宏大量是一种美德。它是由修养和自信、同情和仁爱组成得。一个宽容大量得人快乐必多，烦恼必少。"宽容是一种俯瞰的姿势，是一种善与美得投入，更是一种智慧。这种智慧的源泉来自于文化的修养和思想的明智与深刻。

　　有了宽容，才有了人生的快乐和放松，这就是宽容的真谛。所以人生的宽容是一种建立在认识现实基础上的心安理得的生活方式。宽容是不抱怨，而不是虚假的开心、欺骗的宽容和不老实的异想天开。我们宽容了别人，自然就会放下情感的包袱，升华自己的心灵和人生。

　　王阳明指出，交朋友，要互相谦让宽容，这样就能从中受益，如果只会互相攀比，憎恶，自然就会受到损害。宽可容人，厚可载物。能宽容他人的人，也会是心存厚道的人，在为人处世中注意为他人留情面，既顾及他人，也保全了自己的利益。

第十四章

利他心：
己所不欲，勿施于人

善待别人就是善待自己

"君子贤其贤而亲其亲，小人乐其乐而利其利。"

——王阳明

王阳明带兵打仗，所到之处，都会站在当地百姓的立场来看问题，想问题。王阳明在作任何决定的时候，都会从良知出发。他认为天地万物本是一体的，人民困苦，也就相当于自己身受困苦。这个时候他不仅在当地采取措施帮助人民逃离苦海，还上书朝廷帮助解决困难。

金钱、地位、名声种种都是披着豪华的外衣，招惹了一批又一批的追逐者。但是，这些仅仅只是外在的，就算富可敌国，终有一天，它们都会离你而去。所以，拥有财富、拥有荣誉，不光是光环那么简单，更多的是一种责任。这个时候，顾及的不只是个人而已，造福社会才是长久的可行之道。

正像王阳明说的，君子尊重并赏识贤德的人，而无德之人只顾自己享乐，只顾贪图自己的利益。贪婪的本质是不安定，它像是长在人内心深处的一棵毒草，不断地腐蚀着本来清净的心灵。它时而蛰伏，时而膨胀，人若不能摆脱就只能受制，所谓人心不足蛇吞象，过于贪婪而没有节制只能招致生活的惩罚。无论是贫还是富，只要你能够帮助到别人，就不应该吝啬自己的善心。

两个同村的砍柴人相约去村西的山上砍柴，这两个砍柴人一个年长，一个少壮，都是砍柴的一把好手。但是相比之下，由于岁数和经验的差别，年长的这个砍柴人还是比少壮的这人显出更大的能力。

两人来到山上，拿出砍刀砍柴，村西的这座山，山势不高而且树木繁茂，一开始两个人的进度都相差不多，过了两个多小时，天气渐渐炎热起来，少壮的砍柴人躺在地上休息了一会，而年长的那位依然砍柴不止，并且已经从山的这边移到了山的那边。眼看就要比预计的时间提前一个多小时砍完柴。

这个时候，少壮的从梦中醒来，看看天色暗了下来，而自己还没有砍完今天的两捆柴，于是急忙起来，也不用砍柴刀，而是用手一根根地折断树枝和杂草。但是今天的天色不知怎地暗得比以往早，直到太阳落山，少壮的砍柴人也没有砍完今天所需用的柴火。

这时年长的喊他下山了，当这个年长的砍柴人看到他孤零零的一捆柴时，明白少壮的这人没有好好砍柴，他一声不响地拿过自己的一捆柴火，对少壮的说：

"这下够你用一天的了。后天我们再来砍。"

少壮的说："这些柴火都是用来卖钱的，你给了我，不是少了很多收入吗？"

年长的说："钱今天少赚，明天可以多赚，但是烧火做饭却是一刻不能受影响的。我这些柴火够我用的了，而你也不会受饿，这不是两全其美的事情嘛。"

年长的砍柴人其实说出了我们很多人明白但又很难做到的真理——你是一个人享用此间的美好，还是将这种美好散播到每个人的身上，独乐乐不如众乐乐？其实，再平凡再普通的人只要有一颗爱心，一样能做出让所有人感动的善行。而那些只顾自己享乐的人大多是因为心中欲望太多，不能一一得到满足，于是产生烦恼，就会觉得苦。人为了摆脱这种感觉就会竭尽全力地再次索取，像是困在海上的水手，船仍在海上，彼岸遥遥而淡水枯竭，无边浩瀚的海洋就像是诱惑无数的花花世界，第一口海水本意为了解渴，哪知命运却也就此断送在了这一口海水中。

欲望是无穷的，贪婪像是一把利刃，不能丢下就不能踏上苦海之岸，心中揣着太多的贪念，行走尚且蹒跚，又怎么回头？不回头，哪里是苦海的岸呢？要想上岸，必须除去贪念，提起一颗爱心，将奉献当作一种快乐。

王阳明晚年回答学生的书信中写道：择其善而从之。就是强调要做善行。善待别人、给予他人就是奉献，所奉献的不仅仅是物质财富，还包括精神和理念。这是抵制贪念的第一利器，是一个人充满爱心的具体表现，更是一个人有智慧和有责任心的表现。通过帮助别人可以体验到快乐，所以说，善待别人，也就是善待了自己。

自利则生，利他则久

"夫道有本而学有要，是非之辨精矣，义利之间微矣。"

——王阳明

王阳明很注重个体的社会责任，个体作为社会的存在，同万事万物是共存的关系，这个观念便具体化为以仁道的原则对待一切社会成员并真诚地关心、友爱他人。他那看似不融于世，其实又处于俗世的一生始终都坚持着通过仁爱来显现内心的良知。即便抱负冤屈，坎坷一生也是如此。

利他方能自利，害人实际是在害己。敬人者，人敬之；爱人者，人爱之；损人者，人损之；欺人者，人欺之。所以，我们应该做到自利利他，不可损人利己。

我们每一个人都有两只手和两只脚，这本来就是为劳动而准备的，倘若我们不将它们用来劳动，不但让双手双脚发挥不了作用，而且对身体也没有任何好处。换句话说，倘若常常劳动，身体必定很健康。这样对双手双脚有利的同时也对身体有利，可谓是一举两得。而在王阳明看来，义与利之间的差别很小，也就是说，如果能做一些"义"事，对他人有益，自己也一定能获得利益。

利己是人与生俱来的本性，它归根结底源自生存的需要。但人是生活在群体之中的，单方的利己行不通，互相帮助更有利，帮助别人是帮助自己，于是产生了群体中利他的行为准则。

雍正年间，京城有一家规模很大的药店，他们的药物质地好，连皇上都信得过他们，并允许他们给皇宫供药。

有一年，由于前一年是暖冬，没怎么下雪，一开春的时候，气候反常，所以在三月里的会试能不能顺利进行，就成了朝廷最为担心的事情。因为当时清廷招募考生，都是在科场号舍举行的，那里多为应付考试搭建的，里面空间狭窄，伸不开腿，也直不起腰。考生从开考到结束，三天不能出号舍，这样身体差一点的就会支撑不住，再加上天气的原因让很多考生的精神都变得萎靡。

根据这一年的实际情况，那家药店赶治了一批治时气的药散，并托付内阁大臣奏明皇上，说要送给每一个考生，让他们备不时之需。雍正帝正在为会考的事情发愁，见这家药店主动为皇上解忧，自然大加赞许。于是，这家药店派专人守在考场门口，给每个考生发派药物，并且附带一张宣传单，上面印上了他们药店最有名的药物。结果，一半是因为药店的支持，另一半是由于当年考生的运气好，很少有人中场离席。

由此一来，不管是中举的还是没中的，人们纷纷来这家药店买药。由于考生们来自全国各地，自此以后，全国的人都开始知道了这家药店，并且都来支持他们的生意。

只用了很少的本钱，却换来了大生意。这家药店能够赢得这么大的成功，就是因为它懂得利他方能自利的原则。

一个人活在世上，虽然不能做到利人不利己，最少要能从利己想到利人，所谓"自利利他"。利己与利他并不总是处于对立的位置，很多时候，二者完全可以统一起来，人都有利己的一面，这是由于每一个生命个体都有自己生存的各种各样的需求，人的一切行为都是为了满足自身的需要，因此人的行为动机为利己。在利己的意识驱动下，人做出了种种行为，而这种种行为的客观结果产生了利他。

如果我们每一个人都能做到利他，那么我们每个人也都会得到自利，这便是所谓的"我为人人，人人为我"。因为我们在别人眼中也是"他"，对别人来说是利他，对自己来说就是利己。如果人人都不管"他人"，而只顾自己，那么我们自己就成为了人人都不管的"他人"，而只有自己去关心自己。然而，在这个群体共生互助依存的社会上，只靠自己关心自己是远远不够的，一个人的能力是有限的，需要借助他人的力量。因此，对于我们每一个人而言，利他方能利己，所以，用一颗利他的心去对待他人才是生存之道。

爱出者爱返，福往者福来

> "意在于仁民爱物，即仁民爱物便是一物。"
>
> ——王阳明

正德年间，宁王朱宸濠叛乱，时任赣南巡抚的王阳明手里既没有平叛的兵权也没有平叛的御旨，打倒朱宸濠的叛军对他来说不是责任也不是义务，但是他却毅然挑起了平叛的重任，为的不是别的，就是为了报国救民，为的就是使千千万万的无辜百姓免受硝烟战火的蹂躏和摧残。也正是因为王阳明对于百姓的爱和付出，当他义旗高举的时候在短短十几天内就获得了众多百姓的支持。平叛后，智勇双全的王阳明也自然受到了黎民百姓的爱戴。

"爱出者爱返，福往者福来。"为他人奉献善心，为社会造福祉，他人和社会必定会以善回报于我们。这就好比因果循环，我们种下了什么样的因，也将会收获什么样的果。

人们之所以不快乐，是因为不明白仁爱的道理。往往忽视了自己也是需要付出的，而去一味地寻求结果，结果只会导致不分青红皂白地怨天尤人，抱怨自己没有得到幸福和快乐。

福往与福来间，我们都要为自己的举动负责，因果之间不只是简单的报应关系，而是一种对责任的深化。如果心中有爱，胸中有福，不是一人独享，而是与人分享，那人生又有什么苦恼可言呢？

孟子在与邹穆公对话时，引用了曾子的话，"出乎尔者，反乎尔者也"，这都是因果报应的观念。古今中外，一切事情都逃不开这个因果律。因果，最简单的解释，就是"种什么因，得什么果"，这是自然界的普遍法则，世界上没有任何一种结果不是从它的原因生成，正所谓"种瓜得瓜，种豆得豆"，福往者才能福来。关于因果之缘的古今轶事，实在不胜枚举。

春秋时期，秦穆公在岐山有一个王室牧场，饲养着各种名马。有一天几匹马跑掉了，管理牧场的牧官大为惊恐，因为一旦被大王知道，定遭斩首。牧官四处寻找，结果在山下附近的村庄找到了部分疑似马骨的骨头，心想，马一定是被这些农民吃掉了。牧官大为愤怒，把这个村庄的三百个农民全部判以死刑，并交给穆公。

牧官怕秦穆公震怒，于是带领这些农民向穆公报告说，这些农民把王室牧场里的名马吃掉了，因此才判他们死刑。穆公听了不但不怒，还说这几匹名马是精肉质，就赏赐给他们下酒。结果这三百个农人被免除了死刑，高兴地回家了。

几年后，秦穆公与晋惠公交战，陷入绝境，士兵被敌军包围，眼看快被消灭，穆公自己也性命堪忧。这时敌军的一角开始崩裂，一群骑马的士兵冲进来，靠近秦穆公的军队协助战斗，这些人非常勇猛，只见晋军节节败退，最后只得全部撤走，穆公脱离险境。到达安全地点后，穆公向这些勇敢善战的士兵表达自己的谢意，并问他们是哪里的队伍。他们回答说：我们是以前吃了大王的名马，而被赦免死罪的农民。

秦穆公的善举最终获得了好的回报。因果也就是这个道理，一念之善救人救己，人生就是如此。一个人在其漫长的一生中所走的每一步，都已为明天埋下了伏笔。

我们所做的每一件事，都如同我们撒下的一粒种子，在时光的滋润下，那些种子慢慢生根、发芽、抽枝、开花，最终结出属于自己的果实。我们自己所种下的因，遇到适合的条件就会产生一个结果。在这个世界上，因果自有定，做人不执著，不自私，不占有，为而无为，所得与所想，虽常不一致，但皆由人自己制造。

我们种了什么种子，自然结出什么果子。善得善果，恶得恶果。

世间的爱就犹如这因果一样可以循环。爱，给予别人，不见得有直接的回报，但最终也会循环到自己身上。如果每个人在爱护自己的同时，也去关爱别人，那么最终自己也能得到更好的爱护。

爱出者爱返，福往者福来。世间的爱与福皆在这因果当中，等着我们去播撒与收获。

与人为善，暖人暖己

"然爱之本体固可谓之仁，但亦有爱得是与不是者，须爱得是方是爱之本体，方可谓之仁。"

——王阳明

早年间王阳明立志于格物穷理，在他看来，明白善与恶的差别就是良知，而怀有善心做一些善事，反对和去除一切"恶人""恶事"便是格物，便能穷理了。其实，无论我们做什么工作，如果能秉持多付出一点爱心的原则，成功就是必然的。

"人之初，性本善"是人所共知的《三字经》的开篇语，但是长大的我们心中是否还留有这一份善呢？而且在这个世界上，贪欲与邪恶、自私与狡诈正以前所未有的程度存在着。然而，善良依然是这个世界最感人的力量，它使我们充满力量与勇气，使我们赢得尊重和支持，帮助我们一步步走向成功。

东汉的开国皇帝刘秀精于谋略，智勇兼备。刘秀在征伐天下的过程中，十分注重御心之术，很多棘手的问题他都能轻松化解，最终战胜所有对手，拥有天下。

建武三年（公元27年），刘秀亲率大军前往宜阳，截断了赤眉军的退路。赤眉军无可奈何只好投降。

刘秀的手下深恐赤眉军再起叛乱，私下对刘秀说："陛下仁爱待人，只需安抚住赤眉军将士即可。刘盆子身为敌人头领，难保不生二心，此人不可不除啊。"

刘秀对手下人说："行仁之义，全在心诚无欺，如此方有效力。朕待他不薄，他若再反，那是他自取灭亡；朕若背信枉杀，乃朕之失，自不同也。"

刘秀对刘盆子赏赐丰厚，还让他做了赵王的郎中。

在刘秀的治理下，天下混乱的局面也平息下来，日渐安定。

刘秀懂得人心永远不是武力可以征服得了的，让人心服才是真正的征服。而善良仁爱的手段具有强大的力量，它在帮助别人的同时也帮助了自己。人的一生应该是施与爱的一生，只有这样，我们才能活出真正的自我，获得一个充实而美丽的人生。

　　善待社会、善待他人，并不是一件复杂、困难的事，只要心中常怀善念，生活中的小小善行，不过是举手之劳，却能给予别人很大帮助，何乐而不为呢？

　　心中有情有爱，世界才会风光无限。仁爱之心如一盏明亮的灯，它可以照亮我们的人生。所谓仁爱，就是先想到别人，能宽容别人，就是要与人为善。

　　楚惠王吃酸菜时，突然发现菜中有一条蚂蟥，他没有声张，不动声色地吞了下去，结果肚子痛得不能吃饭。令尹前来问候，关心地问道："大王怎么得了这种病？"

　　楚惠王说："我吃酸菜时见到一条蚂蟥，心想，如果把这事张扬出去，只是斥责庖厨等人，而不治他们的罪，就违反了法度，那样，今后我自己的威信就无法树立；如果追究他们的责任，就应该诛杀他们，这样，太宰、监食的人，按法律都将处死，我于心不忍啊。所以，我只好把蚂蟥悄无声息地吞咽下去。"

　　令尹深深地施了一礼，祝贺道："我听说上天是铁面无私、六亲不认的，只是辅佐有德行的人。大王您大仁大德，正是上天保佑的人啊，这点小病是不会伤害您的。"当晚，楚惠王胃里的蚂蟥真的出来了，他也不用再忍受疼痛之苦。

　　古语云："人生一善念，善虽未为，而吉神已随之。"意思是说一个人只要心存爱心，即使还没有去付诸实践，吉祥之神已在陪伴着他了。楚惠王为使他

人免除灾难，而不惜自己忍受痛苦的人，这样怎么会得不到上天的眷佑呢？爱人者，人恒爱之；敬人者，人恒敬之。

说到底，慈悲是一种关怀，是无条件地爱一切生命。播种爱心，慈悲为怀不仅能够得到内心的安静祥和，达到美好的境界，而且能够让别人获益，记取你的那份善良与美好。上善若水，涓涓细流，润物无声。播撒爱心，幸福触手可及。

爱人者人爱之

"圣人一生实事，俱播在乐中。所以有德者闻之，便知他尽善尽美，与尽美未尽善处。"

——王阳明

王阳明一生立志做圣贤，虽然父亲反对，觉得他"做圣贤"的志向根本就是无稽之谈，因为历史上能够成为圣贤的人只有寥寥数位，父亲觉得王阳明只是痴人说梦罢了。可是，王阳明却从未停下过脚步，始终向着自己的目标迈进。他说，圣人一生要做的事情就是在人世间播种欢乐。他认为，生命因有了爱，而更加富有。

善良是我们的灵魂所固有的一种感情，行善是一种美德。善行既可以帮助身处困境中的人，又可以使自己的心灵得到安慰，使自己的修养得到提升。

当我们将手中的鲜花送与别人时，自己已经闻到了鲜花的芳香；而当我们要把泥巴甩向其他人的时候，自己的手已经被污泥染脏。与其在自我中心导致的疏远冷漠中承受孤单，不如走出自我封闭的心门，在融洽的互相交往中感受快乐——彼此的快乐。

有一句话叫"生命不是用来自私的"，这是对人生的一种呼喊与渴求，自私的人，时刻在想着自己，而忽略了世间的其他人。他们总是认为整个世界就是为了他而存在，地球也是为了他而旋转的。

从前有一个人，经过长途跋涉，非常疲乏和干渴。他看见一条竹筒连成的水道淌出清清的细流，就赶紧跑过去捧水便喝。喝饱后，他满足地对竹筒说："我已经喝够了，水就不要再流了。"他说完后，发现水依然细细地流着，心中发起了火，"我说我喝完了，叫你不要再流，为什么还流？"

有人见到他这个样子，暗自发笑，上前开导说："你真没有智慧。你自己为什么不离去，反叫水不要流呢？"

希望那些水只为自己而流，不过是自私心理在作祟。人类天性中的缺陷并非无药可救。我们应努力做到"舍弃小我，成全大我"，但基本的仁爱也是应该有的，它可以帮助人们摒弃私心，它可以让人们明白：自己对别人的态度，就是别人对自己的态度。

很多时候，我们无需专门地去为别人做些什么，只要在想到自己的同时能想到别人，那么私心就已经开始远离，而一种共赢的局面就开始进入人们的生活。

王阳明说，人能够将天地万物看为一体，并不是他们特意这样去想，而是他们本有的善性和仁心。他们爱他人、爱生灵万物，把他人和万物视如自己身体的一部分，都是这种仁心善性的表现。

所以，生活在这个世界上，每个人都可能是给予者同时也是接受者。每个人都有需要帮助的时候，那么不如在别人需要帮助的时候宽心地、毫不吝啬地给予，那么在接受别人帮助的时候也不会因为曾经的吝啬和高傲而愧疚、难堪。

诸恶莫作，众善奉行

"性之本体原是无善无恶的，发用上也原是可以为善、可以为不善的，其流弊也原是一定善一定恶的。"

——王阳明

王阳明认为人性本来是无善无恶的，所谓善恶都是人心造成的区别。而他自己也无时无刻怀一颗善心，做了许多善事。他从小就试马居庸关立志扫平鞑靼，报效祖国、解救天下饱受战争之苦的老百姓。后来他满腔热血却被小人暗算，被贬至偏远地区，他深感壮志难酬、报国无门却没有放弃心中的理想。在蛮荒之地他开设学堂办学，教苗人学文化、明道理。

王阳明提倡的良知，仁爱不是纯粹的形式，而是看天下万物没有内外远近之分，都要施予仁爱之心。想要做圣贤的王阳明进一步提出，常人之心和圣人之心是相同的，常人是因为蒙受私欲，才不及圣人之心明净。仁不仅是修养要达到的境界，也是人心之本体。

唐代诗人白居易喜欢佛法，有一次，他听说鸟巢禅师的修行相当高，于是专程向鸟巢禅师的住处去请教。白居易问鸟巢禅师："佛法的大意是什么？"鸟巢禅师答："诸恶莫作，众善奉行。"白居易鼻孔里哼了一声，说："这个，三岁的小孩也知道这样说。"

鸟巢禅师说："虽然三岁的小孩也说得出，但未必八十的老翁能够做到。"白居易心中服膺，便施礼退下了。

三岁小孩都知道的道理，但是又有几个人能够真正奉行呢？莫作诸恶，并尽量做到至善。这要求能够大爱无疆，把他人的痛苦看得和自己的一样重要，想他人之所想，尽心行善，至善了无痕。

定义一个人的一生是否成功，不一定是用地位和财富来界定，而应该是看他是否能坚持良善的真心，利益他人的信念，不受动摇，至情无悔。

大爱无私，至善无痕。我们都应该怀着一颗慈悲的心，以一己之力帮助他人，做到至善至美，这也是人生之一大境界。

做人处事，时时刻刻要有至善的心，以一颗爱心惠及他人，不仅可以温暖他人，也能实现自己的生命价值。

古时候有个叫齐恒的人，自命清高，不喜与达官显贵来往，常常隐居乡

间，吟诗作画，认为自己这样做是十分明智的。这天，齐恒从隐居的房舍里出来，走向一条小道，远远看到几个庄稼汉正在辛劳的种着秧苗，觉得好玩，便上前观看。

齐恒问其中一个老农："除了种田，你还会干别的吗？"

老农摇摇头，说："我是个庄稼人，没有什么别的本事，只会干农活，特别是对种葫芦很有方法。能在集市上卖出很高的价钱，官老爷也专门从我这里买葫芦。去年开始，我把种葫芦的方法教给了村里的乡亲，一年下来，大家都过上了好日子。"

齐恒听后，对这个老农说："这么好的事情，你一个人享用不就好了吗？何必还要让大家都学会种葫芦。你自己有了安定的生活，就不用大热天的还在田里干活，就能像我这样逍遥自在。"

老农听后，沉思了一会儿，说："我有一个大葫芦。它不仅坚硬得像石头一般，而且皮非常厚，以至于葫芦里面没有空隙。我想把这只大葫芦送给您。"

齐恒说："葫芦嫩的时候可以吃，老了不吃的时候，它还能盛放东西。可是你说你的这个葫芦不仅皮厚，没有空隙，而且坚硬得不能剖开，像这样的葫芦既不能装物，也不能盛酒，我要它有什么用处呢？"

老农笑道："先生说得对极了，不过先生是否考虑过这样一个问题，您隐居在此，空有满脑子的学问和浑身的本领，却对他人没有一点益处，您同我刚才说的那个葫芦不是一样吗？"

一个人即便怀惊天才能，然而不能惠及别人，也不过是瓷的花瓶，摆设而已，于己、于人乃至于国都不会有意义。在老农看来，这就是齐恒最为失败的地方。一个人只顾及自我，而忘记他人，表示这个人走到了荒芜之地，脚下虽有零星孤叶，放眼望去，却是满目凄凉。

我们很难估量做好事对一个人生命价值的影响有多大。

大爱无私，做善事并不是为了引起别人的关注，生命需要我们做的是敞开心扉爱他人，真诚地爱他人，去宽慰失意的人，安抚受伤的人，激励沮丧泄气的人。

至善无痕，领悟王阳明的智慧：心原本就是无善无恶，所以其出发点可以为善、可以为不善，一切都是心为主宰，那就让心就像玫瑰花一样散发芬芳吧。

每一种善行都有回声

"善念发而知之，而充之。恶念发而知之，而遏之。"

——王阳明

慈悲不是出于勉强，它像甘露一样从天降下尘世，它不但给幸福于受施的人，也同样给幸福于给予的人。行善是一种幸福，当和尚出门化缘的时候，总是一家一家地敲门，其实这也是在提醒人们，时刻不要忘了做善事。

在平定了宁王叛乱之后，权奸江彬却依然怂恿贪玩皇帝朱厚照南下江西去平叛。王阳明知道，一旦江彬这些群盗到了江西，江西百姓肯定逃不过去一番烧杀抢掠，所以他做出了一个决定——抗旨将反王朱宸濠押往南京，迫使朱厚照在南京止步。王阳明的抗旨，又是为了江西的百姓。

生活中，我们虽然做不成像王阳明那样的大事，却可以多为他人着想，做一些高贵的善事来提升自己的灵魂，让心灵获得了丰收。与其说是为了爱别人而行善，不如说是为了尊敬自己。

隋侯珠与和氏璧是中国珠宝玉石文化中最重要的代表作。古有"得隋侯之珠与和氏璧者富可敌国"之说。由此可见，隋侯珠的价值与珍贵。隋侯珠的来历也非常有传奇色彩。

汉姬姓诸侯隋侯，有一次出使齐国，途中见一蛇，被困在热沙滩上打滚，头部受伤流血，隋侯怜悯，急忙以物用药敷治，然后用手杖挑入水边让它恢复体力后游去。

一天夜里，隋侯从梦中惊醒，发现那只巨蛇口里衔着一颗硕大溜圆的珍珠盘踞在他的床头。巨蛇见他醒来便放下珍珠离去。原来巨蛇为报答隋侯的救命之恩，特意从江中衔来一颗硕大的珍珠给他，这就是"隋侯之珠"。

"隋侯珠"直径一寸，纯白色，夜里发光，可以照耀全室，世称为隋侯宝珠。

举手的善行，有可能像隋侯一样得到价值连城的回报。所以，"勿以善小而不为"，人要让随时随地地行善成为一种习惯，在不断的行善的过程中会发现，人生的道路会越走越广。

王阳明反复强调心的本体是至善的，恶是不存在的，一旦受到外物的干扰动了恶的念头，既要及时制止，也就是他所说的为善去恶的功夫。所以，每个人都有一盏心灯。点亮属于自己的那一盏灯，既照亮了别人，更照亮了自己。善意地帮助别人，就好像一盏心灯。今天你帮助他人，给予他人方便，他可能不会马上报答，但他会记住你的好处，也许会在你不如意时给你以回报。

付出是一种精力，不但帮助了他人，还为付出的人创造了更多。这是一条真实的自然法则，不论付出的人想要什么或究竟发生了什么事。

第十五章

平常心：
宠辱不惊，去留无意

有时聪明不如糊涂，糊涂不如装糊涂

"智深险少矣。"

——王阳明

人生在世，我们总是避免不了别人对我们做出评价。评价有真有假，有赞誉也有批评。每个人面对评价的想法和反应也有不同。对于别人的评价，王阳明有着自己的思考。

王阳明的学生曾经问：叔孙、武叔两个人都诋毁仲尼，为什么像孔子这样的大圣人还有人诋毁呢？王阳明在解释这个问题的时候，说："毁谤是从外界来的，即使是圣人也免不了。人只应注重自身修养。如果自己实实在在是个圣贤，纵然人们都毁谤他，也说不倒他。好比浮云蔽日，怎么能损害太阳的光明呢？如果自己是个外貌端庄恭敬、内心空虚无德的人，纵然没有一个人说他坏话，他潜藏的恶总有一天会暴露。所以孟子说：'有意料不到的赞扬，也有过于苛刻的诋毁。'毁誉来自外面，怎么能逃避？只要能够修养自身，外来的毁誉又能怎样呢？"

在实际生活中，不只是面对别人的毁誉时我们要加强自己的修炼，偶尔也可以采取装糊涂的方式一笑而过。在生意场上甚至战场上，装糊涂都是一种智慧的生存策略。

装糊涂的表面是一种假糊涂，内心里却是一颗真聪明的心。为什么要装糊涂？有时候是情况所迫，不得已而为之。在这方面，历史上著名的军事家孙膑就遇到过这样的经历。

　　孙膑是战国时期著名的军事家，与庞涓一起拜鬼谷子为师，在才智方面超过庞涓。鬼谷子因孙膑单纯质朴，对他厚待一层，偷偷地将孙膑先人孙武所著兵书《十三篇》传授给他。

　　庞涓当了魏国大将，孙膑到他那里去做事，庞涓才知道孙膑在老师那里另有所得，更加嫉恨孙膑。他在魏惠王面前诬告孙膑里通外国，并请魏惠王对孙膑施以刖刑。被施以刖刑的孙膑无法逃跑，庞涓就把他关在一个秘密的地方，表面上大献殷勤，好吃好喝地供养，实则是乘机向孙膑索要《孙子兵法》一书。孙膑因无抄录手本，庞涓就让他抄录下他记得的章节。庞涓准备在孙膑完成之后，断绝食物供给，把他饿死。但是，庞涓派来侍候孙膑的童仆偷偷把庞涓的阴谋诡计告诉了孙膑，孙膑才恍然大悟。

　　孙膑是一个有着远大抱负的军事谋略家，他立即想出了一条脱身之计。当天晚上，孙膑就伪装成得了疯病的样子，一会儿号啕大哭，一会儿嬉皮笑脸，做出各种傻相，或唾沫横流，或颠三倒四，又把抄好的书简翻出来烧掉。庞涓怀疑他装疯卖傻，派人把他扔进粪坑里，弄得满身污秽。孙膑为了自己的远大志向，在粪坑里爬行，显出毫不在意的样子。庞涓又让人献上酒食，欺骗他说："吃吧，相国不知道。"孙膑怒目而视，骂不绝口，说："你们想毒死我吗？"随手把食物倒在地上。庞涓让人拿来土块或污物，孙膑反而当成好东西抓来吃。庞涓由此相信孙膑确实是精神失常了，疑心稍有解除。

　　此时，墨翟的弟子禽滑厘把他在魏国所见的孙膑的情况全部告诉了齐国相国邹忌，邹忌又转告了齐威王。齐威王命令辩士淳于髡到魏国去见魏惠王，暗中找到孙膑，秘密地把孙膑接回齐国。

　　孙膑在身陷囹圄之时，冷静沉着，故意装得愚蠢疯傻，忍受巨大的耻辱与折磨，骗过庞涓，保住了性命。后来，在马陵之战中，孙膑以卓越的军事才能，设计除掉了死对头庞涓，洗刷了耻辱。

　　孙膑利用装糊涂的办法保全了自己的性命。这种装糊涂的背后其实是一种大智慧，往往看似无用，实则抱愚藏拙，能包容一切人，而自己以"无用"的面目示人。你越谦虚就显得对方越高大；你越朴实和气，对方就越愿与你相处，认为你亲切、可靠；你越恭敬顺从，他的指挥欲就越能得到满足，认为与你配合得很默契、很合得来。相反，你若以强硬姿态出现，处处高于对手，咄咄逼人，对方心里会感到紧张，做事没有把握，而且容易让对方产生一种逆反心理，使交往和工作难以继续。

孔子曾说过"刚、毅、木、讷，近于仁"的话，而老子也说过真正的智者都是大智若愚的模样。在这一点上，古今中外的人们似乎有着惊人的相似，美国总统富兰克林·罗斯福如此表达他的为人哲学："不懂得隐藏自己智巧的人是一个真傻瓜。"因此说大巧若拙，大智若愚，此乃真聪明真智慧，只不过用一张假糊涂的脸来遮掩自己的聪明罢了。

生命任其流衍，心体安稳平裕

"无欲之谓也，是谓集义者也。"

——王阳明

能人将才素来好"忆往昔峥嵘岁月"，以如今风华不再，垂垂老矣，不胜唏嘘。古今曾经多少被称为天才的幼童，到了成年往往变得平庸；年轻时功勋卓绝的人到了晚年却往往寂寂无声。二者都难免会喟叹当年的辉煌早已不在，也不免感慨时光流逝，世态炎凉。

王阳明作为军事家和政治家，立下不世之功，彪炳史册；作为思想家，开创儒学新天地，成为一代"心学"宗师。正如梁启超对王阳明的评价："他在近代学术界中，极其伟大，军事上政治上，亦有很大的勋业。"但他的一生，又坎坷波折，历经贬谪、受诬、辞官、病老等人生中的不幸。

刘瑾倒台后，王阳明被重新起用，但他的仕途并没有从此一帆风顺，他被任命为南京兵部尚书的闲职。忧愤之下，以回家养病为名请求辞官回归故里，得到批准。然而嘉靖六年，两广地区再次爆发少数民族起义，朝野上下又想到了被闲置已久的王阳明，让他重新出山前去镇压起义，王阳明又重新上路，然而不幸的是，此时王阳明的身体每况愈下，到任不足一年就病逝了。

不管仕途之路走的多么辛苦，每每有国家召唤，王阳明总能一切归零，放弃之前的辉煌和磨难，重新出发。然而现实中芸芸众生常常自夸当年的辉煌，贪恋往昔成功的光环。

苏洵，字明允，四川眉山人，与其子苏轼、苏辙合称"三苏"，列入"唐宋八大家"。

　　苏洵在文学上取得显著成就，是经过一番刻苦读书、认真作文的过程的。据他自述，少年时，他不爱学习，到了二十五岁，才开始知道读书。自以为比伙伴们学得好，后来，他无意中读到谢安一篇关于让人爱惜时间、刻苦攻读的故事。他认真地读了一遍，感到这个故事很生动，又读了一遍，更加感到有意义，于是他反复读了好几遍，每读一遍，就有一次收获。他觉得这故事好像是专门为自己写的一样，不由得心中发出感慨：时光无情的飞逝，我已经快到而立之年了，自己虽然写过一些文章，却都是些平庸之作，没有什么大的建树。他想：现在不努力，还要等到什么时候啊！从这时起，苏洵又开始发愤苦读。经过一年多的时间，他觉得自己在学习上有了长进，就急急忙忙地参加录取秀才和进士的两场考试，但两次考试都落榜了。才觉得古人的"出言用意"都跟自己大不相同。然后，将《论语》《孟子》以及韩愈的文章取来，终日诵读，读了七八年，才感到古人文章确实写得好。一天，苏洵的书房内冒出黑烟，家人感到发生了意外，忙不迭奔向书房，进去一看，只见苏洵自己把许多文稿一件件往火炉里送。家人一问才明白，原来，苏洵要把自己过去不成熟的作品当成废纸全部焚烧，决心从头开始。

　　从此，苏洵就谢绝宾客，闭门不出，夜以继日地辛勤研读书卷。如此这般发愤攻读了五六年，终于文才大进，下笔有神。

　　苏洵把自己以前的书稿付之一炬，借此来激发自己在文学上的潜能。只有大胆的摒弃自己以前价值不高的成就，才能够在今后的道路上有更大的发展，如果因自己的一点小成就而沾沾自喜、裹足不前，结果就只有一步步沦为平庸，很难再有好的发展，只有像苏洵那样焚稿激励自己，才会不断地锻炼自己，提高自己。

　　俗语说，智者莫念昔日功，好汉不提当年勇。大丈夫者，无论身在何处，境况如何，年龄几许，都能找到自己继续生活下去支柱，而不会对过去的辉煌念念不忘还时刻挂在嘴边。他们视那些辉煌如粪土，活得恬淡自如，坦坦荡荡，不受过去所羁绊，他们懂得人活在今时今日，便要做眼前此刻的事情，这才是有勇的智者，明理的勇士。

对过去的辉煌念念不忘的，多是现实境况不顺心的人。当他们的现状与以前的岁月出现了落差，心理上的失落让他们终日难以平衡，便陷入了自我折磨之中。这时候，当所有人都在努力铭记昔日的辉煌时，"遗忘"的存在就显现了其价值。每个人心中能存放的事情是有限的，若不能将旧日里的丰功伟绩抛置身后，又哪里有多余的空间来容纳新的挑战和新的机遇？痛苦应该遗忘，辉煌也应该任其褪色，如果人人一点都不忘，那么我们的世界会成为什么样子呢？

所以，从零开始，是唯一正确的想法。零意味着过去的结束和未来的开始，忘记曾经的辉煌，踏上新的起点，将来的旅程也许还会有归零的时候，那也没什么，多一次开始而已。

随时随地，随遇而安

"人生达命自洒落。"

——王阳明

一个人要使自己的生命多一些快乐，少一些烦恼，必须学会随遇而安。

"方园不盈亩，蔬卉颇成列。分溪免瓮灌，补篱防豕蹢。芜草稍焚剃，清雨夜来歇。濯濯新叶敷，荧荧夜花发。放锄息重阴，旧书漫披阅。倦枕竹下石，醒望松间月。起来步闲谣，晚酌檐下设。尽醉即草铺，忘与邻翁别。"西园，位于龙岗书院旁边，是个很不起眼的乡村小菜地，但在王阳明眼里，确是个好去处，篱笆、野花、菜，于自然情怀中随景游心。他可以在阴凉处歇息、读书，跟着农民哼哼歌谣。傍晚，在屋檐下放着小桌子就餐，醉了，就草席睡下。于这首诗中，我们可以看出王阳明的随时随地、随遇而安的心境。

著名国学大师南怀瑾说，一个人想做到随时安然是非常困难的。世间万物皆有其自身的规律之所在，水在流淌的时候是不会去选择道路的；树在风中摇摆时是自由自在的，它们都懂得顺其自然的道理。因此，拔苗助长固不可取，逆流而上也是一种愚蠢。

再美好的事物，其结果都是一样的——或好或坏、或高或低、或美或丑、或大或小，感觉上没有什么太大的差别。不同的则是他们的过程，在过程中享受奋斗的惬意，那才是幸福快乐的，而这个过程便是境遇，一种无法抵抗的客观事实，你只能顺其自然。

从前有一个国家，地不大，人不多，但是人民过着悠闲快乐的生活，因为他们有一位不喜欢做事的国王和一位不喜欢做官的宰相。

国王没有什么不良嗜好，除了打猎以外，最喜欢与宰相微服私访。宰相除了处理国务以外，就是陪着国王下乡巡视，他最常挂在嘴边的一句话就是"一切都是最好的安排"。

有一次，国王兴高采烈地到大草原打猎，射伤了一只花豹。国王很开心，他眼看花豹躺在地上许久都毫无动静，一时失去戒心，居然在随从尚未赶上时，就下马检视花豹。谁想到，花豹突然跳起来，使出最后的力气向国王扑过来。

还好，随从及时赶上，立刻发箭射入花豹的咽喉，国王觉得小指一凉，花豹就闷声跌在地上，这次它真的死了。但国王的小手指被咬掉小半截。

回宫以后，国王越想越不痛快，就找了宰相来饮酒解愁。宰相知道了这事后，一边举酒敬国王，一边微笑着说："大王啊！少了一小块肉总比少了一条命来得好吧！想开一点，一切都是最好的安排！"

国王听了很是生气，他凝视宰相说："你真是大胆！你真的认为一切都是最好的安排吗？"

宰相发现国王十分愤怒，却也毫不在意地说："大王，真的，如果我们能够超越自我一时的得失成败，确确实实，一切都是最好的安排。"

国王说："如果我把你关进监狱，这也是最好的安排？"

宰相微笑说："如果是这样，我也深信这是最好的安排。"

国王大手一挥，两名侍卫就架着宰相走出去了。

过了一个月，国王养好伤，打算像以前一样找宰相一起微服私巡，可是想到是自己亲口把他打入监狱的，一时也放不下身段释放宰相，叹了口气，就独自出游了。

路上碰到一群野蛮人抓了国王用来祭神。但大祭司终于发现国王的左手小指头少了小半截，他忍不住咬牙切齿咒骂了半天，忍痛下令说："把这个废物赶走，另外再找一个！"因为祭神要用"完美"的祭品。脱困的国王大喜若狂，飞奔回宫，立刻叫人将宰相释放了，在御花园设宴，为自己保住一命，也为宰相重获自由而庆祝。

国王向宰相敬酒说："宰相，你说得真是一点也不错，果然，一切都是最好的安排！如果不是被花豹咬一口，今天连命都没了。"

宰相回敬国王，微笑说："贺喜大王对人生的体验更上一层楼了。"过了一会儿，国王忽然问宰相说："我侥幸逃回一命，固然是'一切都是最好的安排'，可是你无缘无故在监狱里蹲了一个月，这又怎么说呢？"

宰相慢条斯理喝下一口酒，才说："大王！您将我关在监狱里，确实也是最好的安排啊！您想想看，如果我不是在监狱里，那么陪伴您微服私巡的人不是我还会有谁呢？等到蛮人发现国王不适合拿来祭祀时，谁会被丢进大锅中烹煮呢？不是我还有谁呢？所以，我要为大王将我关进监狱而向您敬酒，您也救了我一命啊！"

宰相说："一切都是最好的安排"，这是顺其自然的心态。但顺其自然并不是消极地去等待，更确切地说，顺其自然是寻求生命的平衡。其实，很多时候，顺其自然是一种境界。这种的心态实则是无为而有为，是无欲而有欲，是成熟的一种标志，是成功者的一种素养。

人之于世界本来就渺小脆弱，容易自我膨胀，缺乏清醒的自我定位，这往往是造成太多遗憾的根源，于是挫败成为必然。面对人生的荣辱成败，我们要学会随遇而安，卸下捆绑于心的精神枷锁，轻装上阵。

平常心，心平常

"万缘脱去心无事。"

——王阳明

王阳明思想上的转折点就是"龙场悟道"。但是在艰苦的环境下，他的随从们一个个病倒了。王阳明被迫自己打柴担水，做稀饭给随从们吃。他又担心他们心情抑郁，便和他们一起朗诵诗歌，唱唱家乡的曲子。唯有这样，随从们才能稍稍忘记当时的处境。

然而，王阳明始终在想："如果是圣人，面对这种情况，会有什么办法呢？"苦思冥想的王阳明，终于在一个夜梦中豁然开朗，悟得"圣人之道，吾性自足"的道理。荒芜的龙场，给了哲学家心性的自由，成了王阳明"运思"的天堂，也孕育了王阳明从"平凡"到"圣人"之路。

其实，生活就是在平凡与伟大的交错中延伸开来的，每一个伟大的人必定曾经是一个平凡的人或以后会变回平凡的人。但是有一点不变的：伟大，总是在平凡以后。

庄周家境贫寒，于是向监河侯借粮。监河侯说："行，我即将收取封邑之地的税金，打算借给你三百金，好吗？"庄周听了脸色骤变，愤愤地说："我昨天来的时候，有谁在半道上呼唤我。我回头看见路上车轮碾过的小坑洼处，有条鲫鱼在那里挣扎。我问它：'鲫鱼，你干什么呢？'鲫鱼回答：'我是东海水族中的一员。你也许能用斗升之水使我活下来吧。'我对它说：'行啊，我将到南方去游说吴王越王，引发西江之水来迎候你，可以吗？'鲫鱼变了脸色生气地说：'我失去我经常生活的环境，没有安身之处。眼下我能得到斗升那样多的水就活下来了，而你竟说出这样的话，还不如早点到干鱼店里找我！'"

得道的"圣人"庄子的生活其实和大部分人一样，并非不食人间烟火，他也会遭遇贫穷，甚至连饭都吃不上，只有去借钱，还惨遭拒绝。但是当面对生命中的困窘时，他们能保持超然物外的心境，坚持自己卓尔不群的人格。我们还可以说，"圣人"就在平凡的人世间。

一个真正了不起的人，自己心中是没有伟大这个观念的。他认为帮助别人都是人应该做的事情而已，做完了就过去了，心中不留痕迹。这是符合王阳明将万物众生看作一体的观点的。

每一个生命都是如此平凡，但你若把自己降到最低的位置，你就成了大海。一切伟大也都蕴于平凡之中，平常就是真道，最平凡的时候是最高的，真正的真理是在最平凡之间；真正仙佛的境界，是在最平常的事物上。所以真正的人道完成，也就是出世、圣人之道的完成。

然而，生活中的有些人在心中嘀咕，我整天为了工作奔忙，为了能买套房子、为了能养活家人无比辛劳，我这能算伟大吗？能算"圣人"吗？其实，我们所做的这些工作其实和庄子当日为了生活而奔忙的工作又有何不同？只要我们能够在这平凡的生活中修养自己的心灵，不让自己沉迷于物欲，保持一份超然的心情，我们也能在芸芸众生中活得更精彩。圣人就在平凡的人间世。文豪泰戈尔曾经说过："天空虽不曾流下我的痕迹，但我已飞过。"有一份自信。一种坦然，就已足够。

抱朴守拙，藏行不露

> "柔不致败。"
>
> ——王阳明

"盛时当作衰时想，上场当念下场时"，在志得意满时，一定要能够安于低调。用低调屏障保护自己，这样才能避免灾难性的后果。

在赣州和南昌的平叛战争结束以后，王阳明并没有真正受到朝廷的嘉奖，反而因此受到了各种各样的猜忌、诬陷和诽谤。面对这些恶意中伤、侮辱的言语和行为，王阳明深知升得越高则可能跌得更重，他主动请求放弃官职，回归故乡。

众所周知，鱼不可脱于水，龙不可脱于渊，人不可脱于权。一个久握重权、身居高位的人，一旦不懂得功成身退，就容易将自己置于险境。在中国的历史舞台上，统治者与开国功臣之间常常玩起"兔死狗烹"的游戏，懂得了游戏规则，才能占据主动权。

越王勾践卧薪尝胆，灭吴复国，这其中起了关键作用的是他的两大功臣：一个是范蠡，一个是文种。当勾践被围会稽山上，弹尽粮绝之时，是文种提出以乞和求降之计来保存性命，使勾践得以生还；当勾践被拘往吴国，是文种留在越国，救死抚孤，耕战自备，发愤图强。当勾践从吴国归来之后，是文种提出了破灭吴国的七种办法。

勾践打败了吴国，称霸一时。就在欢庆胜利的时刻，范蠡急流勇退，隐姓埋名，弃政经商去了。他出逃之后，曾给文种送来一封信说："狡兔死，走狗烹；飞鸟尽，良弓藏；敌国破，谋臣亡。越王可与共患难，不可与共欢乐，你如果不赶快离开，将有大祸临头。"

文种以为范蠡太多心了，不过，从此以后他也不大过问国事了，终日称病在家。可是，勾践并没有放过他。于是，他借探病为名，来见文种，问他道："先生曾以灭吴的七种手段指教过我，我只采用了其中的三种，便将吴国灭了，剩下四种，你打算再怎么去使用呀？"

文种说："我看不出它们还有什么用处。"

勾践说："请先生带了这四种手段，到九泉之下去辅佐我的先人吧！"说罢起身登车而去，留下了一把名为"屡镂"的利剑。

文种明白，勾践容不下他了，便自刎而死。

"兔死狗烹"不只反映了历代功臣的悲剧命运，也揭示了最高掌权者的性格特征。不过勾践这个人杀功臣的行为为后人所认同，因此，他被后代视为忘恩负义的典型。所以，知晓"兔死狗烹"的游戏规则，不与人共富贵才能全身而退。

权势确实能令人身价百倍，也确实可以令人"荣华富贵，风光无限"。但是稍有不慎，就会大难临头。他们由于权力达到了极点，而给自己和家人带来了极大的灾祸。

因而，要想成为一个成功的人，一定要练就强大的韧性和足够的弹性，这样可以最大限度地保护自己。在机会来临时，可以以最大的能量来挥洒自己的智慧和才干，赢得别人的敬重。在危机时，能够根据客观情况见机行事，这样可以更好的保全自己，进退自如。

对于勾践来说鸟尽弓藏，有能力的人是他们的工具，用完了就不再希望他们与自己来分享胜利果实，只可共患难不可共富贵。因此，要吸取兔死狗烹的教训，适时功成身退。

浊者自浊，清者自清

"人若著实用功，随人毁谤，随人欺慢，处处得益，处处是进德之资。若不用功，只是魔也，终被累倒。"

——王阳明

王阳明平定宁王朱宸濠的叛乱之后，天下诽谤和议论他的人越来越多。有一天王阳明请学生说天下人诽谤他的原因。有的学生说王阳明的功绩越来越大，权势也越来越大，天下嫉妒之人就越来越多；有的学生说王阳明的学说越来越普及，所以为宋儒理学争辩的人越来越多，等等。王阳明听了他们的回答说，你们说的这些原因，相信都是有的，但是我自己内心体会到的，你们都还没有说啊。我在南都以前，心中尚有一些乡愿（指那些看似忠厚实际却没有一点道德原则，只知道媚俗趋势的人）的意思在，我现在相信自己的良知，是就是是，非就是非，按照良知去做事，没有遮遮掩掩，也没有畏畏缩缩，按照良知，该做什么就做什么，该怎么做就怎么做。我现在才是个狂者的胸怀，天下人说我也没关系。

谈到如何对待诽谤和别人的侮辱的问题时，王阳明说："人若著实用功，随人毁谤，随人欺慢，处处得益，处处是进德之资。若不用功，只是魔也，终被累倒。"因而，总结来说，面对诽谤和侮辱，王阳明倡导既要有超然坦荡的心境，又要实实在在地用功，相信自己的良知，如果能脚踏实地、扎扎实实地痛下苦功，就能在诽谤和侮辱中得到益处。

浊者自浊、清者自清，这是常人面对诽谤惯用的方法。当诽谤来临的时候，不需要汲汲务求去澄清，只需要自己心境坦荡，谣言毁谤自然不攻自破。

"所谓夫大道不称，大辩不言，大仁不仁，大廉不嗛，大勇不忮。道昭而不道，言辩而不及，仁常而不成，廉清而不信，勇忮而不成。"这句话的意思是指，至高无上的真理是不必称扬的，最了不起的辩说是不必言说的，最具仁爱的人是不必向人表示仁爱的，最廉洁方正的人是不必表示谦让的，最勇敢的人是从不伤害他人的。真理完全表露于外那就不算是真理，逞言肆辩总有表达不到的地方，仁爱之心经常流露反而成就不了仁爱，廉洁到清白的极点反而不太真实，勇敢到随处伤人也就不能成为真正勇敢的人。

能具备这五个方面的人可谓是悟了做人之道。真理不必称扬，会做人不必标榜。真正有修养的人，即使在面对诽谤时也是极其具有君子风度的，以坦然心境面对诽谤。

苏轼因"乌台诗案"入狱，一年后，皇帝为了试探他是否有意谋反，是否有悔改，特意派一个太监装成犯人入狱和苏东坡同在一个监牢。白天吃饭时，小太监用言语挑逗他，苏轼牢饭吃得津津有味，答说："任凭天公雷闪，我心岿然不动！"夜里，他倒头睡，小太监又撩拨道："苏学士睡这等床，岂不可叹？！"苏轼不理不会，倒头就睡，而且鼾声大作。

第二天一大早，太监推醒他，说道："恭喜大人，你被赦免了。"要知道，那一夜可是危险至极啊！只要苏轼晚上有不能安睡的异样举动，太监就有权照谕旨当下处死他！

"君子坦荡荡，小人常戚戚。"苏东坡是君子，当然就能够坦坦荡荡了。而要能够做到坦荡却也不是一件容易的事，试问世人之中，有几个能够无愧于天地良心。宋神宗想出的测试办法也算经典，因为一个心中有愧的人是不可能做到倒头便睡的，而苏轼当然也不会想到，能够安睡倒救了他一命。我们也要做一个坦荡荡的君子，让自己能够在任何时候都能够踏踏实实的睡觉。

在现实生活中，言来言去，自难免失真之语。诽谤就是失真言语中的一种攻击性恶意伤害行为了。也许，在很多时候，诽谤与流言并非我们所能够去制止的，但我们对待流言的态度则显得尤为重要，正如美国总统林肯所说："如果证明我是对的，那么人家怎么说我就无关紧要；如果证明我是错的，那么即使花十倍的力气来说我是对的，也没有什么用。"这与王阳明对待诽谤的态度——遇谤不辩，是如出一辙。

用坦然的心态来应对诽谤，浊者自浊、清者自清，诽谤最终会在事实面前不攻自破的。这是我们从圣人的思想中撷取的智慧之花，在现实生活中，做人拥有

"不辩"的胸襟，就不会与他人针尖对麦芒，睚眦必报；拥有"不辩"的情操，友谊永远多于怨恨。

点一盏光而不耀的心灯

> "心外无物，心外无事，心外无理，心外无义，心外无善。"
>
> ——王阳明

"心学"的创立，成就了王阳明攀上中国思想巨人高峰。但他的心学，不是在象牙塔里"悟"出来的，而是在极端艰难困苦的情况下，凭借其不屈不挠的坚强意志，冲出绝境的心灵足迹，构成"心学"大厦的一字一句。

"心学"这盏灯点明了王阳明的铁窗生涯。当初被贬下狱，他不断询问自己有什么力量可以让他度过这深悲大戚。他在不断找寻和磨砺之中，于内心种下了觉悟的种子。等他到达龙场，他终于顿悟"万物皆备于我"的道理，他明白了如何将不利的因素化解为有利条件，并在艰难的环境中成就了"心学"的明灯。这盏灯光而不耀，却能帮助他绝处逢生，化险为夷。王阳明恰恰一直在寻找的正是这种智慧。

点一盏心灯，从失败中挺立出来，再造辉煌的智慧，这是任何时代的人都需要的真正的人生智慧。然而这盏灯一定要光而不耀，否则太过耀眼又会灼伤自己。能够温柔笼罩却不会有灼伤的疼痛，才是最为温暖而朴素的人格。光而不耀，其实也正是内心从容、淡定，悠扬而飞的状态。万丈红尘，扑鼻迷眼，能够点亮自己的一盏心灯，让它散发出微弱而美好的光，实在是对尘世最大的贡献。

西汉武帝时，卫青因姐姐卫子夫受宠于汉武帝，被任命为大将军，封长平侯，率大兵攻打匈奴。

右将军苏建在与匈奴作战中全军覆没，单身逃回，按军律当斩。

卫青问长史、议郎等属官："苏建应当如何处置？"

议郎周霸说："大将军出兵以来，从未斩过一名偏将小校，如今苏建弃军逃回，正可斩苏建的头，来立大将军之威。"

卫青说："我因是皇上的亲戚而带兵出塞，并不怕立不起军法的威严，你劝说我杀人立威，就失掉了做臣子的本分。我的权限虽可以斩杀大将，然而我把专杀大将的权力还给皇上，让皇上来决定是否诛杀，来显示我虽在境外，受皇上宠爱，却不敢专权杀将，这不是更好吗？"

属官们都钦佩地说："大将军高见，属下等万万不及。"

卫青便派人把苏建押回长安，汉武帝怜惜其才，并未杀他，让他出钱赎罪，而对卫青的处置大为满意。

苏建后来又跟随卫青出塞攻打匈奴，他劝卫青说："大将军的地位是至尊至重了，可是天下的贤士名人没人夸赞传扬您的威名。古时的名将都向朝廷推荐贤良才能之士，自己的名声也传遍四海，希望大将军能学习古时名将的做法。"卫青摇头说："你只知其一，不知其二。以前武安侯田蚡、魏其侯窦婴各自招揽宾客，结成朋党，以颂扬自己的名声，皇上常常恨得咬牙切齿。亲近贤士名人，进用贤良贬黜不肖，这都是皇上的权柄，我们做臣子的，只知道遵守国法，履行自己的职责而已。"

汉武帝特别宠爱卫青，谕令群臣见到卫青都要行跪拜礼，以显示大将军的尊贵。群臣都不敢抗旨，见到卫青无不匍匐礼拜，只有主爵都尉汲黯见到卫青，依然行平揖礼，有人好意劝汲黯："对大将军行跪拜礼是皇上的意思，您这样做不怕皇上恼怒吗？"

汲黯昂然道："跪拜大将军的多了，多我一个不多，少我一个不少。难道说大将军有一个平礼相交的朋友，就不尊贵了吗？"

卫青听说后，非常高兴，登门拜访汲黯，谦虚地说："久仰大人威名，一直没有机会和大人结交，现在有幸承蒙大人看得起，请把我当作您的朋友吧。"

汲黯见他态度诚恳，不以富贵骄人，便破例地交了这个朋友。卫青以后凡有疑难问题，都虚心向汲黯请教。

汉武帝也很欣赏卫青的谦逊，也就不计较汲黯的抗礼了，对卫青的宠爱也始终不衰。

卫青谦和处世的道理，所谓"人外有人，天外有天"，这是再简单不过的，但是很多年轻人常因年少气盛，自以为才气逼人，所以心浮气躁。人们常说："地低为海，人低为王。"海成其大的最根本原因，就是它在最低处，所以陆地上的江河才流向海洋。人于凡世生存，假如能像大海一样将自己放在最低处，视己如尘世间的一粒尘土，方能如那些细流一样流入江海。

其实，一个人越是修为高，反而会表现得越谦恭，这是知识与修养给他带来的改变。有人曾问一位哲学家："像您这样的大哲学家为什么还要那么谦虚呢？"哲学家说："据我所知，人的知识就像一个圆圈，圆圈里面的是你已经知道的知识，圆圈外面代表的是你的未知。圆圈越大的人越会发现自己的知识不足。"越是成熟的稻穗越是往下弯腰，一个人的学问越高，也就越发显得谦虚。

儒家仁爱，道家智慧，佛家慈悲。能够用这些平凡而伟大的天地之理，点亮自己的人生，实在是难能可贵的品质。

第十六章

谦卑心：
谦受益，满招损

在其位，善谋其政

"众望莫负。"

——王阳明

中国自古就有"不在其位，不谋其政"的说法，其有四个方面的含义，即"在其位，谋其政""在其位，不谋其政""不在其位，谋其政""不在其位，不谋其政"。其中"在其位，谋其政"，实际上是与"不在其位，不谋其政"相对应的，两个说法表面相反但内涵一致。

王阳明的一生，在竭尽全力地实践着"在其位，谋其政"的思想，他勤勤恳恳地为百姓办事，又鞠躬尽瘁地为朝廷排忧解难。在他以左佥都御史身份巡察江西南安、赣州，福建汀州、漳州等地时，途中遭遇起义农民拦阻。当商船集结阵势，扬旗鸣鼓，准备迎战时，那些走投无路的起义农民立即跪拜在岸边，陈述他们是灾民，希望得到救济。王阳明宣布停战，并且一到赣州，就派人救济灾民。

另外，在其为官时，他运用手中的权力行其"亲民"之道，让"明德"在民间"明"起来。因而，在他管制之下的地区百业兴旺，安居乐业。当其不为官时，他又能广为布道，广收弟子，运用"心学"的思想威力，教化民众。

在其位，善谋其政。对于领导而言，就是运用手中的权力，指挥其他人为一个目标而努力、而行动。一个领导手中有多大权力，就应该发挥多大的能力，否则就会出现孟子所说的"不能者"与"不为者"之间的矛盾。

一次，齐宣王问孟子："不为者与不能者之形，何以异？"即两者之间有什么差异？孟子答曰："挟泰山以超北海，语人曰'我不能'，是诚不能也，为长者折枝，语人曰'我不能'，是不为也，非不能也。"意思是说，要人做背着泰山以超越北海的事情，如果他回答不能做到，那是真的不能，但是让他为长者鞠躬，他如果说不能，那就是有这个能力而不去做了。孟子是暗示齐宣王，你有施行仁政的权力和能力，不是做得到做不到的问题，只是你肯不肯做而已。正是在其位，就必须善用其权，该做的、必须做的，不仅要做，还要做好。否则，于人于己，于家于国，有害而无利也。

清代纪晓岚的《阅微草堂笔记》里记载了这样一个故事：一位官员死了之后去见阎王，自称清廉，所到之处只饮一杯水，不收一分钱，自认无愧于心。不料，阎王却大声训斥道："不要钱即为好官，植木偶于堂，并水不饮，不更胜公乎？"官员辩解："某虽无功，亦无罪。"阎罗王又言："公一生处处求自全，某狱某狱，避嫌疑而不言，非负民乎？某事某事，畏烦重而不举，非负国乎？三载考绩之谓何？无功即有罪矣。"

古代庸官的形象在这则故事中被刻画得入木三分。这种形象放在今天，就是一杯茶一支烟，一张报纸看半天，不求有功、只求无过，办事拖拉、工作推诿，纪律涣散、政令不畅，虽然两袖清风，但却无所作为。它的害处在于其"在其位而不谋其政"，不能想群众之所想、急群众之所急，误国误民。想要成就一番事业的领导就必须剔除这种思想。

古人说："坐而论道，谓之王公；作而行之，谓之士大夫。"为官者需要各司其职，各尽其能。明君、清官也好，为民办实事的县长、局长也好，或者是各个企业的领导也好，既然有了一个足以施展抱负的位子，那么就应该在位子上尽心尽力，出谋划策，将自己的本职工作做到最好。

不争才是最大的争

"君子求退勿迟。"

——王阳明

争与不争是两种处世的态度：争者摩拳擦掌；不争者平淡处之。关于不争，"水德"是对其最好的赞誉。在自然界的万事万物中，水利养滋润了万物，而又并不从万物那里争取任何有利于自己的东西。这种无私的表现为其赢得"以其不争，故天下莫能与之争"。

王阳明在中国哲学思想上取得惊人成就，也与其"为而不争，天下莫能与之争"有关。年少时的王阳明满怀雄心壮志，一心追求真理、成为圣人。然而由于他性格耿直，不愿屈从恶势力，结果招致祸殃。之后，王阳明的人生发生了一个重大的转折。他远离政治，潜心研究儒教、佛教、道家思想，他的"不争"并不是放弃眼前的一切，而是以不争今日之利争万世，不争当前之利争天下。因其"不争"，故而能静心悟道，并体悟许多以前百思不得其解的道理，进而攀登上中国哲学思想的高峰。

只有无争，才能无忧。利人就会得人，利物就会得物，利天下就能得天下。

善利万民的人，如同水滋润万物而与万物无争，不求所得。所以不争的争，才是争的最高境界。做人成事也是同样的道理。

楚汉相争时，张良、萧何和韩信共同辅佐刘邦夺取天下。由于楚军强大，刘邦被项羽打败。公元前205年，刘邦率领残兵败将到了荥阳，才停下脚步做暂时的休整。此时汉军丞相萧何已经知道刘邦兵败退守荥阳的消息，就在关中地区大量征兵，送到荥阳。在东边打下齐国的韩信也得知了消息，可他不但不来增援，反而派人来向刘邦提出要求，希望同意他自立为"假齐王"。面对韩信的无礼要求，刘邦当即大怒，想马上派兵去攻打韩信。关键时刻，谋士张良提醒刘邦，在这危急关头，不如就同意韩信，先稳住他，以防小不忍而生大变。刘邦立刻改口骂道，"他韩信大丈夫南征北战，出生入死，要做就做个真王，哪有做假王之理，封他为齐王！"然后派张良带上印信，前往齐国，封韩信为齐王。韩信立刻带兵赶到，汉军兵力大增，又恢复了战斗的士气。

刘邦领悟了"不争"的智慧，使韩信断绝了非分之想，有效地稳定了军心，控制了复杂的局势。后来，韩信又帮助刘邦大争天下，最后"天下莫能与之争"，终成千古一帝。所以，不争不是无所作为、甘于堕落，不是要让人彻底断绝希望，而是劝告世人要顺应大道，不要贪图眼前的小私，只有着眼于大局，才能得到最多的利益。

权力场上变化无常，欲免于忧患，就应保持一种"不争"的心情。与人无争，与世无争，看似消极避世，但实际上恰到好处的"与人无争"，是一种知晓进退规则之后的释然，也是一种不急功近利的心机。"与人无争"说到底是智慧的"退"，而"无人能与之争"则是聪明的"进"。

因而，我们在为人处世时，也应效法天道，把我们的智慧贡献出来，不辞劳苦，不计较名利，不居功，秉承天地生生不已、长养万物万类的精神，只问耕耘，不问收获，如能这样，则自然达到"为而不争，天下莫能与之争"的高境界。

上梁正，则下梁不歪

"舜只是自进于义，以义薰蒸，不去正他奸恶。"

——王阳明

正德初年，王阳明因冒言直谏触犯权贵，被贬至贵州龙场。到任不久，捕获了一个罪大恶极的强盗头目。这个强盗头目平时杀人抢劫、无恶不作。在接受审讯的时候他还摆出一副无赖的架势。强盗知道自己犯的是死罪，便说要杀要剐悉从尊便。王阳明面对他无礼的态度并无怒气，反而和气地告诉他既然这样就不用审判了，还劝强盗天太热，可以脱去外衣！这个强盗想到脱掉外衣还可以松松绑，就脱去了外衣。王阳明又说不如把内衣也脱掉吧！强盗想了想又把内衣脱掉了。王阳明又劝他把内裤也脱掉吧，强盗着急了，他紧张起来，连声说"不方便"。王阳明看他如此紧张，就说这个强盗还是有廉耻心和道德良知的，并非一无是处。强盗看到王阳明这样说，便从实交代了自己的罪行。

王阳明善于从德化良知的角度来解决问题。他认为，德化良知能走入民心，更好地达到"其身正，不令则行"的目的。倡导"致良知""知行合一"的王阳明一向注重德化的作用，他广泛布道，接纳弟子，传播"心学"。每到一地，他就普及文化，兴办学校，教百姓读书识字，宣传国家大政方针，防止民众违法犯罪。他希望通过这些措施上行下效，用文化和德政来教化当地百姓。王阳明认为舜自觉地采用安抚的手段感化象，而不是直接去纠正他的奸恶，就是德化的一种表象，是值得称道的做法。

中国有句俗话说："上梁不正下梁歪。"指的是做父亲的如果管不好自己，给孩子树立起不好的榜样，孩子就会效仿，最后也成为像自己父亲一样的人。

《论语·子路》中，子曰说："其身正，不令而行；其身不正，虽令不从。"意思是说，当管理者自身端正，做出表率时，不用下命令，被管理者也就会跟着行动起来；相反，如果管理者自身不端正，而要求被管理者端正，那么，纵然三令五申，被管理者也不会服从的。这两段话都说明了一个道理：上行下效是一种风气。

上梁正，下梁则不歪。对于领导者而言，要想赢得下属的追随，就应当以身作则。东汉末年的曹操曾被人称为"治国之能臣，乱世之奸雄"。古今褒贬不一，虽然其功过不定，任由后人评说，但他在治国治军方面深得将士尊重，因为他深谙管理之道，正人先正己，以身作则。

麦熟时节，曹操率领大军去打仗，沿途的百姓因害怕士兵，躲到村外，无人敢回家收割小麦。曹操得知后，立即派人挨家挨户告诉百姓和各处看守边境的官吏，他是奉旨出兵讨伐逆贼为民除害的，现在正是麦收时节，士兵如有践踏麦田的，立即斩首示众，以儆效尤。百姓心存疑虑，都躲在暗处观察曹操军队的行动。曹操的官兵在经过麦田时，都下马用手扶着麦秆，一个接着一个，相互传递着走过麦地，没一个敢践踏麦子，百姓看见了，无不称颂。

但是，当曹操骑马经过麦田时，田野里忽然飞起一只鸟，坐骑受惊，一下子蹿入麦地，踏坏了一片麦田。曹操为服众立即唤来随行官员，要求治自己践踏麦田之罪。官员说："怎么能给丞相治罪呢？"曹操言道："我亲口说的话都不遵守，还会有谁心甘情愿地遵守呢？一个不守信用的人，怎么能统领成千上万的士兵呢？"随即抽出腰间的佩剑要自刎，众人连忙拦阻。此时，大臣郭嘉走上前说："古书《春秋》上说，法不加于尊。丞相统领大军，重任在身，怎么能自杀呢？"

曹操沉思了好久说："既然古书《春秋》上有'法不加于尊'的说法，我又肩负着天子交付的重任，那就暂且免去一死吧。但是，我不能说话不算话，我犯了错误也应该受罚。"于是，他就用剑割断自己的头发说："那么，我就割掉头发代替我的头吧。"曹操又派人传令三军：丞相践踏麦田，本该斩首示众，因为肩负重任，所以割掉头发替罪。

古人云："身体发肤，受之父母。"曹操深知军纪的重要性，正所谓，上梁正，下梁才不歪，要想让士兵发自内心地重视军纪，他自己就要遵守军纪。

曹操割发代首，士兵看在眼里，心里必定会想："丞相尚且如此，我等更应该严格遵守。"

要正人，先正己。领导是下属效仿的对象，只有自己以身作则才能更好地约束下属。美国前副总统林伯特·汉弗莱说："我们不应该一个人前进，而要吸引别人跟我们一起前进，这个试验人人都必须做。"就是说，一个优秀的领导者应当以身作则，用自己的修养和思想影响身边的人，凡事自己起个好的带头作用，这样才能具有凝聚力，使下属自觉团结在自己周围。

低头是一种智慧

"士傲命蹇焉。"

——王阳明

在古越这片土地上，越王勾践卧薪尝胆最终报仇复国的精神最见越人气性。王阳明在为人作序时，落款常是"古越阳明子""阳明山人""余姚王阳明"等，他以生为越人为荣。王阳明自幼受古越民风滋润，也深悟"卧薪尝胆"的精髓。少年时的王阳明曾去居庸三关，了解古代征战的细节，思考御边方策，回来之后甚至还屡屡想上疏朝廷献言献策，这种狂妄的想法得到了父亲的斥责。面对父亲的呵斥，王阳明并没有昂首怒目，反而经常出游，"考察"居庸三关，拜访乡村老人，询问北方少数民族的生活习俗，以探访各部落的攻守防御之策，为其"平安策"寻找可支撑的依据。最终写下著名的关于边防军队改革的奏疏，初显他卓越的军事才能。

有时候，俯首比昂首怒目更有威严，为了实现自己的梦想，短暂的低头并不是一种懦弱，韬光养晦之道实则是一种积极进取的精神。诚如梁漱溟先生所言：儒家虽然提倡温良恭俭让，但实质宣扬的却是一种积极进取的精神。换句话说，暂时的俯身就是"以退为进，以柔克刚"，是一种处世的态度。

民间有句谚语，说"低着头的是稻穗，昂着头的是稗子；低头的稻穗充满了成熟的智慧，而昂头的稗子只是招摇着空白的无知"。大哲学家苏格拉底曾说："天地只有三尺，高于三尺的人要想长久立于天地之间，就要懂得低头。"懂得低头便是一种智慧。

秦始皇陵兵马俑博物馆的"镇馆之宝"是一尊跪射俑。许许多多出土的兵马俑都可以算作人间精品，但唯独是它享有了"镇馆之宝"的无上荣誉。

事实上，在出土、清理和修复的一千多尊各式兵马俑中，只有这尊跪射俑保存得最为完整，未经人工修复。如果仔细观察，还会发现这尊跪射俑身上的衣纹、发丝都清晰可见。

专家介绍说，这尊跪射俑之所以能够保存得如此完整，完全是得益于它自身的"低姿态"。原来兵马俑坑是地下通道式土木结构建筑，一旦棚顶塌陷、土木俱下时，高大的立姿俑自然是首当其冲遭受灭顶之灾，这样一来，低姿的跪射俑受到的损害就大大减小。此外，跪射俑呈蹲跪姿，右膝、右足、左足三个支点呈等腰三角形，完全支撑着上体，整个身体重心在下，增加了它的稳固性，这与两足站立的立姿俑相比，就避免了倾倒、破损。所以，秦始皇陵兵马俑中的跪射俑在经历了两千多年的岁月后，依然完整地呈现在我们面前，真可谓是"宝中至宝"。

综观中国历史，那些成熟的人，有成就的人，往往都具备了低头、忍让、不自高自大的品质。譬如，西汉的韩信，因忍受"胯下之辱"，专心研究兵法，练习武艺，终得到刘邦的重用。三国时期的刘备再三低头：从三顾茅庐到孙刘联合，每一次低头，都会迎来"柳暗花明又一村"，终于成就建功立业的辉煌。

当今社会，错综复杂，变幻莫测。因此，在人生的漫长跋涉中，我们就必须学会低头。好比当你陷入泥潭时，你最先做的是迅速地爬起来，并且远远地离开泥潭，而不是对着自己的鞋子说，我们可是出淤泥而不染的。

很多时候，低头都是为了追求长远利益而采取的策略。一个为了追求更大成功的人，面对暂时的困厄，不得不低头，通过忍耐甚至放弃尊严来保全自己。它需要很大的勇气，所以我们应当用平和的心态，像跪射俑那样，时刻保持着生命的低姿态，这样就一定会避开无谓的纷争，避免意外的伤害；就能更好地保全自己，发展自己，成就自己。

老子说过，当坚硬的牙齿脱落时，你的柔软舌头却完好无损。柔软有时候是完全可以胜过强硬的。以柔克刚，以退为进，恰恰是人生的大智慧、大境界。

位高不自居，功高不自傲

"人生大病，只是一傲字。"

——王阳明

自正德十一年王阳明奉命平乱，至嘉靖七年病故于征战途中，辗转十二年，经历大小战役六次，数量虽不多，但是他从来没打过败仗。"位高不自居，功高不自傲"是王阳明累累赢得战争的重要因素。

对于赢得战争的人而言，一般都会享受加官晋爵、增加俸禄等待遇。但是王阳明把功名利禄看得很淡，他一生七次擢升官职，五次属于征战有功，但都辞官，因皇帝不批准，他才勉强继续担任官职。

王阳明认为人生的大病，只是一个傲字。作为子女的，如果骄傲的话，就必定不孝顺父母；作为臣子的，如果骄傲的话，就必定不忠于君主。一个人骄傲就是时时心中只有自己，而如果做到无我的境界，人就能够变得谦虚和容易进步。王阳明他把骄傲列为一个人所有恶劣品质中最恶劣的一种。

不居功、不自傲的王阳明经常穿梭于百姓之中，体察民生。作为朝廷命官，他只想为老百姓做事，实现他经国济世的抱负。

事实上，官大不招摇，功高不自傲，高调做事，低调做人，需要有较高的修为。这是一门精深的学问，也是一门高深的艺术。真正的智者，总是在声名显赫时藏锋敛迹，持盈若亏，从而在不显山不露水中成就一番大事业。明朝的开国功臣徐达就深谙这个道理。

徐达出生于濠州一个农家，儿时曾与后来做了大明皇帝的朱元璋一起放牛。他有勇有谋，为明朝的创建立下赫赫战功，深得朱元璋宠爱。

徐达虽战功累累，却从不居功自傲。他每年春天挂帅出征，暮冬之际还朝。回来后立即将帅印交还，回到家里过着极为俭朴的生活。

朱元璋曾对他说："徐达兄建立了盖世奇功，从未好好休息过，我就把过去的旧宅邸赐给你，让你好好享几年清福吧。"

朱元璋口中的这些旧邸，是其登基前当吴王时居住的府邸，徐达不肯接受。

朱元璋请徐达到旧府邸饮酒，将其灌醉。徐达半夜酒醒问周围的人自己住的是什么地方，内侍说："这是旧邸。"

徐达大吃一惊，连忙跳下床，伏在地上自呼死罪。朱元璋见其如此谦恭，心里十分高兴，即命人在此旧邸前修建一所宅第，门前立一牌坊，并亲书"大功"二字。

朱元璋曾赐予徐达一块沙洲，由于正处于农民水路必经之地，徐达的家臣以此擅谋其利。徐达知道后，立即将此地上缴官府。

1385年，徐达病逝于南京。朱元璋为之辍朝，悲恸不已，追封徐达为中山王，并将其肖像陈列于功臣庙第一位，称之为"开国功臣第一"。朱元璋登基

后，从1380年至1390年，因清洗丞相胡惟庸牵连被杀的功臣、官僚共达3万人；1393年，有赫赫战功的将领蓝玉及其有关的人士均被杀，先后牵连被杀的竟有15万多人；洪武十五年的空印案，洪武十八年的郭桓案，被杀者更多达8万之众。

朱元璋为强化其统治用严刑重刑，杀了包括功臣在内的10多万人，从小与朱元璋在一起的徐达，当然十分清楚"伴君如伴虎"的道理。因此，他虽功高过人，却仍恭谨谦和，最终换来了平安度日。

任何时候，任何人都不喜欢骄傲自大的人，即使这个人做出了巨大的贡献，创造出不俗的功业。任何时候，谦虚都是被人们喜欢的品质，因为谦虚就意味着对别人的尊重，没有人不喜欢被尊重。

王阳明贬斥傲，傲是一种可怜的自以为是，而谦虚才是一种竞争的优势，大凡有真才实学者无一不是虚怀若谷，谦虚谨慎的。当做出贡献的时候，需要知道并不是给领导做出功劳就可以高枕无忧，只有一边做出贡献让领导满意，一边又谦恭温顺不露出一丁点的骄傲，这样的成功者才不会惹来麻烦。

在低潮时进去，在高潮时退出

"大抵七情所感，多只是过，少不及者。才过，便非心之本体，必须调停适中始得。"

——王阳明

王阳明由兵部主事贬至龙场时，生活异常艰难。为了生计，他不得不耕作种田。他深知老百姓的智慧，不耻下问，询问其耕地种田之道，还咨询当地民风习俗等，深受老百姓爱戴。

他在讲学的时候也如此。他授徒的最大特点就是把门人当朋友，没有训诫、没有体罚，寓教于乐，教学相长。他认同学生的智慧，从不强加自己的观点给学生。在他逝世之后，明廷部分官员、门人为继承他的事业，宣传他的思想、观点、主张，纪念他的功绩，缅怀他对地方对人民的好处。

民间的智慧才是大智慧，王阳明虚心向百姓求教，谦卑与学生交谈，广纳四方意见，在学习和探讨中不断完善自己的哲学思想，这样的态度着实令人佩服。

《道德经》中说："故贵以贱为本，高以下为基。是谓侯王自谓孤、寡、不谷。此非以贱为本邪？非乎？故至誉无誉，不欲琭琭如玉，珞珞如石。"意思是说：贵要以贱为根本，高要以下为根基，因此，侯王自称为孤、寡、不谷，这不就是以贱为本吗？不是吗？所以最高的荣誉就是没有荣誉，作为侯王最好不要表现自己，不要像玉那样显示它的光亮文采，宁可像石头那样朴实无华。

侯王本是高高在上的人，但依然自称孤、寡、不谷。即使我高贵为侯王，但我依然孤独，依然德浅才疏，因此希望百姓来帮助我，大臣来支持我。这就是处下，就是高以下为根本，贵以贱为根基。

众所周知，"水能载舟，亦能覆舟。"意指事物用之得当则有利，反之必有弊害。我们把舟比喻为君王，把水比喻为百姓；舟在上位，水在下位。如果船上的高贵者经常想到船下面的水，认识到这是自己之所以能高贵、高高在上的根本和基础，常常居上思下、处尊思贱，就不会发生危险。如果忘了根本、失去了根基，那么就危险了。在《三国演义》中，有一个人就非常懂得"处下"的智慧，这个人就是刘备。

刘备是大汉皇叔，出身高贵，却与出身卑微的关羽、张飞结义，从此奠定了自己事业的基点。在后来的天下大乱、诸侯混战中，他也是采用"处下"的智慧，一步步充实自己的实力。他先是投靠公孙瓒，后来他解了徐州之围，并投靠了徐州刺史陶谦。因为他善于处下，结果陶谦三让徐州，最后刘备做了徐州牧。

再后来他又投靠曹操、袁绍、刘表，在"处下"中前进，在"处下"中积聚力量，在"处下"中百炼成钢。在这个过程中，最著名的当属刘备"三顾茅庐"了。为了请出诸葛亮，刘备不惜降尊屈贵，带领关羽、张飞，三次登门拜访。

第一次去，看门的小童听说他们是来找自己主人的，回答说："先生不在家，早上就出门去了，也不知去了哪儿，更不知什么时候回来。"刘备只好失望地离开了卧龙岗。

过了些时日，刘备打听到诸葛亮已经回家，又和关羽、张飞一起顶着漫天的大雪去隆中。可是到了才知道，诸葛亮已在头一天和朋友云游去了，三人又扑了个空。

又过了些时候，刘备准备第三次去请诸葛亮，关羽和张飞都有些恼火，但刘备并不灰心，三人再次来到卧龙岗。听小童说诸葛亮在睡觉，刘备便恭恭敬敬地站在草堂的台阶下等着。过了很长时间，小童才出来把三人请进草屋。刘备终于见到了诸葛亮，诸葛亮见刘备谦虚诚恳，便说："荆州地势险要，是个用兵的好地方，刘表既然守不住它，将军应当取而代之。先占据荆州，站稳脚跟，再取益州，然后联合孙权，交好西南各族，待时机成熟，再向中原发展。那么，统一天下的大业就能够获得成功。"

诸葛亮的这一番话，果然让刘备豁然开朗，眼睛一亮。但是当他邀请诸葛亮立即一同前往新野时，诸葛亮没有答应，说自己一向乐意耕锄，不能奉承遵命。于是刘备哭起来，把衣襟袍袖都哭湿了。诸葛亮终于被其感动而出山。

这里，刘备为得人才而将"处下"的功夫表现得炉火纯青。处下是一种"虚怀若谷、吞吐万千"的气势风骨。处下不意味着低下，谦逊、尊贤，才能得到民众的爱戴。试想，王侯尚且如此，那么一般人更应该"处下"，并时刻保持谦虚谨慎的态度。脚踏实地、虚心向学、任劳任怨，你自然容易获得周围

的人以及老板、领导、合作者、各路朋友的信任；你平易近人、尊重人、理解人、关心人、降尊纡贵，自然广受爱戴，由高处不胜寒变为高处春意暖。到那时，事业和成功自然是水到渠成。

谦虚礼让事事顺

"知轻傲处，便是良知；除却轻傲，便是格物。"

——王阳明

好的东西，每一个人都喜欢；越是好吃的东西，越要与人分享。要是你有远大的抱负，不要斤斤计较成绩的取得究竟你占有多少份，而应大大方方地把功劳让给你身边的人。王阳明不是一个喜欢独占功劳的人，但是平定宁王叛乱一事他不但没有得到嘉奖反而招致飞来横祸。

原来，正德皇帝感觉在宫里待着没什么意思，正想借着宁王叛乱之际体验一把"御驾亲征"的打仗瘾，却不料王阳明迅速就平定了叛乱。正德皇帝认为王阳明轻而易举地平定叛乱，是对自己的"大不敬"。有官员还乘机上奏，说王阳明与宁王串通一气，所以才会轻易将宁王俘获，正德皇帝龙颜大怒。无奈之下，王阳明只好假装把宁王放掉，让自称为"威武大将军"的正德皇帝率领大军"亲自"把宁王捉住。正德皇帝"亲征"之后还装模作样地宣布：御驾亲征大获全胜，平叛以胜利结束等。平叛宁王的功劳记在了正德皇帝和宦官身上。王阳明保全性命已属万幸，自然不敢再奢望什么功劳。

其实对于领导，与其消极地抵抗或一味地顺从，还不如用心地去"管理"一下更好。管理大师德鲁克曾说过："其实管理上司并不难——一般而言，这比管理下属要容易得多。"管理领导，其实就是一个对领导施加影响的过程，但是这个影响一定要恰到好处。当你给予领导安全感的同时，他会回报给你成就感。

东汉末年的许攸，本来是袁绍的部下，虽说是一名武将，却足智多谋。官渡之战时，他为袁绍出谋划策，可袁绍不听，他一怒之下投奔了曹操。曹操听说他来，没顾得上穿鞋，光着脚便出门迎接，鼓掌大笑道："足下远来，我的大事成了！"可见当时曹操对许攸的重视。

后来，许攸在击败袁绍、占据冀州的战斗中，立下大功。他自恃有功，在曹操面前便开始不检点起来。有时，他当着众人的面直呼曹操的小名，说道："阿瞒，要是没有我，你是得不到冀州的！"曹操在人前不好发作，只好强笑着说："是，是，你说得没错。"心中却已十分嫉恨。许攸并没有察觉，还是那么信口开河。

有一次，许攸随曹操进了邺城东门，他对身边的人自夸道："曹家要不是因为我，是不能从这个城门进进出出的！"曹操终于忍耐不住，将他杀掉。

《三国演义》给许攸的评价是："为人多傲，酷嗜财帛。"他帮助曹操取得了胜利，却把功劳全部安在自己的头上，给曹操以挫败感，结果引来杀身之祸。

许多领导最看不上那些自吹自擂的人，有了一点点成绩，就心高气傲、不思进取，这样的人是不会得到提拔和重用的。而作为下属，不管你的功劳有多大，千万不能在众人，尤其是领导的面前，居功自傲，目无尊长，否则你也会像许攸一样遭人摒弃。

王阳明总是反复告诫自己的学生："知轻傲处，便是良知；除却轻傲，便是格物。"轻傲是浮躁浅薄、妄自尊大的表现，常常会招来旁人的嫉妒毁谤，所以，下属在与领导相处时，一定要掌握分寸。尽管有时领导在某一方面确实远不

如你，作为下属的你还是要十分注意。在你与领导当面说话的时候，不要咄咄逼人，不要冷嘲热讽；背地里说话也不要评头论足；更不要让领导当众出丑，如芒在背。这些都是蔑视领导的行为，你很容易被领导认为是一个恃才傲物和喜欢顶撞权威的人，从而不信任你。

另外，下属还要学会在领导面前低头，将功劳让给领导。对领导让功一事绝不可到处宣传，如果你不能做到这一点，倒不如不让功的好。对于让功的事，让功者本人是不适合宣传的，自我宣传总有些邀功请赏、不尊重领导的味道，千万使不得，你让功的事只能由被让者来宣传。因此，做善就要做到底，不要让人觉得你让功是虚伪的。

将自己的功劳归成领导的，把本该属于自己的镜头悄悄地让给领导，擅长处理上下级关系的人，都会将自己的功劳淡化，不显山不露水，必要的时候将一切功劳、成绩、好名声都归于领导。这样，你"平步青云"的日子也就不远了。

与贪婪断交，与清风作伴

"贪心生，责此志，即不贪。"

——王阳明

人是身心的统一体，也是社会关系的总和。对于每一个人而言，维持内心的平衡与稳定是相当重要的。行经在尘世间，难免会有担忧、失落以及悲伤，这时的心灵就会处于一种失衡状态。如果心灵的平衡被打破，人就很容易到达崩溃的边缘。那么该如何对待心灵的失衡呢？

在佛家看来，"人生本来是苦的，苦的根源在于各种欲望。"很多时候，心灵的失衡都是欲望过强导致的，当人的欲望太多时，我们的情绪便很容易被这种贪欲左右。在不知足的状态下，金钱多了还想再多，官位高了还想更高，房子宽了还想更宽……贪欲就像一把干草，一旦点起，就容易成燎原之势，于是，对自我生存状态的否定以及盲目攀比的虚荣便阻断了我们快乐的根源。佛教认为要摆脱欲望之苦，唯一的方法就是修炼。只要从内心到行为，都按照一定的准则和要求进行修炼，禁止凡俗种种欲求，进入空门，就有望修成正果。

王阳明对佛家的这种看法无法深信。在他看来，普通人终身只是做一件事情，从少年到老年，从早上到晚上，不管有没有事，只做得一件事，就是必有事焉，即不管遇到什么事情，不要急于求成，用内心的良知去应付。面对贪欲也是一样，不要被毁誉得失给牵制住了。如果能实实在在地致良知，那么平日所见的善者未必是善，所说的不善者恐怕正是被毁誉得丧所控制，自己把自己的良知给埋没了。所以人要致良知，就必须学会看淡，"与贪婪断交，与清风作伴"，保持一片淡泊心境，豁达地看待生命的潮起潮落。

历史上受后人景仰的杰出政治家大多具备这一品质，明朝宰相于谦就是其中一位。

于谦打退瓦剌，保住了大明江山，位极人臣。但他并不以名利为本。他认为"钱多自古坏名节"，把钱财看得轻如鸿毛，从不聚敛，廉洁自守。他的俸禄用在自己身上的少，常常用以救济贫穷亲朋。平时自奉俭约，衣不锦绣，食不兼味，从不铺张浪费。当时达官贵人把生日看得极重，要大肆庆贺。但于谦过生日，谢绝一切贺客，拒收任何礼物，常常是独坐静思，回省自己的政务，激励自己。于谦执政，日理万机，"日夜分国忧，不问家产""所居仅蔽风雨"。"门前无列戟"，常被"错认野人家"，与他的职位极不相称。

正统年间，宦官王振专权，作威作福，肆无忌惮地招权纳贿。百官大臣争相献金求媚。每逢朝会期间，进见王振者，必须献纳白银百两；若能献白银千两，始得款待酒食，醉饱而归。而于谦每次进京奏事，从不带任何礼品。有人劝他说："您不肯送金银财宝，难道不能带点土产去？"于谦潇洒一笑，甩了甩他的两只袖子，说："只有清风。"他还特意写诗《入京》以明志：手帕蘑菇与线香，本资民用反为殃。清风两袖朝天去，免得阎闾话短长！

这种两袖清风，有多少人能够做到？在于谦之后，明朝另一位杰出的政治家张居正，在推行改革时虽然倡清廉、反腐败，可惜自己却未能洁身自好。改革刚开始时，张居正确实是带头执行。他父亲过生日，派仆人骑驴回家送礼，特吩咐不得住驿站。但后来他回乡葬父，坐的是三十二抬的特制大轿，沿途地方官员郊迎郊送，还要呈上黄金，担负护卫任务的是比国家正规军装备还要精良的特殊卫队，弄得朝野上下议论纷纷。他反对别人受贿，而自己受贿却十分惊人。

每一个政治家都是这个舞台上的匆匆过客，他们的是非褒贬，逃不过后人的评论。嘉靖七年十一月二十九日王阳明病逝，远近百姓闻讯无不遮道哭送，人已远去，可是王阳明的英名以及事迹都让大家难以忘怀。为国为民的清官永远是百姓所敬仰的。即便没有什么惊天伟业，但是能造福一方百姓而清廉自守，足以让这一方的百姓铭记。

然而对我们这些普通人来说，活的简单一点，心里的负荷便会减少一些。眼前的繁华美景，不过是过眼云烟。与其辛苦的追名逐利，不如放下心头的贪欲，任世界物转星移，沧海桑田，做一个安贫乐道、淡泊明志之人，这样心胸自然开阔，生活也快乐很多。

第十七章

果敢心：
成事在谋，谋事在断

勇而无谋是大忌

"凡谋其力之所不及而强其知之所不能者，皆不得为致良知。"

——王阳明

《论语·述而》中，孔子的弟子子路对孔子说："老师！假使你打仗，你带哪一个？你总不能带颜回吧！他营养不良，体力都不够，你总得带我吧！"孔子听了子路的话笑了，说："像你这种脾气，要打仗绝不带你，像一只发了疯的暴虎一样，站在河边就想跳过去，跳不过也想跳，这样有勇无谋怎么行？看上去一鼓作气，很英勇的样子，大有一副慷慨赴死的凌然气概，但是这种做法实在是去冤枉送死。真正成大事的人必须要有勇有谋才行。"

有勇有谋才能成就大事，勇而无谋是大忌。王阳明作为一名大军事家，打仗靠的是勇谋结合，"君子斗智不斗力"。剿匪是很头疼的事，可他能把土匪搞得精神崩溃，主动投降。宁王造反，十万大军，王阳明手上没几个人，能马上召集一批民兵，轻而易举的捕获宁王。

王阳明对军事策略谈论最多的是《孙子兵法》，对孙子"上兵伐谋，第校之以计而制胜之道而已"很有感触。他认为，兵道的总原则就是：误人而不误于人，致人而不致于人。而实现这一点靠的就是万全的谋略。

英勇加谋略也成为王阳明屡战屡胜的秘密所在。一个人要想成就一番大事业，就要将勇和谋结合起来，既要胆识过人，又要善谋善断。

《三国演义》中最让人难忘的就是刘备的"哭"了，作为一个乱世枭雄，整天哭哭啼啼或许会让人觉得失去了英雄风范。可是"哭"也是一种智慧。

赤壁大战后，刘备按诸葛亮的安排，用计策夺取了军事重镇荆州。周瑜气得金疮迸裂，决心起兵与刘备决一雌雄，经鲁肃劝说才罢兵言和。但周瑜认为刘备占据荆州是东吴称霸的心腹大患，便命鲁肃去向刘备讨回荆州。

最初，刘备以辅助侄儿刘琦为理由赖着不还。刘琦死后，鲁肃又去讨荆州，诸葛亮以"天下者天下人之天下，非一人之天下"来辩护，并立下文书，取了西川后再归还荆州。鲁肃无奈，只好空手而回。后来，刘备娶了孙权的妹子，做了东吴的乘龙快婿，孙权又要鲁肃讨还荆州，刘备此时心中已无计，只得问计于军师诸葛亮。

诸葛亮说道："主公只管放声大哭，待哭到悲切处，我自出来劝解，荆州无

大碍也。"

鲁肃来到堂上，双方互相谦让。

刘备说："子敬不必谦虚，有话直说。"

鲁肃说："小人奉吴侯军命，专为荆州一事而来，就算是一家人了，希望皇叔今日交还荆州为好。"

鲁肃说完后，专候刘备答复。哪知刘备无话可说，却用双手蒙脸大哭不已，哭得天昏地暗。鲁肃见刘备哀声嘶哭，泪如雨下，不禁惊慌失措，急忙问道："皇叔何如此？难道小人有得罪之处。"

那刘备哭声不绝于耳，哭得泪湿满襟，成了个泪人儿。鲁肃被刘备哭得胆战心寒。这时，诸葛亮摇着鹅毛扇从屏风后走出来说道："我听了很久了，子敬可知我的主公为什么哭吗？"

鲁肃说："只见皇叔悲伤不已，不知其原因，还望诸葛先生见教！"

诸葛亮说："这不难理解。当初我家主公借荆州时，曾经立下取得西川时便还给东吴的文书。可是仔细想想，主持西川军政大事的刘璋是我家主公的兄弟，大家都是汉朝的骨肉。若是兴兵去攻打西川，又怕被万人唾骂，若是不取西川，还了荆州无处安身；若是不还，那东吴主公孙权又是舅舅。我主处于这两难困境，子敬又三两次的来讨，因此泪出痛肠，不由得放声恸哭。"

孔明说罢，又用眼色暗示刘备，刘备耸肩摇膀，捶胸顿足，大放悲声。

鲁肃原是厚道之人，见刘备泪下，放声痛哭，心中动了恻隐之心，以为刘备真的是因无立足之地而哭，便起身劝道："皇叔且休烦恼，待我与孔明从长计议。"

鬼谷子说："摩者揣之术也。内符者揣之主也。用之有道，其道必隐。微摩之以其索欲，测而探之，内符必应。"寻找、琢磨那些外在表象的内在心理因素。揣摩之间，信息自然会被人察觉。刘备心思细密，在多次磨合中了解鲁肃的性情，掌握心理欲望的内在因素。这也是他保住荆州，赢得胜利的关键。人非草木，孰能无情。眼泪就是一种能够征服人心的绝妙武器。所以不可轻视眼中滚落的泪水，它能够流到人的心灵深处，打中人的恻隐之心，冲垮了心理防线，从而达成自己的目的。可见，刘备"哭"得高明，哭得巧妙。

人们常说，一件事情需要三分的苦干加七分的巧干才能完美。王阳明在《绥柔流贼》中说："盖用兵之法，伐谋为先；处夷之道，攻心为上；今各瑶征剿之后，有司即宜诚心抚恤，以安其心；若不服其心，而徒欲久留湖兵，多调狼卒，凭藉兵力以威劫把持，谓为可久之计，则亦末矣。"王阳明作战首选以谋胜敌，认为既这样可以避免自己过多地伤亡，也可不那么过分地杀戮敌人。这既体现了王阳明的仁者之心，也体现了他以谋胜敌的思想。勇而无谋是大忌，谋略是勇气的朋友，我们在生活中如果也将英勇和谋略完美结合的话，就没有克服不了的困难，没有打不败的挫折。

当我们面对瞬息万变的社会时，要想把自己的事业做好，"勇"和"谋"这两者缺一不可。勇气是剑，谋略是术，懂剑术的人才能天下无敌。

得民心者得天下

"人心，则杂于人而危矣，伪之端矣。"

——王阳明

古人文子曰："用众人所爱，则得众人之力，举众人之所喜，则得众人之心，故见其所始，而知其所终。"这段话的大意是说，只有"用众人所爱"，"举众人之所喜"，才能顺人心、得人心，自己才能有所成就。

对"得众人之心"，王阳明也有自己独到的见解。《大学》本是教国君成为君子的教材，然而王阳明认为"大学之道"的核心在于"亲民"二字。他将"亲民"作为区分真伪的实践性的标准，他认为只有在亲民的过程中才能体现知行合一，才能将三纲五常等"明德"落实到日常生活之中。如果做不到"亲民"，那么所有的说教都会沦为滑舌利口的恶谈。而有了亲民的境界，才会真正做到"老吾老以及人之老，幼吾幼以及人之幼"，才能有与天地万物为一体的心态，这样才能"尽性"。

在龙场期间，王阳明和贫苦百姓一起生活，深刻的体悟到百姓生存之艰。正德十五年时，王阳明在江西任职，因江西数月不下雨，七月之时，禾苗枯死。当地又经历了宁王朱宸濠叛乱，地方不够太平，王阳明就向正德皇帝上疏，请求免去租税。王阳明能把百姓的疾苦如实奏闻正德皇帝，实在是难能可贵。更何况为百姓陈言侃切，如切肤之痛，不由得让人感慨，因而他也受到百姓的赞誉。

得人心者得天下，失人心者失天下。有些事仅靠我们自己的力量去完成，往往力不从心。密切联系人民大众，充分发挥他们的力量，帮助自己走向成功。明朝开国皇帝朱元璋在打天下的时候就已经认识到，众人的力量是取得最终胜利的保障。因此，他每到一处，便聚拢人心，如此，他才成就了大明王朝。

朱元璋进兵江南的时候，占领了采石城。采石城是一个比较富庶的南岸城池，该城一破，红巾军千军万马顿时如潮水一般涌向城中的各个角落。对于这些忍饥挨饿多日的将士们来说，出现在他们面前的那些牲畜、粮食，比任何东西都珍贵。所以尽管军纪严明，将士们还是开始哄抢，采石城陷入了一片混乱之中。

朱元璋很有政治才能，他一边派人组成了纠缉队在街头巡逻，一边向将士们解释说："我们这支队伍要成大事，不能只图眼前的这点儿小利。前面就是太平城，那才是个富庶的去处，兄弟们到那里去，一起去大开眼界吧！"然后让大家饱餐了一顿，这样城中秩序才稳定下来。经过这一风波，朱元璋担心在太平城中再起波澜，便在军队出发以前命掌书记李善长紧急起草了《戒缉军士榜》，意在约束军队，防止扰民。果然，在太平城，战斗刚一结束，士兵们刚准备动手抢掠的时候，却见城中的大街小巷贴满了榜文，上面赫然写道：敢有抢掠财物、杀害百姓者，杀无赦。士兵们不敢违反军令，城中秩序井然，在战事结束后，朱元璋论功行赏，军士们都有份。朱元璋的高明做法，既得了人心，也稳住了军心。

在此后的战争中，朱元璋都明令要求部下不得妄行杀掠，这种情况迅速传到其他地方，各地民众都称颂朱元璋的军队是仁义之师，这给朱元璋带来很大便利。

与此同时，朱元璋还在自己的地盘上采取了一系列赢得民心的措施。比如，废除元朝苛政、减轻刑罚、宽减税役等；进行了免租和赈灾活动；实行"给民户田"的政策，支持农民夺取地主的土地和财产；任用当地德高望重的人做官，稳定民心。这些措施颁布后，大受当地民众的欢迎，有了人民的支持，朱元璋一步步实现了自己的理想。

不只是朱元璋，古今中外，很多事实都可以证明凡是在事业上有所建树的人，大都是有威望、有号召力的人，他受众人拥戴，依靠众人的力量成就了自己伟大的事业。如唐太宗李世民也正是由于他深谙民心的力量，得到了人民的支持，才赢得了一代明君的称号，开创了"贞观之治"的繁荣局面。

孟子曰："得天下有道，得其民，斯得天下矣。得其民有道，得其心，斯得民矣。得其心有道，所欲与之聚之，所恶勿施尔也。"要想在事业上有所建树，就必须广得民心，而赢得人心的方法有很多，只要你用心去做，就一定能赢得众人的支持和信任，从而为自己事业的成功打下坚实的基础。

因地制宜，因时而化

"天下事虽万变，吾所以应之，不出乎喜怒哀乐四者。"

——王阳明

这个世界瞬息万变，一个人只有顺应外界的变化而变化，用一种发展变化的眼光和思维来对待生活中的万事万物，才能因地制宜、因时随化，获得真正的自由和幸福。

王阳明在平定农民起义的过程中，始终从当地的实际情况出发，坚持因地制宜、因时而化的原则。他没有把起义农民当成打击对象，而是把杀人越货的盗贼和被迫铤而走险的贫苦民众区别开来，把首恶和胁从区别开来，把愿意改恶从善和坚持不改区别开来。具体到个人，王阳明更是谨慎从事，即使犯了罪，也要看认罪的态度来决定处罚。

为了给胁从者、愿意悔改者机会，王阳明在每次采取行动之前，都先发布告，劝谕误入迷途者改恶从善，弃旧图新。在征战过程中，他也是根据实际需要，灵活制定制敌政策。在平乱之后，是根据当地的实际情况，不是奏请皇帝，批准增设县治，管关隘检查的巡查司，就是改变布局不合理的巡检司治所。

王阳明根据社会制度和风俗习惯的不同，因地、因事、因时以制宜，并没有墨守绳法。其实，任何事物的发展都会与原有的计划有所不同，当面对改变的时候，智慧之人往往能看到直中之曲和曲中之直，并不失时机地把握事物迂回发展的规律，通过迂回应变，达到既定的目标。反之，一个不善于变通的人，"一根筋"只会四处碰壁，被撞得头破血流。

孔子周游列国时，曾被围困在陈国与蔡国之间，整整十天没有饭吃，有时连野菜汤也喝不上，真是饿极了。学生子路偷来了一只煮熟的小猪，孔子不问肉的来路，拿起来就吃，子路又抢了别人的衣服换来了酒，孔子也不问酒的来路，端起来就喝。

可是，等到鲁哀公迎接他时，孔子却显出正人君子的风度，席子摆不正不坐，肉类割不正不吃。子路便问："先生为什么现在与在陈、蔡受困时不一样了呀？"孔子答道："以前我那样做是为了偷生，今天我这样做是为了讲义呀！"

孔子处理事情从容淡然的态度，原因就在于他有着因时而化、因地制宜的头脑。所以说，当遇到困难时，就要改变自己的思路和行为，因为只有变，才有通，才能克服困难，达到自己的目的。

当今社会，各种事物都是飞速发展变化着，深处其中的人如果不能审时度势，顺势而变，就很难适应社会的发展。要想做到积极应变，除了要顺应时代的潮流之外，还应当根据对手情况的变化而变化，也就是说"敌变我变"。诸葛亮"七擒孟获"就是达到了"敌变我变"的高超境界。

诸葛亮出兵南征，平定南中叛乱，在此过程中对南中豪强首领孟获采取了精彩的收服策略。

一擒孟获，诸葛亮本是乘胜之师，但他却让王平打前站，故意装作不是对手，引孟获进入伏击圈，然后大军裹挟。最后又用大将赵云与魏延在峡谷中前后堵截，使孟获插翅难逃，束手就擒。

二擒孟获采用的则是采用反间引起的敌军内讧效果。孟获被捉一次，变得谨慎，退到泸水以南，以泸水为屏障，准备持久坚守。诸葛亮派马岱出战，激发对方上次被俘放归将领的感恩之心，使得孟获与他们发生冲突。堡垒从内部攻破，孟获手下的将领毫不客气地将孟获绑赴蜀营。

　　两次被擒，仍被放回。这一回诸葛亮故意让孟获了解蜀军的粮草、军情。孟获回去之后气急败坏，急于报仇雪恨，又自以为对蜀军情况成竹在胸，便以送礼谢恩名义前来劫营，可诸葛亮早已摸透孟获的心思。孟获又一次自投罗网——三次被擒。

　　第四次是把好斗的孟获引入陷阱。第五次，诸葛亮采取统战之计，让孟获原来的盟友擒住孟获。

　　……

　　七擒孟获，每次用的方法与计谋都不相同，针对孟获心理与战术的变化，诸葛亮对症下药，使孟获完全在他的掌握之中。诸葛亮号称"东方智圣"，当然深谙变化的智慧，所以才能屡战屡胜，所向披靡。

　　我们在生活中如果也能做到随机应变、顺势而动，无疑会对我们适应生活，适应现实变化有很大的帮助。遇到困难的时候要学会因地、因时而化，及时调整自己的行动方案，不因袭守旧。因为客观的情况在不断地变化，我们必须随着客观情况的变化而不断变化。正如王阳明所说："天下事虽万变，吾所以应之。"只有这样，我们才能克服各种困难，获得成功。

抓住时机，一击制胜

> "虽千魔万怪眩瞀变幻于前，自当触之而碎，迎之而解，如太阳一出，而魑魅魍魉自无所逃其形矣，尚何疑虑之有，而何异同之足惑乎？"

——王阳明

王阳明在朝廷高层的掣肘下，率领没有实战经验的民兵，仅用一个多月的时间就击溃了宁王朱宸濠的数万精兵，一举粉碎其蓄谋了数十年的篡位大计就体现了其善于抓住对方脆弱地方，一击制胜的军事谋略。

1519年，蓄谋已久的宁王朱宸濠组织了十万大军，举兵叛乱。大军顺江而下，势如破竹，准备一举拿下南京。时任赣南巡抚的王阳明知道南昌是宁王的老巢，攻打南昌宁王必然会回师救援。于是他采取围魏救赵战术，直接攻打南昌。宁王首尾无法兼顾，只好回师救援，双方大战于鄱阳湖上。期间，王阳明还下令将写有"宸濠叛逆，罪不容诛；协从人等，有手持此板，弃暗投明者，既往不咎"字样的免死牌，扔入鄱阳湖中。到最后，叛军几乎人手一块，军心哗变。大势已去，宁王仰天长叹：以我家事，何劳费心如此！就这样，一场危及江山社稷的叛乱，就被王阳明轻易化解了。

人们常说："没有平平凡凡的成功。"一点也不错，真正的成功总是属于那些有准备的人。王阳明知道南昌对宁王的重要性，抓住其脆弱之处，一击制胜。当然，在应对挑战的过程中，要善于找到成功的突破点，这样在竞争中制胜就要简单的多了。

有一天，更羸和魏王站在一个高台上，仰头看见天空中有鸟飞。更羸对魏王说："请大王看看，我可以只拉弓不发箭就能把鸟射下来。"魏王不相信地说："难道你的射术可以达到这样的水平吗？"更羸很自信地说："可以。"

不一会儿，一只雁从东方飞来，更羸拿起弓拉了一下空弦，那只雁应声栽落到地上。魏王惊叹道："你射箭的本领居然可以达到这样一种地步！"更羸说："这是一只受伤的孤雁啊！"魏王问："先生是怎么知道的呢？"更羸回答说："它飞得很缓慢，叫声很悲惨。根据我的经验，飞得慢，是因为旧伤疼痛；叫得惨，是因为长久失群。由于它的旧伤没有长好，一直处于一种害怕的心情中，所以一听见弓弦响，就急忙往高处飞，这就引起伤口破裂，从高空掉下来了。"

大雁虽然受了伤，脱离了雁群，但是它依然可以飞翔。内心的孤独与恐惧消磨了它前进的动力，它的伤在身体，更在内心。作为一个有经验的射手，听鸿鸣而知其伤，弹弓而落飞鸟，这是一种境界，更是一种艺术。眼中有数，心中不慌，敏锐地观察，直击对方心里的最弱点，就能出其不意地制胜。然而这种观察、分析、判断的能力，只有通过长期刻苦的学习和实践才能培养出来。

你可以羡慕更赢凭借弹弓音而落大雁的神奇举动，但你更应看到他的敏锐观察和为了这一次的射猎而经过的刻苦训练。人的一生要面对无数的挑战，每一次的挑战都是艰辛而不同的，但成功的法则是不变的，那就是了解自己，了解对手。

"知己知彼，百战不殆"，不仅为古今中外许多军事家所推崇，作为一种智慧，一种决策制胜的方略，它同样适用于生活的各个方面。面对对手，面对挑战，我们只有清楚地观察到对方的每一个细节，才能做到心中有数，采取正确的对策赢得胜利。

人生就像海浪，有起有伏。如果你想用最省力的方法击败某人，那一定要抓准时机，你就可以一击制胜了。

不打无准备之仗

"正恐后之罪今，亦犹今之罪昔耳。"

——王阳明

凡事预则立，不预则废。《孙子兵法》中说："凡用兵之法，驰车千驷，革车千乘，带甲十万，千里馈粮。则内外之费，宾客之用，胶漆之材，车甲之奉，日费千金，然后十万之师举矣。"关于战争成本，孙武对车马费、伙食费、医疗保险费、外交补贴等，都考虑得很清楚。战斗，需要一个强大的后勤集团做后盾。战前的准备工作，是战争所必需的，也是战争能够取得胜利的保证。正所谓"军无辎重则亡，无粮食则亡，无委积则亡"，只有解决了基本的生活问题，才有精力去作战。

王阳明戎马倥偬，他深知打仗是一场残酷的争夺，每一场战争都关乎生死、关乎朝廷安危，都会消耗大量的人力和物力，因而，每每打仗，他首先是了解对手情况，不打无准备之仗。比如官军在汀漳平乱时，多次出现泄漏军事机密。官军还没行动，对手已经四下逃逸；等到官军收兵，又恢复老样子。毫无疑问，是内奸所为。因此消除内奸就成为打胜仗的起码条件。另外加强当地治安、巩固后方也是战争胜利必备的要素，于是王阳明决定采用"十家牌法"，建立起组织和制度上的保证。他还组织民兵，平时保卫县城，战时可由各省兵备调遣。

打有准备之战是王阳明从来没有打过败仗的重要因素。拿破仑·希尔说过，一个善于准备的人，是离成功最近的人；一个缺乏准备的人，一定是一个差错不断的人，纵然其有超然的能力、千载难逢的机会，也不能保证获得长久的成功。

在做任何事情之前，都不要急于行动，而是要悉心准备而后再一步步水到渠成地实现目标。

准备多做一分，相应的风险就会减少一分。而没有准备的行动会让一切陷入无序，最终面临失败的局面。古罗马学者塞涅卡有这样一句话："要想利用风驰电掣的机会，不仅要做好物质上的准备，更重要的是要做好精神上的准备。"可见，准备攸关成功，但人们总是忽视它。即便有人认识到了它的重要性，也很少能长久地关注它。于是，"效率低下，差错不断"就成了人们身上与失败相关联的标签。

　　有人曾这样说过，事业成功的三大要素是天赋、勤奋和机遇。而准备主要是指为成功而长期进行的坚韧、扎实的知识储备和辛勤努力的劳动，以及在机遇来临时的全力拼搏和冲刺。可见，机遇固然重要，但离不开天赋和勤奋，离不开充分的准备。成功者并非天生是幸运女神的宠儿，他们大多是在经历了奋力拼搏、曲折辛酸之后才会有所收获。

应时而变，兵贵在"活"

　　"儒者患不知兵。仲尼有文章，必有武备。区区章句之儒，平日叨窃富贵，以词章粉饰太平，临事遇变，束手无策。此通儒之所羞也。"

——王阳明

　　用兵，要懂得活络。由于战场上情况瞬息万变，而且呈现在诸多方面，如双方力量对比的变化，战略战术的变化，军队情绪的改变，地形、气候、给养等等。因而，在通常情况下，没有一成不变的战略战术，作战计划要随着战场情况的变化而变化。如果军队统帅对此认识不充分，不能敏锐地发现新情况新变化，不能及时采取对策，就会陷入被动，甚至全军覆没。

　　综观王阳明指挥的几个战役，灵活、机动，策略运用得十分娴熟。如宁王朱宸濠的叛乱，王阳明是在没有得到正德皇帝命令的情况下发兵的。当时形势紧急，宁王已率军沿长江南下，若不及时起兵，一旦攻破安庆，很快抵达南京称帝，形成南北对峙的局面，将会引起更大内乱。而若向正德皇帝禀告，待到其批复，时间拖延太长，为形势所不许。所以王阳明不得不冒着"造反"的风险起兵。

　　王阳明应时而变，"兵贵在活"的思想契合了孙子"涂有所不由，军有所不击，城有所不攻，地有所不争，君命有所不受"的军事策略。当形势发生了改变，不能按照原计划行事时，就必须采取灵活的战略战术。纸上谈兵的赵括之所以会失败，就在于在理论也需要随着形势的变化而变化，更何况战争并不会根据兵书一模一样地加以重新演绎，每一次的战争都会有自己的特点，无论是人数上、战争将领的特点或是谋兵布局之道。

　　三国时候，诸葛亮兵出祁山，连战连捷，所向披靡。魏主曹睿不得不"御驾亲征"，率军前往长安，抗拒蜀军。那时，出任新城太守的原蜀军降将孟达，想乘曹魏后方空虚之际，举兵谋反，直取洛阳再归降诸葛亮。

孟达此举若能成功，必将会与诸葛亮形成对曹魏前后夹击的战略攻势，陷曹魏于完全不利的境地。

孟达谋反的消息，被即将去往长安的司马懿得知了，在这危急时刻，他当机立断，一方面令大军向新城进发，并传令"一日要行二日之路，如迟立斩"；另一方面，他又派参军梁畿赍乘轻骑星夜先一步赶往新城，"教孟达等准备征进，使其不疑"，并制造司马懿大军已"离宛城，往长安去了"的假象。

孟达果然中计。结果几天之后，司马懿率大军突然出现在新城城下，以迅雷不及掩耳之势，一举平定了这场预谋的叛乱。

成大事不仅要有谋略，而且还要有在关键时刻随机应变、果断行事的能力，再加上出其不意、攻其不备的策略，一定能把难事办成、办好。如果想为突袭行动争取到极为宝贵的时间，就必须做到根据敌情果断灵活地实施指挥。但对一支军队来说，神速的行动，并不单单表现在部队的行动能力上，更重要的还体现在领导者当机立断的决策水平上。要想达到攻其不备的效果就得有当机立断的精神，要善于观察对方的动态，采取果断措施，如果犹豫不决就会一事无成。

王阳明说，遇到事情突变的时候，束手无策者应该感到羞耻。不论是战场还是官场，生活中处处都会有浅礁暗流，成功者就是那些懂得顺应时事而变化、及时调整自己步伐的人。

当然，应时而变是一种外在的处世态度和智谋策略。人们常说做人就要铁骨铮铮，不可轻易向他人低头。但是在人生路上，坎坷时常会出现，我们做事就必须多点柔韧性，学会适当地弯曲。

第十八章

淡定心：
不以物喜，不以己悲

常在静处，谁能差遣我

"当极静时，觉此心中虚无物，旁通无穷，如长空云气，流行无所止极。"

——王阳明

"非宁静而无以致远。"诸葛武侯如是说。静是什么？是泰山崩于前而色不变，是大胸襟，也是大觉悟，非丝非竹而自恬愉，非烟非茗而自清芬。

如何才能进入静的境界？王阳明给出了一种答案：不要轻易起心动念。常人之所以和圣人有分别，完全因为起心动念。因此，万事万物呈现在心中的时候，寂然无我；而当达到了寂然无我的境界时，万事万物自然也会呈现在心中。

紧张和焦灼的生活，很难让人品味到静的清芬与恬愉，甚至会渐渐浮躁起来，可是浮躁往往不利于事情的发展。因此，与其让浮躁影响我们正常的思维，不如放开胸怀，静下心来，默享生活的原味。毕竟唯有宁静的心灵，才不营营于权势显赫，不奢望金银成堆，不乞求声名鹊起，不羡慕美宅华第，因为所有的营营、奢望、乞求和羡慕，都是一厢情愿，只能加重生命的负荷，加速心灵的浮躁，而与豁达康乐无关。

谢安乃晋朝名臣。晋简文帝时，权臣桓温想要简文帝禅位给他，简文帝死后，谢安等人趁他不在京都，马上立太子做了皇帝。桓温气急败坏，于是在宁康元年（公元373年）二月，亲率大军，杀气腾腾地回兵京师，向谢安问罪。并欲趁机扫平京城，改朝换代。眼见朝廷上下，人心惶惶，新帝司马曜也不得不下诏让吏部尚书谢安和侍中王坦之到新亭迎接桓温。

二月的京城，春寒料峭，桓温的到来更给这里增添了一派肃杀气象。桓温到来时，百官都去迎接。文武百官纷纷跪拜在道路两旁，甚至连抬头看一眼威风凛凛从眼前经过的桓温的勇气都没有，这里面也包括那些有地位有名望的朝廷重臣。但谢安除外，面对四周杀气腾腾的卫兵，他先是作了一首咏浩浩洪流的《洛生咏》，然后才从容地说："我听说诸侯有道，就会命守卫之士在四方防御邻国的入侵。明公入朝，会见诸位大臣，哪用得着在墙壁后布置人马呢？"桓温一下子被他镇住了，于是赶忙赔笑说："正因为不得已才这样做呀！"他连忙传令撤走兵士，笼罩在大家中间的紧张气氛一下子消除了。

接下来，他又摆酒设馔，与谢安两人"欢笑移日"，在这欢笑声中，东晋朝廷总算度过了一场虚惊。

"泰山崩于面前而不惊"，如此的定力不是每个人都可以具有的。谢安曾经在桓温的手下做事，面对这个杀气腾腾的上级，要想保持镇定，不仅需要在气势上胜过他，更要在内心上胜过他。可以说，谢安能够在桓温面前安然自在，是因为他自己保持了内心的宁静，在气势上胜过了桓温。

王阳明良知的哲学思想中包含这样一层含义，即良知是生命本源的一种知觉。宁静作为一种功夫的意义就在此，它能够减去压在良知表面上的重物。宁静是一种气质、一种修养、一种境界、一种充满内涵的悠远。安之若素，沉默从容，往往要比气急败坏、声嘶力竭更显涵养和理智。

其实，真的不需太急功近利，不如将心跳放缓，随青山绿水而舞，见鱼跃鸢飞而动。水流任急境常静，花落虽频意自闲。把心常放在静处，荣辱得失，哪一样能够左右我？

不动心，不烦恼

"心之本体，原自不动。"

——王阳明

王阳明曾在平定叛乱后，看见世风日下感慨道：破山中贼易，破心中贼难。心中之贼便是"私欲"，"私欲"是一切万恶的源头。他认为一个人持有什么样的心态，就可能成为什么样的人，也就能够拥有一个什么样的人生。

世间的事，纷至沓来，只有做到不动心，才能得到真正超然物外的洒脱。王阳明认为，心的本体，原本就是不动的。心不动，即便有三千烦恼丝缠身，亦能恬静自如。这就好比同样多的事情，有人为世事所叨扰，忙得焦头烂额，有人却能泰然自若地悉数处理完毕，生活的智者总是懂得在忙碌的生活之外，存一颗闲静淡泊之心，寄寓灵魂。后者虽因忙碌而身体劳累，却因为时时有着一颗清静、洒脱而无求的心，便很容易能找到自己的快乐。

苏轼是宋代名士，既有很深的文学造诣，他的思想也兼容了儒释道三家关于生命哲理的阐释，虽如此，有时候他也不能真正领悟到心定的感觉。

苏轼被贬谪到江北瓜洲时，和金山寺的和尚佛印相交甚多，常常在一起参禅礼佛，谈经论道，成为非常好的朋友。

一天，苏轼作了一首五言诗：稽首天中天，毫光照大千；八风吹不动，端坐紫金莲。作完之后，他再三吟诵，觉得其中含义深刻，颇得禅家智慧之大成。苏轼觉得佛印看到这首诗一定会大为赞赏，于是很想立刻把这首诗交给佛印，但苦于公务缠身，只好派了一个小书童将诗稿送过江去请佛印品鉴。

书童说明来意之后将诗稿交给了佛印禅师，佛印看过之后，微微一笑，提笔在原稿的背面写了几个字，然后让书童带回。

苏轼满心欢喜地打开了信封，却先惊后怒。原来佛印只在宣纸背面写了两个字："狗屁！"苏轼既生气又不解，坐立不安，索性搁下手中的事情，吩咐书童备船再次过江。

哪知苏轼的船刚刚靠岸，却见佛印禅师已经在岸边等候多时。苏轼怒不可遏地对佛印说："和尚，你我相交甚好，为何要这般侮辱我呢？"

佛印笑吟吟地说："此话怎讲？我怎么会侮辱居士呢？"

苏轼将诗稿拿出来，指着背面的"狗屁"二字给佛印看，质问原因。

佛印接过来，指着苏轼的诗问道："居士不是自称'八风吹不动'吗？那怎么一个'屁'就过江来了呢？"

苏轼顿时明白了佛印的意思，满脸羞愧，不知如何作答。

身在人世操劳一生，却能心安身安，这着实是一件不容易实现的事。这需要我们转换对生活的态度，持一颗清静的心，不生是非分别，不起憎爱怨亲，就能够安稳如山，自在如风。

世上本无事，庸人自扰之。王阳明说人人都具有心力，大凡终日烦恼的人，实际上并不是遭遇了多大的不幸，而是自己的内心对生活的认识存在着片面性，心无力而已。真正聪明的人即使处在烦恼的环境中，也能够自己寻找快乐。

在忙碌、纷扰的生活外保持一颗清静的心，这是每一个人必须谨记在心的真理。心中有青山，就算是忙，也永远是"气定神闲的忙"。

顺境逆境都能从容

"是有意于求宁静，是以愈不宁静耳。"

——王阳明

生活充满了种种偶然与不测，很多人的心情都容易因此受到影响，使得精神无时无刻不在忐忑不安之中。而要沉着冷静地去面对，则需如王阳明所说的涤荡内心。不管是顺境，还是逆境，都要静心不动。

静心即净心。平常人想要净心的时候，往往习惯于用理性去控制但这样做的结果可能适得其反。告诉自己"不能动心，不能动心"，这个时候心已经动了。提示自己"心不能随境转"，这个时候心已经转了。王阳明说，有意去找寻宁静，这个时候已经不宁静了。真正的净心不是特意去控制它，也不是刻意去把握它。什么时候都知道自己的心，心自然而然就不动了。心不动了，人就不会为外界的诱惑所动从而净化自身。

仰山禅师有一次请示洪恩禅师道："为什么吾人不能很快地认识自己？"

洪恩禅师回答道："我给你说个譬喻，如一室有六窗，室内有一猕猴，蹦跳不停，另有五只猕猴从东西南北窗边追逐猩猩。猩猩回应，如是六窗，俱唤俱应。六只猕猴，六只猩猩，实在很不容易快速认出哪一个是自己。"

仰山禅师听后，知道洪恩禅师是说吾人内在的六识（眼、耳、鼻、舌、身、意）和追逐外境的六尘（色、声、香、味、触、法），鼓噪繁动，彼此纠缠不息，如空中金星蜉蝣不停，如此怎能很快认识哪一个是真的自己？因此便起而礼谢道：

"适蒙和尚以譬喻开示，无不了知，但如果内在的猕猴睡觉，外境的猩猩欲与它相见，且又如何？"

洪恩禅师便下绳床，拉着仰山禅师，手舞足蹈似的说道：

"好比在田地里，防止鸟雀偷吃禾苗的果实，竖一个稻草假人，所谓'犹如木人看花鸟，何妨万物假围绕'？"

仰山终于言下契入。

为什么人最难认清自己呢？主要是因为真心被掩盖了。就像一面镜子，布满灰尘，就不能清晰地映照出物体的形貌。真心没有显现出来，妄心就会影响人心，时时刻刻攀缘外境，心猿意马，不肯休息。

心不动才能真正认清自己，遇到顺境不动，遇到逆境也不动，不受任何外在的影响。现代人的状况大多相反，遇到顺境的时候高兴得不得了，遇到逆境的时候痛苦得不得了，这就带来许多痛苦。其实，我们遇到的任何外境都一样，如果我们能够了解这一点，就不会被六尘所诱惑，也不会被六识所蒙蔽。

实际上，顺境跟逆境不过是一体两面而已，一个是手背，一个是手心。顺境时得意忘形，逆境时失意忘形，都是不对的，换句话说，是心有所住。有所住，就被一个东西困住了，就得不到解脱。要想真正解脱，并不是去崇拜偶像，也不是迷信权威，而是要心无所住，心不为动。这样，面对任何事情，物来则应，过去不留。

外面再美的景致，也无法使我们的心得到真正的休息，反而白白浪费掉精力。王阳明启示我们，把浑浊、动荡的心澄清，不要刻意去欢喜、悲伤。就好像看一池生长于污泥中的荷花，池边的观赏者有人欢喜有人忧，可是一池的荷花却在那里，不动，不痴，也不染，荷花只是荷花。人如果也能像荷花一样，不被外物牵绊，活出真我，心便能回归寂静，生活也就不会被境遇随意差遣。

心清净，便悠然自得

"初学用功，却须扫除荡涤，勿使留积，则适然来遇，始不为累，自然顺而应之。"

——王阳明

人类在任何时代都需要一颗清净心。也就是远离烦恼的迷惘，有了清净心，遇到失意之事能治之以忍，遇到快心之事能视之以淡，遇到荣宠之事能置之以让，遇到怨恨之事能安之以忍，遇到烦乱之事能处之以静，遇到忧悲之事能平之以稳。

王阳明说："扫除荡涤，勿使留积，则适然来遇，始不为累，自然顺而应之。"排除杂念，不为外物所累，追求心灵的自由。王阳明强调的是一种心灵的模式，拥有一颗清净的心，摆脱外界环境的干扰，完全沉浸、专注于当下所做的事情当中，用整个身心来解决所面临的问题，而不是纠缠于自我。

俗语说："世上无难事，只怕有心人。"人若是专心致志，任何难题都能较好地解决，而深入研究问题的起因、经过、结果以及相关的问题，则能做到"触类旁通"，解决了此问题便能解决与此相通的问题。反之，倘若三心二意，被外物所扰，再聪明的人也不能掌握真正的技术，不能学会更多的知识。

从前，有个名叫弈秋的人，他的棋艺水平闻名全国。每隔两年，弈秋大师都招收两名徒弟，这一次，他的徒弟是两个年轻小伙子，一个叫东木，一个叫西木。

弈秋讲棋有个习惯，总是闭着眼睛讲解，用手摸着棋子出招，并不监督徒弟们学习的态度，全凭他们的自觉来掌握棋艺。

开始时，东木和西木都能够全神贯注地听老师讲课，有时，两个人还时不时打断弈秋的讲解，提出各种疑问。晚上回到住宿的地方，两人往往兴致未尽，在院子中互相切磋棋艺，其水平不相上下，进步很快。

一年后，东木和西木回家看望。经过一片林子时，他们恰好看到一个英俊的猎人，拉弓搭箭，一下子射落一只正在高飞的鸿鹰。这情景深深地吸引了西木，给他留下难忘的印象。回到老师身边，东木和西木学棋的态度有所不同了。东木学棋的兴致越来越浓，西木却感到整天学棋太枯燥了。东木听老师讲解棋谱时，专心致志，用心去领会老师说的每一句话；西木呢，他对猎鸟更感兴趣，总惦记着，鸿鹰是不是正在天上飞呢，有时，他还隐隐约约地听到了鸿鹰的叫声，眼前不时浮现猎人射鹰的英姿。

又一年过去了，东木和西木学艺期满。弈秋让二位徒弟对弈，检验他们的棋艺。结果呢，当然是东木棋高一筹，把西木"杀"得落花流水。

弈秋大师看完两位徒弟的棋局，感慨地说："初学时，我闭目教棋时听你们两人的回答，我认为你们同样的聪明；后来，我闭目教棋时只听到东木一个人的回答，西木的心已经飞走了，所以我明白东木才是我真正的徒弟。"

清净心能够提高人的人生境界。清净之心就是一粒小小的种子，虽然外表看来微不足道，但其中蕴涵着最伟大的力量，凭借这种力量，人能够实现非常大的提升。

诸葛亮五十四岁时写给他八岁儿子诸葛瞻的《诫子书》中说："非淡泊无以明志，非宁静无以致远。"意思是一个人在社会中生活，若淡泊名利等身外之物，便

可以真正明确自己的志向，若心无旁骛地投入某项你所钟爱的事业中，便可以实现远大的目标。这是诸葛亮一生的真实写照，亦是我们后人谨遵的警句名言。

为世俗名利所困扰，就算成功了，得到的也只是物质丰裕的快感，缺少"闲居无事可评论，一炷清香自得闻"的那派悠然，按照王阳明所说的，我们若做一件事物，沉下心来好好地投入，研究它、发展它，把功名等泛泛之事都抛之脑后，终有一天，会收获兴致，还有成功。

在紧张忙碌的日子里，拿出许多小小的空闲为自己净心，片刻的净心会带来片刻的安宁，无数个片刻积累起来，人就获得了一份悠然自得的心情，整个身心也就能达到和谐的状态。

静坐静思，不被外物所扰

"日间功夫，觉纷扰，则静坐。"

——王阳明

在纷乱的社会生活中，人们常常感到不安。对此，王阳明建议学习静坐。闭上眼睛去养神。养着养着，外在的喧嚣和热闹都消失了，随即便发现了心灵内在更为美好的境界。

"独坐禅房，潇然无事，烹茶一壶，烧香一炷，看达摩面壁图。垂帘少顷，不觉心静神清，气柔息定，蒙蒙然如混沌境界，意者揖达摩与之乘槎而见麻姑也。"这是《小窗幽记》给人们阐述的一个幽静、美妙的意境：独自坐在禅房中，清爽而无事，煮一壶茶，燃一炷香，欣赏达摩面壁图。将眼睛闭上一会儿，不知不觉中，心变得十分平静，神智也十分清静，气息柔和而稳定。这种感觉，仿佛回到了最初的混沌境界，就像拜见达摩祖师，和他一同乘着木筏渡水，见到了麻姑一般。

人只有心静下来的时候，才能够观照到自己的本来面目。就好像波浪迭起的时候，我们无法看到水底的情况；只有当水平波静的时候，我们才能看到清澈的水底。所以，静坐是人们放下心外一切的有效方法。

静坐是指放松入静，排除杂念，呼吸自然，一切的一切主要是为了让一个人变得安静，变得能感觉到自己的存在，然后一直变到忘我之境。静坐可以让一个人的身体保持内外的平衡，也利于提升自己的心灵境界。一个人若能在嘈杂中感悟宁静，也就达到了人生快乐的极高境界。

有四个人聚在一块进行一项"不说话"的训练，以此考验自己的定力。四个人当中，有三个人的定力较高，只有一个人定力较弱。由于是在晚上，要时常为灯添油，所以四人商量过后，点灯的工作就由定力最弱的那个人负责。

"不说话"开始后，四个人就围绕着那盏灯静坐。几个小时过去了，四个人都默不作声。

油灯中的油越燃越少，眼看就要枯竭了，负责管灯的那个人，见状大为着急。此时，突然吹来一阵风，灯火被风吹得左摇右晃，几乎就要灭了。

管灯的人实在忍不住了，他大叫说："糟糕！火快熄灭了。"

其他三个人，原来都闭目静坐，始终没说话，听到管灯的那个人的喊叫声，有一个人立刻斥责他说："你叫什么！我们在做'不说话'，不能开口说话。"

又有一个人闻声大怒，他骂第二个人说："你不也说话了吗？太不像样了。"

第四个人始终沉默静坐。可是过了一会儿，他就睁眼傲视其他三个人说："只有我没说话。"

到达心灵的宁静境界实属不易，如果还要在宁静的境界里感悟人生的奔腾则是难上加难。因为外物的嘈杂难敌内心的安宁，但是环境的安宁却不容易让人兴奋。当人们被静谧所吞没的时候，是兴奋不起来的，因此在宁静中让自己的内心

变得活力四射就显得更难得。

人当心如止水，但是止水并不是死水，所谓静止只是相对的状态，人生往往是宁静里波涛汹涌，那些最平淡的事情里面往往酝酿着最为激烈的革命。一个人如能做到在宁静中感悟奔腾，就证明已到达了心灵的至高境界。

静虑息欲致良知，这个办法是王阳明说知行合一时提出的办法，当人们万分疲惫的时候，只需静坐下来，闭上眼睛，打开心眼去看你内心存在的那个世界，疲劳也就渐渐消退，祥和空灵的境界随之而来。

身处喧嚣尘世，我们也要独自静处在房中，清静无为，摆脱了尘世的喧扰，焚烧上一炷好香，烹煮上一壶清茶，慢慢地品味着妙道的清香。然后静坐闭目，心自澄明，哪里还记得这俗世的烦恼呢？

按心兵不动，如止水从容

"你未看此花时，此花与汝心同归于寂。你来看此花时，则此花的颜色一时明白起来。便知此花不在你的心之外。"

——王阳明

我们每个人的心中都难免有理性和情绪上的斗争和争讼。这种"心、意、识"自讼的状态就叫作"心兵"。普通人心中随时都在打内战，如果妄念不生，止水澄波，心兵永息，自然天下太平。

"我不看花时，花与我心同寂。我看花时，花的颜色一时明白起来，便知此花不在我心之外。"这句话被奉为王阳明的经典话语。王阳明认为外物之所以存在是因为心的存在。所以在面对人生中的诸多沉浮时，我们大可不必左右摇摆之，而是要以一种从容淡定的心情去对待之，并借此来修炼自己的心灵，达到不

动心的境界，以获得一个悠然自在的人生。

从容淡定，是一种活法，一番境界。有一则有趣的笑话，下雨了，大家都匆匆忙忙往前跑，唯有一人神态悠然，在雨中踱步，旁边大步流星跑过的人十分不解："你怎么不快跑？"此人缓缓答道："急什么，前面不也在下雨吗？"

当人们在面临风雨匆忙奔跑之时，那个淡然安定欣赏雨景的人，正是深谙从容的生活智慧。在现代都市竞争的人性丛林中，从容淡定是一种难以达到的大境界，别人都在杞人忧天、慌不择路，只有他镇定从容。正如一首耳熟能详的歌中唱得那样："曾经在幽幽暗暗反反复复中追问，才知道平平淡淡从从容容才是真。"

黄帝做了十九年天子，诏令通行天下，听说广成子居住在崆峒山上，特意前往拜见他。

黄帝见到广成子后说："我听说先生已经通晓至道，冒昧地请教至道的精华。我一心想获取天地的灵气，用来帮助五谷生长，用来养育百姓。我又希望能主宰阴阳，从而使众多生灵遂心地成长，对此我将怎么办？"

广成子回答说："你所想问的，是万事万物的根本；你所想主宰的，是万事万物的残留。自从你治理天下，天上的云气不等到聚集就下起雨来，地上的草木不等到枯黄就飘落凋零，太阳和月亮的光亮也渐渐地晦暗下来。然而谄谀之人心地是那么褊狭和恶劣，又怎么能够谈论大道！"

黄帝听了这一席话便退了回来，弃置朝政，筑起清心寂智的静室，铺着洁白的茅草，谢绝交往独居三月，再次前往求教。

广成子头朝南躺着，黄帝则顺着下方，双膝着地匍匐向前，叩头着地行了大礼后问道："听说先生已经通晓至道，冒昧地请教，修养自身怎么样才能活得长久？"

广成子急速地挺身而起，说："问得好啊！来，我告诉给你至道。至道的精髓，幽深邈远；至道的至极，晦暗沉寂。什么也不看什么也不听，持守精神保持

宁静，形体自然顺应正道。一定要保持宁寂和清静，不要使身形疲累劳苦，不要使精神动荡恍惚，这样就可以长生。眼睛什么也没看见，耳朵什么也没听到，内心什么也不知晓，这样你的精神定能持守你的形体，形体也就长生。小心谨慎地摒除一切思虑，封闭起对外的一切感官，智巧太盛定然招致败亡。我帮助你达到最光明的境地，直达那阳气的本原。我帮助你进入幽深渺远的大门，直达那阴气的本原。天和地都各有主宰，阴和阳都各有府藏，谨慎地守护你的身形，万物将会自然地成长。我持守着浑一的大道而又处于阴阳二气调谐的境界，所以我修身至今已经一千二百年，而我的身形还从不曾有过衰老。"

黄帝再次行了大礼叩头至地说："先生真可说是跟自然混而为一了！"

广成子主要说的是怎样才能求得道，我们却可以从中体悟到"静"的作用，每个人想要得到幸福，都要保持自己心灵的平静，按住心兵不动。

王维诗云：

人闲桂花落，夜静春山空。
月出惊山鸟，时鸣春涧中。

诗描写的不仅是美丽的自然，也是诗人生命的美。如果一个人在喧闹的都市中，仍保持一颗清静无为的心，就能像王维那样体验到生命中蕴含着的花落、月出、鸟鸣的美丽，就能拥有一个诗意的幸福人生。

从容不动心，能够让你在车马喧嚣之中多一分理性，在名利劳形之中多一分清醒，在奔波挣扎中多一分尊严，在困顿坎坷中多一分主动。从容是一种处世泰然，是一种宠辱不惊；从容是以一颗平常心接受着现实的凝重、琐碎、磨难甚至屈辱。

王阳明一再讲"心外无物""心外无理"，他声称心是万物的主宰，一切都源于"心"，心是可以灵活多变的，你需要学会掌控。所以，任何时候都不要让心兵慌乱，只需一种从容的淡定，一切便会豁然开朗。

第十九章

彻悟心：
入世心做事，出世心做人

随性生活，顺其自然

"有根方生，无根便死。"

——王阳明

每个人都有天然的生命，每个人的身体形貌都是独立的，各有独自的精神。"人之貌有与也"，这句话告诉我们一个深刻的道理，人的相貌是相对的，外形不能妨碍我们精神生命独立的人格，每个人要有自己生命的价值，人活着要顺其自然，不要受任何外界环境的影响。

少年时代的王阳明，耳濡目染的是经书、科考和功名。读书而金榜题名，是进身的黄金之路，也是成为封建贵族和进入权力中心的唯一道路。

然而具有戏剧性的是，癸丑年他参加科举落选，许多他父亲的同僚和赏识他的人来安慰他，宰相李西涯跟他开玩笑说："汝今岁不第，来科必为状元，试作来科状元赋。"还在扬才露己阶段的王阳明遂"悬笔立就"。诸老皆惊呼"天才!天才!"后来有忌妒他才华的人说："此子如果取上第，目中不会有我辈矣。"来年即丙辰科会试，果然因有人忌妒而名落孙山。

王阳明科举的落败，原因就在他违背了自己既入乎其中又超乎其外的章法，用力太猛，适得其反，这对于功名心还极强的他来说是深感挫败的。然而他一想，这才是真正需要格的物，要顺应自然的常态，加强自己心的修炼。

一切都是最好的安排，自然就是生命的方式。有时候，过于倚重外物与环境会让你充满烦恼，得不到快乐的往往不是别人，正是你自己。

一个人被烦恼缠身，于是四处寻找解脱烦恼的秘诀。有一天，这个人来到一个山脚下，看见在一片绿草丛中有一位牧童骑在牛背上，吹着横笛，逍遥自在。他走上前去问道："你看起来很快活，能教给我解脱烦恼的方法吗？"牧童说："骑在牛背上，笛子一吹，什么烦恼也没有了。"他试了试，却无济于事。于是，他又开始继续寻找。

不久，他来到一个山洞里，看见有一个老人独坐在洞中，面带满足的微笑。他深深鞠了一个躬，向老人说明来意。老人问道："这么说你是来寻求解脱的？"他说："是的！恳请不吝赐教。"老人笑着问："有谁捆住你了吗？""没有。""既然没有人捆住你，何谈解脱呢？"他蓦然醒悟。

我们又何尝不是像这个人一样四处寻找解脱的途径？殊不知，并没有谁捆住你的手脚，真正难以摆脱的是困于心中的那个瓶颈。打破心中的瓶颈，清除掉心中的垃圾，你就可以在属于自己的天空中自由翱翔。

人之所以不快乐，就是因为活得不够单纯。其实，不要去刻意追求什么，不要向生命索取什么，不要为了什么去给自己设置障碍，简单而自然，本身就是一种幸福。

一个农民从洪水中救起了他的妻子，他的孩子却被淹死了。事后，人们议论纷纷。有人说他做得对，因为孩子可以再生一个，妻子却不能死而复活。有人说他做错了，因为妻子可以另娶一个，孩子却没法死而复活。

有一个秀才听说了此事，也感到疑惑不解，他就去问农民。农民告诉他，他救人时什么也没去想。洪水袭来，妻子在他身边，他抓起妻子就往山坡游。待返回时，孩子已被洪水冲走了。

这个农民的处事方式自然是一种最睿智的生活方式，如果他进行一番抉择的话，事情的结果会是怎样呢？洪水袭来，妻子和孩子被卷进旋涡，片刻之间就会失去性命。

随着年龄、阅历的增长，人心会受到的干扰越来越多。其实生活通常都很简单，只是人们用自己的心让它变得扑朔迷离。保持自然的生活方式，不因外在的影响而痛苦抉择，便会懂得生命简单的快乐。

许多时候，我们并没有机会和时间进行抉择，你只需遵循生命自然的方式，随性生活便好。在王阳明看来所谓的任命和随性，并不是随便，而是顺其自然，不躁进、不过度、不强求；是把握机缘，不悲观、不慌乱、不忘形。

既然天赐予了人们这样的形体和生命，也赐予了人们自由生活的权力，不要忘记，自然永远比人更包容，不能包容人的，是人自己。

从心所欲不逾矩

"志于道德者，功名不足累其心；志于功名者，富贵不足以累其心。"

——王阳明

从正德六年（1511年）起，由于王阳明在江西庐陵施政成绩卓著，他由司主事升到员外郎、郎中、南京鸿胪寺卿、都察院左金都御史、都察院右都御史、巡抚两广、南京兵部尚书、封新健伯。加上他的文治武功，可以说是声名显赫。尤其是在平定宁王叛乱之后，震惊朝野上下。但是王阳明不但毫无升迁之后的欣喜，反而一次又一次地上书，或者恳求辞官；或者借体弱多病，恳请归里修养；或者恳求回乡探望亲人，离开政界。

真正的智者永远知道自己需要什么和不需要什么，不会为了看似光鲜的声誉而明争暗斗。王阳明就是这样一个人，七次擢升，他六次要求辞官，虽然不被皇帝批准，但是他始终知道自己要的是什么。

曾有人说："石火光中争长竞短，几何光阴？蜗牛角上较雌论雄，许大世界？"人生就像用铁击石所发出的火光一闪即逝，在这短暂的光阴中何苦为争名夺利而浪费时间？人类在宇宙中生存的空间就像蜗牛角一样狭小，在这般有限的空间里又能争得多大的世界呢？

齐庄公的时候，有个勇士名叫宾卑聚。

一天夜里，他梦见一个壮士，身材魁梧，头戴白色绢帽，帽上坠着红色的丝

穗，外穿耀眼的红色麻布盛装，内穿棉布做的衣服，脚穿一双崭新的白色缎鞋，身上挂着一个黑色的剑囊。这个威武的大汉走到宾卑聚面前，大声地呵斥他，还朝他脸上吐唾沫。

宾卑聚一下子惊醒了，发现原来是个梦。尽管这样，他依然耿耿于怀。

第二天天一亮，宾卑聚就把他的朋友们都请来，向他们讲述了前一天晚上做的梦。然后他对朋友们说："我自幼崇尚勇敢，六十年来从没受过任何欺凌侮辱。可是昨天夜里，我在梦中受到如此侮辱，心中实在愤懑。我定要找到那个敢于在梦中骂我，并向我吐唾沫的人。假若在三天之内找到他，就报这仇；如果三天之内找不到他，我就没脸面活在世上。"

此后每天早晨，宾卑聚就带着他的朋友们一起站在行人过往频繁的道上，寻找梦中的壮士。可是，三天过去了，他们始终没有看到类似的壮士。宾卑聚气馁地回到家中，长叹一声，拔剑自刎。

梦如镜花，转瞬即逝，皆是不现实的东西。古人常说："智勇多困于所溺。"人如果沉浸在虚幻的事物当中，对一切不现实的东西抱有奢望或想法，仿佛是动物被困于囹圄，无法脱困，最终只会使自己疑心重重，害苦自己。

这个故事清楚地说明，梦终是梦，人不可以追求或追究那种离自己太远的东西，应该看到眼前此刻现实的事物，保持一颗淡然的心态，才能领悟生活的真谛。而那所有称谓也都不过是一个名号，徒有表面光鲜而已。

王阳明有一个关于敬畏与洒脱的理论，现实世界总是不圆满的，这个时候需要理想来填充；而理想并非空挂着，必须要落实到现实中去。在理想与现实中，人们开始追求和实践。为了不被这个过程当中名利所扰，则需要达到敬畏和洒脱的境界，内在的敬畏，外在的洒脱，也就是对"从心所欲不逾矩"的注脚。身在名利场，却不为名利所累。

虚名是人心灵上的大包袱，让人没有一刻轻松，让人失去自我，让人失掉别人的尊重与承认，更危险的是贪慕虚名可能会成为对手的机会，到时受到的伤害有多惨重，却是无可估量的。所以，除去虚名便能除去不必要的负担，任何时候，我们都要保持对自我的清醒认识。

以出世心境，做入世事业

"我亦爱山仍恋官。"

——王阳明

心学作为心性儒学，最不同于其他儒学者，在于其强调生命活泼的灵明体验。看似与佛学的心法修教十分相似，但佛学只求出世，而心学用出世之心做入世之事。正是儒学所说的"内圣外王"。综观王阳明的一生，平国安邦、著书立说、驰骋骑射，全无中国文人的懦弱单薄。他动静兼入极致，顿悟深远，知行合一，于平凡中体现伟大，以入世中明见其出世的心境。

王阳明的"有"，是"大无大有"，先无我才能真有我，因此他对万事既不排斥也不沉溺。比如在王阳明的诗歌中，我们可以看到他"我亦爱山也爱官"。他既有强烈的建功立业的欲望，更想着他的"第一等事"成为圣贤。成化三年，因为王华的岳父去世，王阳明也随之回到老家。他白天跟随大家一起学习，晚上还自己品读经史子集。他的亲戚朋友看到他如此精进，都纷纷慨叹，后来总结出"彼已游心举业外矣，吾辈不及也！"这也是老子说的"外其身而身存，后其身而身先"。

王阳明一生都得力于这种入乎其内、出乎其外的章法。老子说："我愚人之心也哉，沌沌兮。""愚"，并非真笨，而是故意表现出来的。"沌沌"，不是糊涂，而是如水汇流，随世而转，自己内心却清楚明了。

俗人有俗人的生活目的，道人悟道人的生命情调。就道家来讲，人生是没有目的的，即佛家所说"随缘而遇"，以及儒家所说"随遇而安"。随缘而遇的同时还要坚持个性，不受任何限制。身做入世事，心在尘缘外。唐朝李泌便为世人演绎了一段出世心境入世行的处世佳话，他睿智的处世态度充分显现了一位政治家、宗教家的高超智慧。该仕则仕，该隐则隐，无为之为，无可无不可。

李泌一生中多次因各种原因离开朝廷。玄宗天宝年间，当时隐居南岳嵩山的李泌上书玄宗，议论时政，颇受重视，遭到杨国忠的嫉恨，毁谤李泌以《感遇诗》讽喻朝政，李泌被送往蕲春郡安置，他索性"潜遁名山，以习隐自适"。自从肃宗灵武即位时起，李泌就一直在肃宗身边，为平叛出谋划策，虽未身担要职，却"权逾宰相"，招来了权臣崔圆、李辅国的猜忌。收复京师后，为了躲避随时都可能发生的灾祸，也由于叛乱消弭、大局已定，李泌便功成身退，进衡山

修道。代宗刚一即位，又将李泌召至京师，任命他为翰林学士，使其破戒入俗，李泌顺其自然，当时的权相元载将其视为朝中潜在的威胁，寻找名目再次将李泌逐出。后来，元载被诛，李泌又被召回，却再一次受到重臣常衮的排斥，再次离京。建中年间，泾原兵变，身处危难的德宗又把李泌召至身边。

李泌屡蹶屡起、屹立不倒的原因，在于其恰当的处世方法和豁达的心态，其行入世，其心出世，所以社稷有难时，义不容辞，视为理所当然；国难平定后，全身而退，没有丝毫留恋。李泌已达到了顺应外物、无我无己的境界，正如儒家所说"用之则行，舍之则藏"，"行"则建功立业，"藏"则修身养性，出世入世都充实而平静。李泌所处的时代，战乱频仍，朝廷内外倾轧混乱，若要明哲保身，必须避免卷入争权夺利的斗争之中。心系社稷，远离权力，无视名利，谦退处世，顺其自然，乃李泌的处世要诀。

李泌有一阕《长歌行》："天覆吾，地载吾，天地生吾有意无。不然绝粒升天衢，不然鸣珂游帝都。焉能不贵复不去，空作昂藏一丈夫。一丈夫兮一丈夫，千生气志是良图。请君看取百年事，业就扁舟泛五湖。"这既是他本人一生的写照，也是他对于后人的忠告。

用出世的心做入世的事，不是每个人都能做到的。怎样才算是出世之心呢？

古时候有一位智者，学识渊博，德高望重，他有一个小徒弟，天资聪颖，却总是怨天尤人。这天，徒弟又开始不停地抱怨，智者对他说："去取一些盐来。"徒弟不知师傅何意，疑惑不解地跑到厨房取了一罐盐。师傅让徒弟把盐倒进一碗水里，命他喝下去，徒弟不情愿地喝了一口，苦涩难耐，师傅问："味道如何？"徒弟皱了皱眉头，说："又苦又涩。"师傅笑了笑，让徒弟又拿了一罐盐和自己一起前往湖边。师傅让徒弟把盐撒进湖水里，然后对徒弟说："掬一捧湖水喝吧。"徒弟喝了口湖水，师傅问："味道如何？"徒弟说："清爽无比。"师傅又问："尝到苦涩之味了吗？"徒弟摇摇头。师傅语重心长地对他说："人生中的许多事情如同这罐盐，放入碗水中，你尝到的是苦涩的滋味，放入一湖水中，你尝到的却是满口甘爽。让自己的心变成湖水，自然尝不到人生的苦涩。"

做人做事都应如此，莫让心境局限在一个狭小的空间，心如大海，便可达到出世的境界。老子说："万物并作，吾以观复。"于他，无欲无为的出世和"治大国若烹小鲜"的入世巧妙地结合在一起。

一个人成不成功除了外界给予个人的条件外，还和个人的心态有关。就像王阳明一样，他可以"每日宴坐草庵中"，也可以"我亦爱山仍恋官"。出世和入世很大程度上都取决于个人的心态。

人人都想追求幸福并成就一番事业，在人生的路途上肯定要遭遇很多的挫折和苦难，这个时候就必须要静其心，淡泊名利，学会选择与放弃，学会以出世心境，做入世事业。

同流世俗不合污，辗转尘境不流俗

"此心光明，亦复何言。"

——王阳明

王阳明临死前说："此心光明，亦复何言。"回顾他的一生，少年时起便立下大志，勤读诗书。初入仕途被人陷害，贬谪龙场三年，吃尽了人间苦楚，身心都大受打击，却也在此悟道，受用一生。而后频频得志，名震天下，桃李满布天下。王阳明的一生是波折与荣誉共生，他认为自己这一生不愧对百姓，不愧对国家，了无遗憾。

王阳明能够如此从容不迫地面对死亡，是因为他这一生并没有与世同流合污，而是在辛勤地付出，为百姓和国家鞠躬尽瘁。

古语道："处治世宜方，处乱世宜圆，处叔季之世当方圆并用；待善人宜宽，待恶人宜严，待庸众之人当宽严互存。"处在太平盛世，待人接物应严正刚直，处天下纷争的乱世，待人接物应随机应变，处在国家行将衰亡的末世，待人接物要方圆并济、交相使用；对待善良的人，态度应当宽厚；对待邪恶的人，态度应当严厉；对待一般平民百姓，态度应当宽厚和严厉并用。

当我们处于一个污浊的环境中时，如果能保持"万花丛中过，片叶不沾身"的操守，便不需急于撇清自己与这个世界的关系。这也是方圆之道。

所谓方圆，古人早有诸多论述。老子的理想道德是自然，是天地，是天圆地方；孔子的理想道德是中庸，是适度，是不偏不倚。这种观念作用于人际，便能促成一种更加和谐的平衡。当然，前提是在浊世里不管外有多"圆"，都要守住内心的"方"，守住自己道德的底线。

其实，我们之所以不赞成"众人皆醉我独醒"式的清高，是因为没有一个人能够彻底脱离这个世界，即便是浮萍，也需要一汪任其漂泊的流水，更何况没有几个人从心底里愿意做那无所束缚却也无所依靠的浮萍。

孙叔敖原来是位隐士，被人推荐给楚庄王，三个月后做了令尹（宰相）。他善于教化引导人民，因而使楚国上下和睦，国家安宁。有位孤丘老人很关心孙叔敖，特意登门拜访，问他："高贵的人往往有三怨，你知道吗？"孙叔敖问："您说的三怨是指什么呢？"孤丘老人说："爵位高的人，别人嫉妒他；官职高的人，君王讨厌他；俸禄优厚的人，会招来怨恨。"孙叔敖笑着说："我的爵位越高，我的心胸越谦卑；我的官职越大，我的欲望越小；我的俸禄越优厚，我对别人的施舍就越普遍。我用这样的办法来避免三怨，可以吗？"孤丘老人感到很满意，于是走了。

孙叔敖按照自己说的做了，避免了不少麻烦，但也并非是一帆风顺，他曾几次被免职，又几次被复职。有个叫肩吾的隐士对此很不理解，就登门拜访孙叔敖，问他："你三次担任令尹，也没有感到荣耀；你三次离开令尹之位，也没有露出忧色。我开始对此感到疑惑，现在看你的气色又是如此平和，你的心里到底是怎样的呢？"孙叔敖回答说："我哪里是有什么过人的地方啊？我认为官职爵禄的到来是不可推却的，离开是不可阻止的。得到和失去都不取决于我自己，因此才没有觉得荣耀或忧愁。况且我也不知道官职爵禄应该落在别人身上呢，还是应该落在我的身上。落在别人身上，那么我就不应该有，与我无关；落在我身上，那么别人就不应该有，与别人无关。我的追求是随顺自然，悠闲自得，哪里有工夫顾得上什么人间的贵贱呢？"

肩吾对他的话很钦佩。

孙叔敖没有被免职和复职的风波扰乱心绪，而是物来则应，物去不留的淡然心境。为人处世，我们确实需要一颗方正的心。有圆无方，则谓之太柔，太柔之人缺筋骨，乏魄力，少大志，在生活中难以有大作为；但若有方无圆，则性情太刚，太刚则易折。

太过清高自傲，不懂得顺应事物变化的规律，很多时候常常只能换来死谏者的含恨离世或是文人式的抑郁不得志。与之相较，同流世俗不合污，辗转尘境不流俗或许才是更加明智的选择。这也是王阳明的处世之道。

在现实生活中经常愤世嫉俗，牢骚满腹，自命不凡却又处处碰壁，遇挫折缺少变通，很容易歇斯底里，自暴自弃，把自己推向极端。所以，方圆结合才是处世之道，只要保持了内心的高贵与正直，外在的束缚有时候反而不是那么重要。

三分能力，七分责任

"仁心长存焉。"

——王阳明

责任，是一种天赋的使命。每个人来到这个世上，都需要承担责任，没有责任的人生是空虚的，不敢承担责任的人是脆弱的，人生是一连串的责任累积。为人的一生，要对自己负责，要对父母负责，要对子女负责，要对工作负责，要对社会和国家负责。没有责任的人生是空虚的，不敢承担责任的人生是脆弱的。

敢于承担责任，才能获得别人的尊敬和信任，获得人生的成就感和自豪感。在王阳明一家由余姚搬到绍兴时，王阳明隐居在洞中，他按照道家的方法进行修炼和静养，并想彻底远离红尘。但是后来想到家中的祖母和父亲，以及自己尚且没有孩子，考虑到这些责任，他便没有做那样的决定。在洞中悟道的时候，他还顿悟出子女思念父母是小孩时候就有的，如果子女连父母都不想了，势必会灭绝种族和人性的。

责任就是一种使命，每个人都有责任感，每个人都会不辱使命而努力。责任能激发人的潜能，也能唤醒人的良知。给人责任，也就是给了信任和真诚；有责任，也就成就了尊严和使命。

唐朝天宝十四载，"安史之乱"爆发。当时郭子仪被任命为朔方节度使，攻克河东地区的战略重地静边军城，斩杀敌兵七千多，是"安史之乱"后唐朝首次大捷。日后，郭子仪大败史思明，又率兵攻入东都洛阳，陈兵于天津桥南，士庶欢呼，后又收复长安，因军功卓著，郭子仪加封司徒，封代国公。

看到郭子仪一步步晋身显位，大太监鱼朝恩怕于己不利，于是不断进谗言于唐肃宗，说郭子仪意欲谋反，唐肃宗听后，虽然不太相信，但还是削夺了郭子仪的兵权，让他担任位高权微的官职。郭子仪欣然接受，没有任何怨言。听到这一消息，很多郭子仪的朋友和部下纷纷为之不平，要上朝面圣，澄清事实，诛杀鱼朝恩。

郭子仪摇摇头，对他们说道："现今国家危难之际，各路敌军尚未剿灭，如果这个时候，朝廷因为我的事，相互猜疑倾轧，这不是给了敌人可乘之机吗？外患未平而国家动乱，那我的罪过可就大了。我这么做，无非是不想让国家再出现无谓的争斗，一致平叛，这样我大唐才有希望。"

郭子仪之所以成为被后人景仰的一代名将，很重要的一点就在于他不以个人沉浮而争执抱怨，他知道在国家危难之际，唯有内部团结，才能力挽狂澜，才能消除毫无意义的争斗，才能一致对外。这也正是郭子仪不以自身利益为主，有顾全大局的责任心的体现。

嘉靖六年，朝廷命王阳明前往广西处理军事叛乱时，他的身体状况其实已经不允许再奔波于外，他上书无果之后，毅然担起身上的责任，即刻启程去赴任，一年后王阳明便因病去世。在王阳明看来，人生是一连串责任的累积。每个人都被生命询问存活的意义，而只有他自己用生命才能回答这个问题，这个答案就是"责任"。因此，"能够负责"是人类存在最重要的本质。

责任的力量是无与伦比的，是责任使落叶归根，是责任使乌鸦反哺，是责任促使运动场上的英雄为了祖国而拼尽全力……就算拥有再大的能力，如果没有责任也成不了大事。所以无论是罪恶还是污秽，一旦遭遇责任这样的主题，都会如阴暗角落里的螨类，在阳光中无处可逃。

生命不在拥有，而在有用

"终年碌碌，至于老死，竟不知成就了个甚么，可哀也已！"

——王阳明

王阳明一生都在探求"格物致知""知行合一""致良知""心即理""人皆可成圣人"等，他热心布道，痴迷讲学研讨。他认为，不讲学，圣学不明，因而他也成为当时天下最"多言"的人。他通过讲学、研讨、撰写诗文、通信等方式，广为传播文化，培养和造就了一大批文化精英。

每个人活着都有自己的意义，如何扩大自己的价值，达到更高的人生境界，王阳明的布道是方法之一。可是对于生活在繁华都市中的人，每天都为了生计而奔忙，很容易被各种各样的物欲迷住了眼睛。在他们的眼里只有来往的车流、上司和周围人群的嘴脸、各式各样的楼层，有点时间休息时，也只是对着电视或者电脑。他们的心中根本没有周围的绿色植物、天空中不断游走的流云、夜晚灿烂的星光和月色，他们的心仅仅局限于都市中的那一个小小的片断。在这种狭窄的心灵空间生活久了，怎能获得成功和幸福的感受？怎能不心生疾病呢？

一个人要想使自己达到一种很高的境界，必须把自己的心域拉到无限远，不能局限于眼前所得，要思考生的意义。生命不在拥有，而在有用。我们活在这个世界上不是为活着而活着，而是应怎样去生活。时间的意义不是让人们去衡量日夜的循环，也不是让人们记录自己的皱纹和衰老。它不是空洞的嘀嗒声，不是浑浑噩噩地吃饭和睡觉，而是在时间的长河中，找到了度日的信念，获得心灵上的满足。

对于人类来说，生命本身实质是没有内涵的，它需要人在时间里进行实践，然后才能确立自己的内涵，从而赋予其意义。

有个修鞋匠每天都要经过不同的城镇，给不同的人修补不同的鞋子。有时候他会遭遇狂风暴雨，阻塞去路，有时候挣不上多少钱，饥肠辘辘，但是他的身影从来没有在人们的视线中消失过，每当太阳升起的时候，他都会准时的将双脚踏在这片宽阔的土地上。

修鞋匠已经修了十几年的鞋，所经手的有高档货，也有廉价货，有礼貌的顾客也有故意刁难的市井无赖，但是这么多年以来，这个修鞋匠无论遇到什么样的事情，都认认真真地完成他的工作，他以此为乐，生活虽然过得很清贫，但是他依然很快乐。

每当有人向他谈起："嗨，伙计，你用不着这样，修鞋嘛，能穿就行了，用不着那么认真。"这样的话时。这个修鞋匠总是这样说："那样我无法面对自己，生活也就没意思了，你说，我怎么能快乐呢？"

"你一定能活得很长寿。"大家都这样说。

"谢谢，我的朋友，其实，我也这么认为。"修鞋匠憨憨地笑着。

人们常说这人懂生活，那人懂生活，由这个故事看出，其实这个平凡的修鞋匠就是一个懂得生活的人。他明白为何而生，为何而活，所以执著于一切的世事变化，一切的生活点滴，活得有意义，从而更加笃定人生需要憧憬，更需要眼下的所为。

王阳明虽有超越生死的观点，但是对于生命他一直都很珍惜。在他看来，评判生死要从生死价值的角度出发，死要死得其所，死得有价值，换句话说就是要活得有意义。

人们常说"这是在数着日子过喽""现如今只有吃喝等死了"……说这种话的人为什么不去找一些有意义的事做呢？殊不知，真正对有意义的事投入热情的人，是不会在意时间的流逝的。

人的一生可能燃烧也可能腐朽，但愿每一次回忆时，我们的内心都不会感到愧疚。

前生不要怕，后生不要悔

"人于生死念头，本从生身命根上带来，故不易去。若于此处见得破，透得过，此心全体方是流行无碍，方是尽性至命之学。"

——王阳明

每个人心中都有渴望和梦想，有些人终其一生的努力，也未必能得到成功的回报。然而，他们却无憾无悔于生命。因为他们从未慵懒过，他们一直在执著追求心中的所爱。往前走，不要怕；回头看，不后悔。人生所追求的不过是无憾无惧而已。

王阳明被贬至贵州龙场，龙场在贵州西北的荒凉之地，当地居住的都是少数民族，王阳明非常不适应当地的生活。再加上当时刘瑾一直都在派人追杀王阳明，要不是王阳明使了个金蝉脱壳之计，估计早死了，然而刘瑾还是不会轻易放过他。这时的王阳明认为，得失荣辱都不在乎，都可以置之度外，只有这生死问题还没有参透，于是他就做了个石棺，躺在里面，发誓说：我就等待命运的安排吧！于是王阳明看透了生死，既然参透了生死的意义，从而面对前面的路能泰然处之，无畏无惧。

王阳明的心学还秉承着"仁者与万物一体"论而来。以天下为己任，事事皆关我心，"我"是"主人翁"，天下兴亡匹夫有责，等等，强调小我统一于大我的历史责任感，基于这种责任感而产生的历史前进是踏实稳重的。

三十年前，一个年轻人离开故乡，准备开创一片自己的天地。他动身的第一站，是去拜访本族的族长，请求指点。老族长正在练字，他听说本族有位后辈开始踏上人生的旅途，就写了三个字：不要怕。然后抬起头来，望着年轻人说："孩子，人生的秘诀只有六个字，今天先告诉你三个，供你半生受用。"三十年后，这个从前的年轻人已是人到中年，有了一些成就，也添了很多伤心事。归程漫漫，到了家乡，他又去拜访那位族长。他到了族长家里，才知道老人家几年前已经去世，家人取出一个密封的信封对他说："这是族长生前留给你的，他说有一天你会再来。"还乡的游子这才想起来，三十年前他在这里听到人生的一半秘诀，拆开信封，里面赫然又是三个大字：不要悔。

故事中的六个字点透人生。当年的"不要怕"激励了年轻人勇敢地去追求自己的理想和生活，历尽艰辛，只要能坚持就要不断努力，也唯有这样的勇气才能支持年轻的心，"走遍天下都不怕"。凭借这样"尽人事"的努力，当年轻人走过了人生的坎坎坷坷，经历了酸甜苦辣，明白了原来成功的背后五味杂陈时，老族长又告诉他："不要悔。"每一步都是财富，坦然地接受生命的馈赠，"得之我幸，失之我命"，所有的日子都值得用心度过。

年轻的时候不要怕，长大了之后不要悔。在生活中，我们路过也错过，像一条条画在人生轨道上的平行线，交叉，并行，走一段或者走一生。在我们年少的时候，我们不知道什么才是需要努力的，初生牛犊，凭借的只是最初的勇敢。假如这个时候缩手缩脚，就很难有所成就。等到我们阅尽人生，才能渐渐体会到人生中的遗憾与失落，许多不完美的心事和往事都渐渐浮现在心头。这个时候，最需要拥有的是一颗无怨无悔的心。我们要不断地告诉自己：走过的都是路，唱过的都是歌，所有的经历都只是一种结果。

儒家对于生命的态度即是所谓的"乐天知命"，人顺从"命"的同时还要实现上天赋予自己的使命，这才算尽了人事，面对死亡时也就心安理得。王阳明对于生死的态度也是沿袭了儒家的这种思想，他说死无所怕，如若真有所不甘，也是生时未完成人生的使命，死才会有所遗憾。既然生时没有尽人事，那么死时再来悔恨也是无济于事，此时便要学会坦然地面对。

人生在世，每个人都想要了无遗憾地度过今生，每个人都想让自己所做事永远都是正确的，从而实现自己的预期。但这只能是一种美好的幻想，人不可能不做错事，不可能不走弯路。做了错事，走了弯路之后，能有一种积极的反省，也是一件好事，至少可以让我们今后的人生之路走得更稳健、更从容。因为反思，所以深刻；因为憧憬，所以希望。在过去和未来的交织下，才有把握当下、不怕不惧、不喜不悔的人生。

不要怕，是说不要害怕明天的风雨；不要悔，是说不要后悔错过的霓虹。只要我们好好把握现在，珍惜此刻的拥有，找到活在当下的勇敢和执著，就一定可以收获美好的人生。

人生犹如不系舟

"只为世上人都把生身命子看得来太重，不问当死不当死，定要宛转委曲保全，以此把天理却丢去了。"

——王阳明

《易经》是关于天道、地道、人道、社会之道大一统的学问。在贬谪于龙场时，王阳明挣扎在死亡线上，他除了钻研儒家学说来找寻出路外，还研究《易经》。

起初在读《易经》的时候，他感觉到并没有什么收获，一切都无所指也不知所指。但是渐渐地，他顿悟到一种像大水冲决堤坝奔腾无阻挡的感觉，这个时候的他心境平淡，满怀喜悦，又充满希望和生机。这样一种感悟也告诉他不可过于执著，要以平静的心态对待挫折乃至失败。

人有悲欢离合，月有阴晴圆缺。真正幸福的人生，难以圆满。有苦有乐的人生其实是充实的，有成有败的人生是合理的，有得有失的人生是公平的，有生有死的人生是自然的。

"岂无平生志，拘牵不自由。一朝归渭上，泛如不系舟。"白居易曾在《适意》中这样表达过自己对自由生命的向往之情。自古以来，失意的文人墨客常常寄情于山水之间，希望能在游玩嬉戏的清逸洒脱中陶冶性情，驱除烦恼。王阳明也曾寄情山水间，直抒其内心之块垒。

　　真正幸福的人生，本来就有缺陷，在追求完美人生的同时，要能够认清人生实相。人生实相，就如这只飘摇的生命之舟，无所牵系，却有各种承载。

　　一只飘摇的生命之舟，从时空的长河中缓缓驶来。

　　舟中有一个刚刚诞生的生命，他不会说、不会笑、不会跳、不会闹，也不会思考，他只是沉睡着，远处传来一个声音："你从何处来？要到何处去？"

　　刚诞生的小生命重复道："我从何处来？要到何处去？"

　　生命之舟在时空的长河中默默前行。忽然，又传来一个声音："等一等！我们想与你一同旅行，请载我们同去！"随着声音传来的方向看去，只见痛苦与欢乐、爱与恨、善与恶、得与失、成功与失败、聪明与愚钝，手拉着手游向生命之舟。

　　痛苦从左边上了船，欢乐从右边上了船；爱从左边上了船，恨从右边上了船……待这些人生的伴侣们进到了船舱，这只飘摇的生命之舟顿时沉重了许多，舱中的气氛顿时活跃了，哭声和笑声接连从舟中传出来。

　　忽然，又一个喊声传来："等一等，等一等，还有我们。"众人寻声望去，只见清醒与糊涂、路人与朋友双双携手游来。清醒从左边上了船，糊涂却迟迟不肯上去。路人从左边上了船，朋友也迟迟不肯上去。

　　"喂！怎么回事？朋友！糊涂！你们快上来呀！"一个声音招呼着他们。"不！除非糊涂先上去，我才会上去！否则，生命是容不下我的！"朋友说。

"不！我也不想上去，我知道我是不受欢迎的！"糊涂说。"请上船吧，糊涂！你知道你在我的一生中多么重要吗？我要得到朋友，首先要得到你，我要成就一番事业，没有你是万万不行的。"船中的生命呼唤着。

于是，糊涂犹犹豫豫地上了船，朋友紧跟着也上去了。飘摇的生命之舟，在时空长河中满载着前行。

这时，后面又传来了呼唤声："等一等我，别忘了我！

我一直在追随着你哪！"这是死亡的呼喊。

在死亡的追赶下，生命之舟一路向前。显然它不肯为死亡停留，不知是装作没有听见死亡的呼喊，还是不愿听见死亡的声音，但无论如何，死亡依然紧紧地跟在它的后面，寸步不离。这只飘摇的生命之舟，必须满载着痛苦与欢乐、爱与恨、善与恶、得与失、成功与失败、聪明与愚钝，在人生的得意与失意间破浪前行。

凭山临海不系舟，山水系不住生命之舟，个人的心愿意志也系不住，它有着自我的轨迹，我们只能将其圆满，却不能彻底改变。若想在这茫茫旅途中获得真实的幸福，唯有认清并接受生命中必然存在的缺陷。

王阳明年少时他的母亲郑氏就去世了。当时他还在京城，听到噩耗的时候他几乎痛不欲生。母亲的离世以及父亲的新家，对王阳明来说都是一种嘲弄，他开始反思这些外在的物质与他的关系，他开始探寻生死的意义。

他感觉到生死就像隔着一张纸,但是生死的真相到底是什么呢,他还不能明了。在经历了种种生命历程之后,他明白了支撑人生体系的就是生命的意识。这种生命意识告诉他要注重养生之道。人活在这个世界上是顺着生命的自然之势来的;年龄大了,到了要死的时候,也是顺着自然之势去的。

向死而生,死如再生。死亡是我们所不能掌控的,也是无法避免的。人终归都要走向死亡,人死如灯灭,该熄灭的时候自然会熄灭。但灯灭了,并非什么都没有了。曾经的光还在我们心中闪烁,灯的意义正在于燃烧的过程。

死亡是生命的升华,面向死亡而生存,是一种超然旷达的生命观。人生犹如不系舟,既然我们无法决定我们的生死,那不如就随缘看,泰然接受,好好把握住当下的生命。

生命不在拥有，而在有用

前生不要怕，后生不要悔